101 Dinge,
die ein echter FC-Bayern-Fan
wissen muss

101 Dinge
die ein echter
FC Bayern
Fan wissen muss

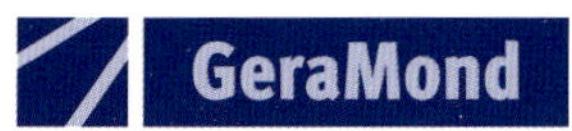

Inhalt

Vorwort

Als sich die elf Abtrünnigen am 27. Februar 1900 im Weinhaus Gisela zusammenfanden, da konnten sie noch nicht ahnen, welche Auswirkungen ihre Zusammenkunft auf die deutsche Sportgeschichte haben sollte: Sie waren sich zwar bewusst darüber, dass sie nach ihrem Austritt vom MTV München einen neuen Verein gründeten. Aber nicht bewusst konnte ihnen damals das Detail sein, dass sie den erfolgreichsten und bedeutendsten Fußballklub Deutschlands erschaffen hatten: Mehr als 100 Jahre nach seiner Gründung ist der FC Bayern München deutscher Rekordmeister und als einziger Verein aus der Bundesrepublik seit Jahrzehnten regelmäßiger Titelkandidat in Europas Champions League. Zudem erwuchs aus dem eingetragenen Verein ein Wirtschaftsunternehmen, das im Geschäftsjahr 2022/23 854 Millionen Euro umsetzte (Tendenz steigend) und mit mehr als 300.000 Mitgliedern der mitgliederstärkste Sportverein Europas ist.

Anders als zu den Gründungszeiten des FC Bayern bewegt der Fußball inzwischen die ganze Welt, er ist ein Gesellschaftsphänomen und zieht nicht mehr nur Sport-VIPs in die Arenen und vor die Fernseher und Livestreams. Der FC Bayern versucht derzeit den Spagat zwischen bajuwarischer Tradition und fortschreitender Internationalisierung hinzubekommen: Er fliegt dafür im Sommer und Winter auf andere Kontinente und zieht dort weitere Millionen Anhänger an, spielt allerdings auch sogenannte „Traumspiele“ gegen Fanklubs aus Niederbayern und der Oberpfalz, wo die alteingesessenen Bayern-Fans leben. Allen Anhängern gefällt diese Strategie des Spagats nicht.

Dieses Buch widmet sich den beschriebenen Themen, es klärt aber auch über kuriose und interessante Fakten auf und beschreibt die Höhe- und Tiefpunkte in der Geschichte des Vereins. Es nimmt Sie mit auf eine Reise in die Trattoria da Fernando, die Münchner Clemensstraße oder auf den Betzenberg in Kaiserslautern, es stellt den bekanntesten deutschen Mannschaftskoch, den berühmtesten Mannschaftsarzt sowie den ersten Manager im deutschen Fußball vor und erklärt, warum der FC Bayern erst zwei Jahre nach der Gründung Bundesligist wurde. Alles Dinge also, die ein Bayern-Fan, aber auch jeder andere, wissen sollte.

Viel Freude mit diesem Buch,
Johannes Kirchmeier

Die Krönung 2013

1

Eine deutsche Nacht in London

Der Maestro streifte sich ein rot-weißes FC-Bayern-Trikot über und begann zu dirigieren: Lorin Maazel, 2013 Dirigent der Münchner Philharmoniker und mittlerweile verstorben, hatte sich gemeinsam mit dem Orchester etwas ganz Besonderes einfallen lassen. Vor dem Endspiel der Champions League im Londoner Wembley-Stadion schickte er dem FC Bayern unter dem Titel „Spitzenklasse in München hält zusammen" einen musikalischen Gruß. Zu den Tönen der Bayernhymne „Gott mit dir, du Land der Bayern" sang der Chor: „Auf dem Weg zum größten Titel, Bayern München stark wie nie. Frühester Meister aller Zeiten, Schweini, Müller, Lahm, Ribéry. Mit Jupp Heynckes an der Spitze, ist das Triple nah wie nie. Holt den Henkelpott nach München, Stern des Südens, mia san mia!" Im Anschluss daran folgte die umgetextete Champions-League-Hymne.

Verlieren war verboten für die Münchner

Dieses Werk verdeutlicht, wie hoch die Erwartungen waren an dieses Finale, das ja auch ein Novum darstellte: Im Mutterland des Fußballs trafen erstmals zwei deutsche Teams im Endspiel der Königsklasse aufeinander. 21,61 Millionen Menschen schauten allein im „ZDF" zu. In Ritterrüstung liefen der frühere FCB-Spieler Paul Breitner und der frühere BVB-Spieler Lars Ricken mit dem Henkelpott ins Stadion, jeder hielt eine Seite des Pokals fest – sie wussten, dass später nur noch einer von ihnen mit dem Pokal feiern durfte. Besonders auf dem FC Bayern, der im Vorjahr das „Finale dahoam" verloren hatte und so in allen drei Wettbewerben Zweiter geworden war, war der Druck immens groß. „Alle im Verein wussten, dass wir genau dieses Spiel nicht verlieren durften. Das hätte zu Problemen geführt", sagte der ehemalige Vorstandsvorsitzende Karl-Heinz Rummenigge Jahre danach.

Thomas Müllers SMS ans Team zeigt Wirkung

Die Partie hielt den Erwartungen stand. Beide Teams hatten vom Start weg einige Chancen, doch die Torhüter Manuel Neuer und Roman Weidenfeller parierten die Versuche. Erst in der zweiten Halbzeit schoss Mario Mandžukić den FC Bayern nach einer tollen Kombination über Franck Ribéry und Arjen Robben in Führung. Bald darauf glich Ilkay

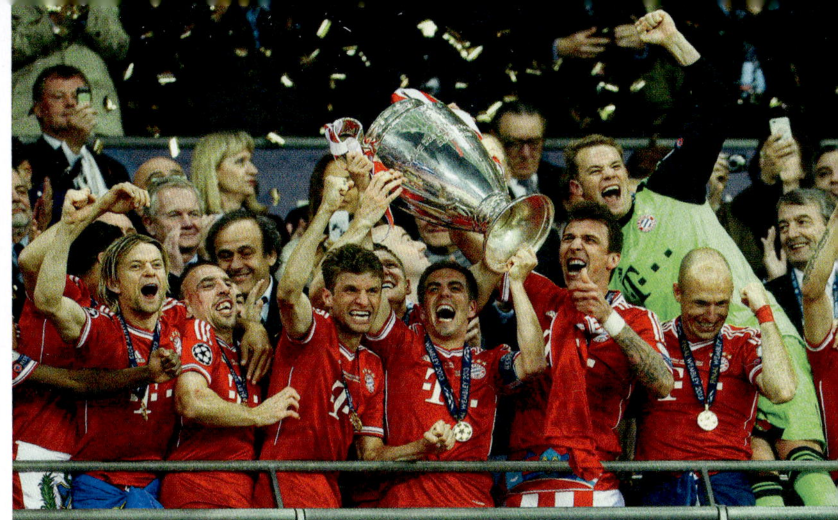

Die Bayern um Kapitän Philipp Lahm feiern in London ihren fünften Königsklassentitel.

Gündoğan per Foulelfmeter aus. In den letzten 20 Minuten mehrten sich die Schüsse und Gelegenheiten der Münchner, sie rannten unaufhörlich an, zu tief saß der Stachel aus dem Vorjahr. Sie wollten nicht noch einmal diese Chance kurz vor dem Ende aus der Hand geben. Der Angreifer Thomas Müller hatte bereits Tage nach dem Finale 2012 eine Frust-SMS ans Team geschickt, in der er sie auf den Champions-League-Sieg 2013 einschwor. Und so fügte es sich, dass in der 89. Minute ein langer Ball zu Ribéry fand, der ihn mit der Hacke Robben vorlegte. Der Niederländer lief in den Strafraum und den Dortmundern davon. Alleine vor Weidenfeller streichelte er den Ball mit seinem starken linken Fuß am Torwart vorbei. Die Kugel rollte ins Tor, Robben erschuf seinen Heldenstatus. Und auf der Münchner Leopoldstraße feierten 150.000 Fans, endlich war ihr Verein am Ziel angekommen. „Es freut mich wahnsinnig für die Generation Schweinsteiger/Lahm“, sagte der Trainer Jupp Heynckes, der sich nach der Saison erst einmal zur Ruhe setzte. „Das sind alles doch schon ältere Spieler, und wenn es dieses Jahr nicht geklappt hätte, dann wäre es irgendwo eng geworden.“

Eine Woche nach dem Triumph wurde die Saison von Heynckes und seiner starken Generation dann sogar noch historisch vergoldet: Weil der FC Bayern im Finale des DFB-Pokals 3:2 gegen den VfB Stuttgart siegte, gewann er als erster deutscher und erst als siebter europäischer Klub das Triple aus Meisterschaft, Pokal und Champions League. „Bayern München stark wie nie“ – die Philharmoniker hatten ihrem Heimatklub Glück gebracht.

Treffpunkt Weinhaus Gisela

2

Gegründet aus Protest

Es war ein turbulenter Faschingsdienstag im Jahr 1900 in München. Traditionell wird ja der Fasching in der bayerischen Landeshauptstadt direkt am Tag vor dem Aschermittwoch am lautesten begangen. Doch daran lag es gar nicht, dass der 27. Februar 1900 in die Geschichte eingehen sollte. Sondern es lag daran, dass an diesem Tag der „Münchener F.C. Bayern" gegründet wurde. Es war eine Gründung aus Protest. Zuerst fanden sich die späteren Gründer im Gasthaus „Zum Bäckerhöfl" ein, wo sie eine Sitzung ihres eigentlichen Vereins besuchten. Der Männerturnverein München von 1879 e.V. traf sich dort, um über die Entwicklung der Fußballabteilung zu sprechen, die als englischer Sport von den Turnern nicht ganz ernstgenommen wurde. Kurz zuvor hatte die Generalversammlung des Klubs einen von den Fußballern so sehnlich angestrebten Beitritt zum süddeutschen Fußballverband abgelehnt. Erst als Verbandsmitglied hätten die Fußballer um Meisterschaften spielen können.

Die Trikotfarben sind zu Beginn Blau und Weiß

Die klärende Sitzung am Faschingsdienstag brachte erneut nicht das gewünschte Ergebnis für einen Teil der Fußballer und so setzten sich diese ab ins Weinhaus Gisela in Schwabing. Zu elft waren sie anwesend (Artur Ringler, Otto Ludwig Naegele, Albert Zoepfel, Josef Pollack, Fritz Wamsler, Carl Wamsler, Georg Schmid, Paul Francke, Kuno Friederich, Wilhelm Focke und Franz John). Mit den Unterschriften von sechs weiteren Gründungsmitgliedern (Adolph von Neger, Arnulf Hecking, Wilhelm Hirsch, Erich Gottschalk, Benno Elkan sowie August Evers) riefen sie den Verein ins Leben. Franz John wurde der erste Vorsitzende, die Trikotfarben waren nach der bayerischen Landesfahne Blau und Weiß, was heute ob der Rivalität mit dem TSV 1860 natürlich verwundert. Erst nach einer Fusion mit dem Münchner Sport-Club sechs Jahre später traten die Bayern im mittlerweile klassischen Rot und Weiß an. Der Mitgliedsbeitrag betrug anfangs eine Mark, inzwischen kostet er für Erwachsene ab 26 bis 64 Jahren 65 Euro. Alljährlich sendet der Verein einen Gruß an die Gründungsväter. Am 27. Februar 2019 leuchtete die Allianz Arena beispielsweise in Rot mit weiß-blauen Rauten. In den folgenden Jahren bildete der Klub schlicht seine Alterszahl inmitten der roten Luftkissen ab.

Der Rekordmeister

3

Eine Vitrine voller Salatschüsseln

Einmal durfte sie sogar mit ins Entmüdungsbecken. Klaus Augenthaler, der Libero des FC Bayern, schnappte sich die Meisterschale bei seiner vorletzten der stolzen sieben deutschen Meisterschaften und absolvierte mit ihr einen Tauchgang im Wasser. Sie hat es überstanden. Genauso wie unzählige Nächte in Fußballer- und Funktionärsbetten sowie die obligatorischen Bierduschen nach einem Titelgewinn, die spätestens seit den 2000er-Jahren en vogue sind. Und das nicht nur beim Fußball, sondern mittlerweile auch in allerhand anderen Sportarten. Man darf jedoch annehmen, dass so ein Bad mit Augenthaler der Schale mehr Spaß bereitet als das Bier, das auf dem Silberring anpappte, oder der Nachmittag mit dem Bremer Fußballer Aílton, der sich auf einem Bild offenbar sein Gemächt mit ihr bedeckte.

Bayern-Spieler sind die erfolgreichsten Titelträger

Bremen ist ein gutes Stichwort. Dorthin begibt sich die Schale jedes Jahr einmal zur Silbermanufaktur Koch & Bergfeld, die dann den Meister in die Schale eingraviert. Am häufigsten ist der Name „FC Bayern München" eingraviert, als erstes Team gewann er elf Meisterschaften nacheinander (2013-2023). Insgesamt feierte der FCB 33

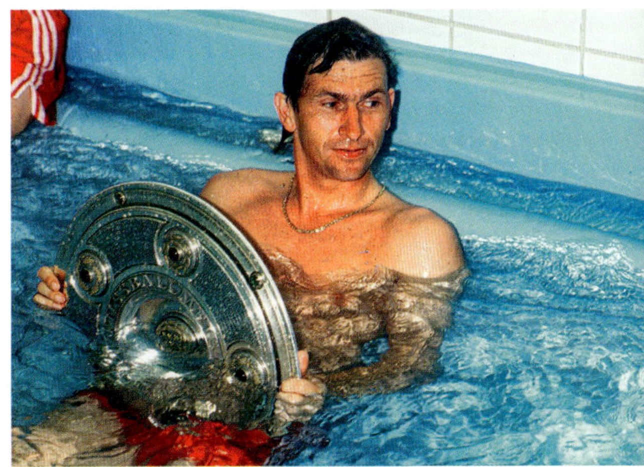

emeinsam mit
aus Augenthaler im
ntmüdungs-
ecken: die Meister-
chale 1989.

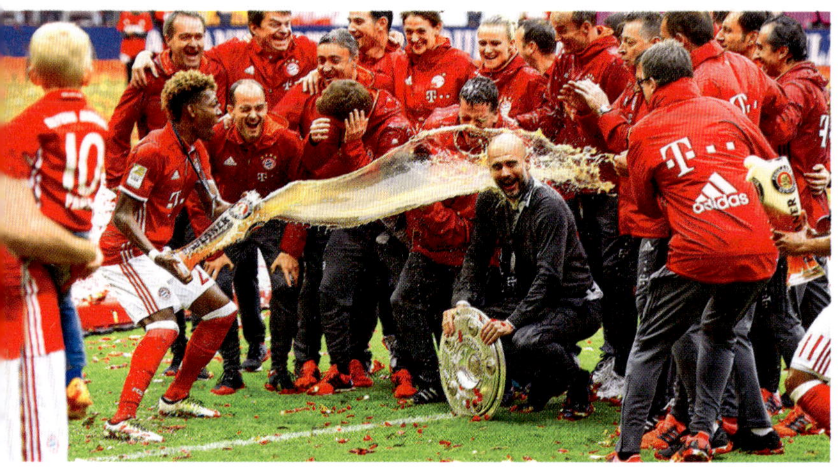

Treffer: David Alaba freut sich über seine Bierdusche für Trainer Pep Guardiola.

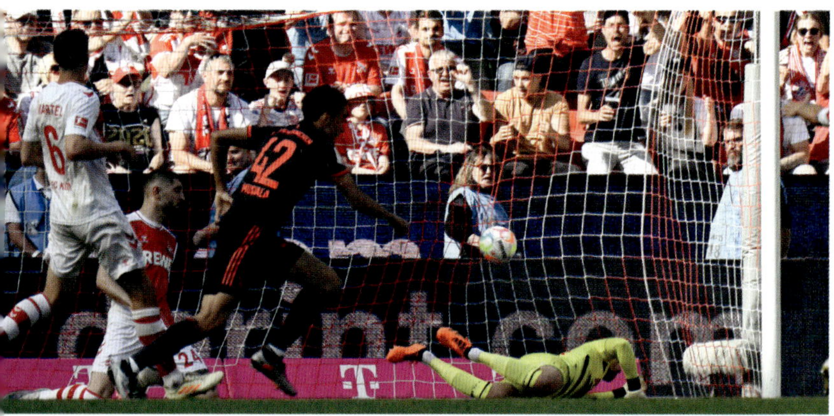

Volltreffer: Jamal Musiala (m.) schießt den FCB zum Last-Minute-Titel 2023.

Meisterschaften (siehe Kasten). Das ist ein Rekord, den so schnell keine Mannschaft angreifen wird: Denn hinter dem FC Bayern folgt der 1. FC Nürnberg mit neun Titeln, bereits am 17. Juni 1987 löste der FCB mit seiner zehnten Meisterschaft den FCN als Rekordmeister ab. Drittstärkster Klub ist Borussia Dortmund mit acht Meistertiteln. Die erfolgreichsten Bayern-Spieler haben mehr Titel als der FCN oder BVB gewonnen: Thomas Müller hat mit dem Titelgewinn 2022/23 als erster Spieler der Geschichte zwölf Meisterschaften gefeiert. Zweitbester Schalensammler ist Manuel Neuer mit elf Titeln. So etwas wie dem Stuttgarter Kapitän

Fernando Meira, der 2007 den Zuschauern die gerade errungene Meisterschale falsch herum präsentierte, würde einem Münchner Kapitän nicht so leicht passieren.

Fünf Sterne trägt in der Bundesliga nur der FCB

Das entspricht schon auch den Vorgaben des Vereins. Denn der ehemalige Vorstandsvorsitzende Karl-Heinz Rummenigge betonte Jahr für Jahr, dass der Gewinn der „Salatschüssel“, wie manch Fan die Schale nennt, das „Brot-und-Butter-Geschäft“ sei – auch wenn sich wohl mehr Anhänger den Gewinn der glitzernden Champions-League-Trophäe wünschen. Für Rummenigge ist diese aber nur die Krönung. Pflichtschuldig gewinnt der FC Bayern daher Meisterschaften in Serie und trägt als einziger deutscher Verein auf dem Trikot fünf Sterne über seinem Wappen, wozu 30 Meistertitel berechtigen. Die Tour durch München bis ans Rathaus und auf den dortigen Balkon hat die Trophäe so oft absolviert wie keine andere, gerade in den vergangenen so erfolgreichen Münchner Jahren.

Einmal gewann der FCB die Victoria

Die Meisterschale gibt es übrigens erst seit 1949, erschaffen hat sie die Goldschmiedin und Kunstprofessorin Elisabeth Treskow gemeinsam mit ihren Studenten an den Kölner Werkschulen. Lediglich einmal, in der Saison 1931/32, gewann der FC Bayern die Victoria, die Vorgängerin der Meisterschale. Nach dem Krieg galt die Victoria dann jedoch als verschollen. Sie wurde erst nach dem Mauerfall wiederentdeckt. Da war sie dann aber längst ersetzt durch die Planschpartnerin von Klaus Augenthaler.

Die lange Liste der Titel

33-mal gewann der FC Bayern München bereits die deutsche Fußball-Meister-schaft, mehr als die Hälfte aller Titelgewinne erreichte der FC Bayern seit 2000. Das sind die rot-weißen Feierspielzeiten: 1931/32, 1968/69, 1971/72, 1972/73, 1973/74, 1979/80, 1980/81, 1984/85, 1985/86, 1986/87, 1988/89, 1989/90, 1993/94, 1996/97, 1998/99, 1999/2000, 2000/01, 2002/03, 2004/05, 2005/06, 2007/08, 2009/10, 2012/13, 2013/14, 2014/15, 2015/16, 2016/17, 2017/18, 2018/19, 2019/20, 2020/21, 2021/22, 2022/23. Hinzu kommen in der großen Münchner Pokalvitrine 20 DFB-Pokalsiege, sechs Champions-League-Siege, je ein Erfolg im UEFA-Cup und dem Europapokal der Pokalsieger und zwei im UEFA Super Cup sowie zwei Weltpokale und zwei FIFA-Klub-WM-Titel.

Der Rekord-Rekordmeister

Nürnbergs Ära von 1924 bis 1987

4

Vor einem Jahrhundert war die fußballerische Ordnung im Freistaat Bayern noch eine andere. Es dominierten die Franken, die Münchner Vereine kamen erst danach. Das Zentrum des feinen Fußballs war Nürnberg/Fürth. So spielte im Endspiel um die erste Meisterschaft nach dem Ersten Weltkrieg noch der 1. FC Nürnberg gegen die SpVgg Fürth. Nürnberg siegte 2:0. Und nicht nur, weil sie sich in diesem direkten Duell durchsetzten, waren sie ein Stück erfolgreicher als die Fürther. Noch viermal gewannen sie mit ihrem legendären Torhüter Heinrich Stuhlfauth allein in den 1920ern den Titel (Fürth immerhin zweimal). Besonders internationale Trainer brachten die Nürnberger in dieser Zeit nach vorne. 1924 zog der „Club", wie man den FCN nennt, gleich mit VfB Leipzig und war damit mit drei Titeln deutscher Rekordmeister. Daraus wurde eine Ära. Erst nach 63 Jahren (1987) wurde der 1. FC Nürnberg als Rekordmeister abgelöst – vom FC Bayern München. Damit sind die Nürnberger immer noch Rekord-Rekordmeister, kein Verein war so lange Rekordmeister. Der FC Bayern München dürfte seinen Briefkopf frühestens im Jahr 2050 mit diesem inoffiziellen Titel schmücken.

Der Rekordtorschütze Franz Brungs

Fünf Tore gegen den FC Bayern gelangen nur einem Bundesliga-Spieler: dem Nürnberger Franz Brungs. Am 2. Dezember 1967 trafen sein Club und der FC Bayern am 16. Spieltag aufeinander, es war ein echtes Spitzenspiel. Der Tabellenerste Nürnberg empfing den Zweiten. Lange blieb es allerdings nicht spannend. Schon zur Halbzeit führten die von Max Merkel trainierten Franken 3:0, Brungs hatte da bereits einmal getroffen. Dann ging es in die Kabine, wo Merkel seine Spieler drängte, weiter zu attackieren. Und so begann die stärkste Halbzeit in der Karriere des damals 30-jährigen Brungs. Ihm gelang das 4:0, das 5:0, das 6:0 und eine Viertelstunde vor Schluss das 7:1, nachdem Gerd Müller den Rückstand zwischenzeitlich verkürzt hatte. 7:3 stand es am Ende für den FCN, ein historischer Erfolg. Ein halbes Jahr später feierten die Franken ihre neunte und bis heute letzte Meisterschaft. Und im Jahr darauf stiegen sie ab. Auch das gehört zur Geschichte des Clubs.

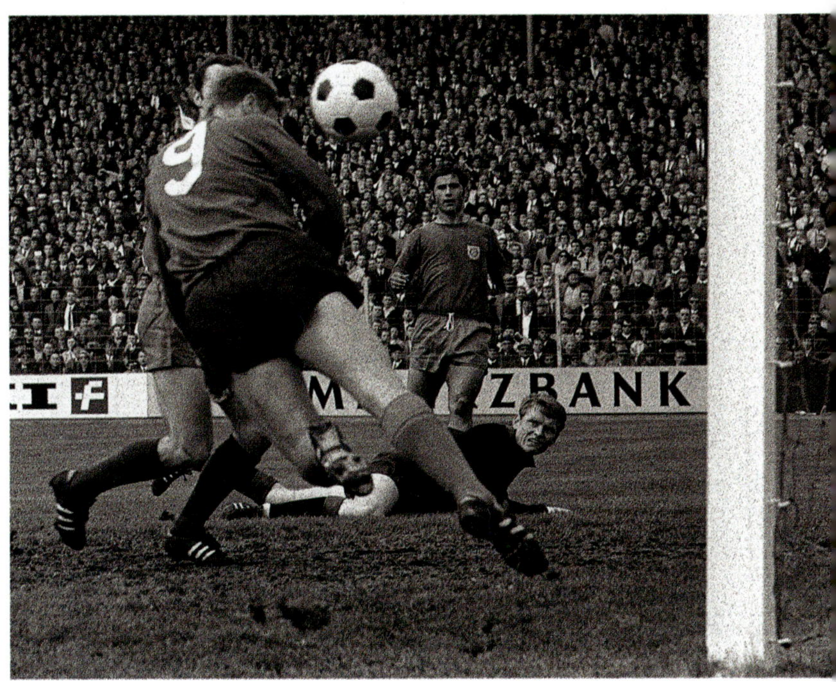

Der Nürnberger Franz Brungs (9) traf gerne gegen den FCB.

Bereits 1901 stehen sich die beiden gegenüber

Das Duell um den Rekordmeister-Titel ist nur ein Strang, wieso das bayerisch-fränkische Derby zwischen dem FCB und Nürnberg zu einem besonderen wurde. Ein anderer ist die Rivalität zwischen den Bayern und den ins Königreich eingegliederten Franken. Bereits ihr erstes Spiel im Jahr 1901 war ja als Spiel um die bayerische Meisterschaft angesetzt worden, da sich Vereine aus den zwei größten Orten im Bayernland gegenüberstanden. Der FCB gewann 6:0.

Zudem passierte in den Duellen zwischen dem Club und dem FCB immer Einiges: Im DFB-Pokalfinale 1982 siegte der FC Bayern dank des unermüdlichen Einsatzes des am Kopf verletzten Dieter Hoeneß, 1994 schoss Thomas Helmer sein Phantomtor gegen den FCN und einmal gewannen die Nürnberger sogar 7:3 (siehe Kasten). Mittlerweile warten sie allerdings seit Jahren auf einen Pflichtspielsieg, zuletzt gewannen sie am 2. Februar 2007 im eigenen Stadion 3:0 durch Tore von Ivan Saenko, Markus Schroth und Róbert Vittek.

Kurt Landauer

5

Der erste große Präsident

Es hat lange gedauert, bis der erste große Präsident des FC Bayern zu seiner verdienten Ehre kam. 62 Jahre nach seinem Tod erhob ihn der Verein 2013 in das Amt des Ehrenpräsidenten. „Das ist eine Ehrung, die längst überfällig war", sagte der Präsident Uli Hoeneß. Ein Jahr zuvor enthüllte der Klub eine Gedenktafel an ihn vor der Allianz Arena, seit 2015 heißt der Platz, an dem man sich vor dem Stadion zur Personenkontrolle anstellt, „Kurt-Landauer-Platz". Seit Mai 2019 gibt es außerdem eine Bronzestatue von Landauer an der Säbener Straße, aufgestellt von Fans, die sich 2017 zur Kurt-Landauer-Stiftung zusammenschlossen. Die Statue wacht über das Trainingsgelände des FC Bayern München. Kurt Landauer war ein großer Mann, und einer der prägendsten in der Geschichte des Klubs. „Der Mann, der den FC Bayern erfand", lautet der Untertitel der Landauer-Biografie von Dirk Kämper. Und doch geriet Kurt Landauer und das Verdienst des kernigen, bodenständigen Mannes über die Jahrzehnte in Vergessenheit.

Mit Landauers Weitblick zum Spitzenklub

Landauer wuchs als Sohn eines jüdischen Kaufmanns auf, er war „a Jud und a Bayer", wie er selbst sagte. Daher schien er gerade richtig zu sein beim von Beginn an weltoffenen FC Bayern. Mit 17 Jahren trat er dem Klub als Spieler bei. Zwölf Jahre später wurde er Präsident, insgesamt führte er den Verein zwischen 1913 und 1951 18 Jahre lang. Wer mitrechnet, bemerkt: Er war in dieser Zeit auch lange nicht Präsident. Das lag einerseits am Ersten Weltkrieg, in den Landauer ab 1914 für das deutsche Kaiserreich zog. Erst 1919 wurde er wieder zum Kluboberhaupt. Fortan baute er auf die eigene Jugend im Verein statt auf Einkäufe. Zudem installierte er, anders als skeptische Konkurrenten, ausländische Trainer und machte den FCB so zum Spitzenklub. Seine vergleichbar kurze Amtszeit von 18 Jahren lag andererseits aber auch daran, dass er nach der ersten deutschen Meisterschaft 1932 abrupt aufhörte – mit der Machtergreifung der Nationalsozialisten. Am 22. März 1933 trat Landauer zurück, er sah sich durch die politischen Verhältnisse dazu gedrängt. Die Nazis sahen ihn als „Jud" und weniger als Bayer. Der Verein blieb für sie der „Juden-Klub", obwohl tatsächlich nur ein geringer Prozentsatz der Mitglieder jüdisch war.

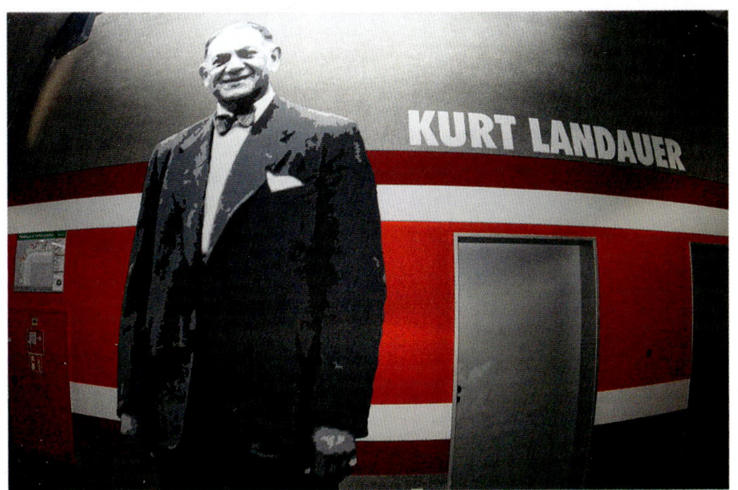

Ein Wandbild des Ehrenpräsidenten Kurt Landauer in der Allianz Arena.

Baracke Nummer 8, Häftlingsnummer 20009

Für den ehemaligen Präsidenten begann wie für alle Juden im Land eine harte Zeit: 1938 brachte man ihn ins KZ Dachau, Baracke Nummer 8, Häftlingsnummer 20009. 33 Tage war er inhaftiert, 1939 flüchtete er in die Schweiz. Vier Geschwister wurden bis zum Kriegsende 1945 ermordet, lediglich Schwester Henny überlebte die NS-Zeit in Palästina. So wie Kurt Landauer in der Schweiz. Er kehrte 1947 in das Land zurück, das seine Familie beinahe ausgelöscht hatte. Als Bayer hing er zu sehr am Freistaat – und natürlich auch am Verein: „Der FC Bayern und ich gehören nun einmal zusammen und sind untrennbar voneinander", schrieben die Bayern-Fans 2009 in einer Landauer-Choreographie. Ein Landauer-Zitat.

Nach seiner Rückkehr wählten ihn die Mitglieder erneut zum Präsidenten. Er sicherte dem Verein dank seiner Beziehungen das Trainingsgelände an der Säbener Straße. Landauer war nach Jahrzehnten jedoch nicht mehr unumstritten und wurde am 10. April 1951 abgewählt. „Als das Ergebnis feststeht, erhebt sich der 66-jährige Landauer, Ehrenmitglied und Ehrenvorsitzender, in seinem 50. Mitgliedsjahr", schreibt Kämper in der Biografie, „zieht die ihm als einzigem Mitglied verliehene Brillant-Ehrennadel vom Revers, lässt sie in der Tasche verschwinden und verlässt die Versammlung." Am 21. Dezember 1961 starb Kurt Landauer in München, mit dem Verein hatte er sich bis dahin schon lange wieder versöhnt.

Säbener Straße 51–57

Die Adresse der Bayern-Stars

6

In ihrem Hit „Schickeria“ singt die Münchner Band Spider Murphy Gang in bayerischer Mundart: „Und moang sitz' ma in Stadelheim, aber Hauptsach' mia san in.“ Die zwei Liedzeilen drehen sich darum, dass der Weg eines Mitglieds des Münchner Szenepublikums in den 1980er-Jahren auch schnell ins Gefängnis führen konnte. In München bedeutet das: in die Justizvollzugsanstalt in der Stadelheimer Straße im Stadtteil Giesing. Das galt zumindest, wenn das Mitglied „in“ bleiben wollte. „Stadelheim“ kennt man mittlerweile in ganz Deutschland.

Noch bekannter im Land ist allerdings eine Straße, die sich nur einige Gehminuten westlich vom Gefängnis befindet: die Säbener Straße. Dort befindet sich das Trainingsgelände des FC Bayern München, der neue „In“-Ort der Stadt. Denn selbst bei Minustemperaturen im Winter schauen mehr als 100 Fans ihren Helden beim Training zu, im Sommer stellen sie sich schon mal in Zehnerreihen an die Zäune entlang der Sportplätze, dann sind Tausende da. „Die Säbener“ zieht die Menschen in ihren Bann.

Von der Holzhütte zum Leistungszentrum

Der FC Bayern nutzt das Gelände, das nur durch ein Wohnviertel vom Vereinsgelände des TSV 1860 getrennt ist, seit 1949. Die Bayern hatten es der Hartnäckigkeit und der Beziehungen des damaligen Präsidenten Kurt Landauer zu verdanken, dass sie das von der amerikanischen Militärverwaltung genutzte Gelände übernehmen durften. So wie seither der Verein gewachsen ist, ist auch sein Gelände größer geworden, mehrere Um- und Anbauten haben die Anwohner an der ansonsten so ruhigen Säbener Straße schon erdulden müssen, die ersten 1970. Bis dahin hatten Franz Beckenbauer und seine Kollegen noch begrenzte Trainingsmöglichkeiten. Sie zogen sich zudem in einer Holzhütte neben dem Platz um, ab 1971 durften sie dafür die Kabinen im modernen Neubau nutzen, in den auch die Geschäftsstelle einzog. 3,9 Millionen D-Mark kostete der Bau damals. 2008 ließ der neue Trainer Jürgen Klinsmann das Gelände für etwa 15 Millionen Euro modernisieren und zu einem hochmodernen Leistungszentrum umbauen. Zuletzt eröffnete der Verein im Dezember 2018 ein neues Bürogebäude. Das entstand aufgrund der wachsenden Mitarbeiterzahl. „Der Klub ist

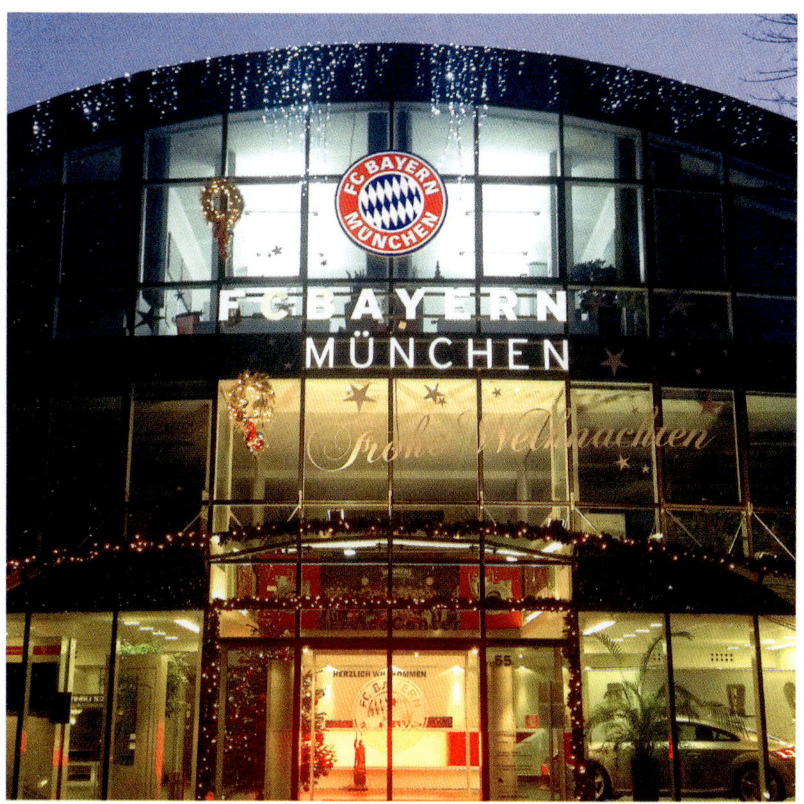

Weihnachtlicher Empfang: das Servicecenter des FC Bayern.

explodiert in den letzten zehn Jahren. Wir haben jetzt über 1000 Mitarbeiter, wenn man alle Standorte zusammenzählt", sagte der damalige Vorstandsvorsitzende Karl-Heinz Rummenigge.

80.000 Quadratmeter Trainingsgelände

Den Spielern und ihren Trainern fehlt es nahezu an nichts. Sie haben dort Kabine, Entmüdungsbecken, Sauna, Dampfbad oder auch eine Ganzkörperkältekammer sowie den Fitnessbereich. Zudem können sie sich Zeit in Rückzugsbereichen nehmen wie im eigenen Kino mit Großbildschirm, das selbstverständlich auch zur Spielanalyse genutzt wird. Zum Trainieren haben die Kicker etwa 80.000 Quadratmeter zur Verfügung, neben Rasenplätzen gibt es eine Beachvolleyball-Anlage oder Tischtennisplatten. Nach dem Motto: Wer sich wohlfühlt, gewinnt.

An der Clemensstraße

Die erste eigene Spielstätte

7

Marschiert man heute durch die Münchner Clemensstraße, sieht man zwischen den vielen Wohnhäusern Kinder mit ihren Eltern radeln. Was ganz sinnvoll ist: Die Clemensstraße in Schwabing ist eine Fahrradstraße, in der die Räder Vorrang genießen. Sie strahlt an einem Sonnentag Ruhe in der Großstadt aus. Am Pündterplatz liegt ein Laden, der sowohl Kaffee als auch Blumen verkauft, etwas versetzt gegenüber steht das Wohnhaus mit der Adresse Clemensstraße 50. Vor etwas mehr als 100 Jahren war es noch nicht da. Da befand sich an dieser Adresse eine umzäunte Wiese – der erste Fußballplatz, der dem frisch gegründeten FC Bayern München auch gehörte. Eine Gedenktafel am Wohnhaus zeugt davon, enthüllt im Sommer 2018 von Uli Hoeneß. Entdeckt wurde der Ort von der Kurt-Landauer-Stiftung. Die vereinsnahe Stiftung bediente sich einiger Detektivarbeit, um den verschollenen Platz wiederzufinden. So wertete sie Bücher und Luftaufnahmen aus einem Heißluftballon aus und arbeitete mit Mitarbeitern des Stadtarchivs und Archäologen.

Bereits im Gründungsjahr 1900 spielte der FC Bayern erstmals auf diesem Grund: Die Partie gegen den MTV München am 2. Dezember endete 2:2. Ein eigener Platz war zu dieser Zeit ein Privileg; anders als die Konkurrenten konnte der Klub so lange und oft trainieren, wie er wollte. Zudem konnte er Eintritt von seinen Zuschauern verlangen. Der FC Bayern kam in den Genuss des „Spielplatzes an der Clemensstraße“, weil zwei Gründungsmitglieder, Fritz und Carl Wamsler, ihren Vater überzeugten. Friedrich Wamsler Senior, ein Ofenfabrikant, stellte dem Verein das Grundstück zur Verfügung und wurde für diesen Dienst im Jahr 1901 das erste Ehrenmitglied des Klubs.

Die Bayern spielten sieben Jahre an der Clemensstraße, dann wurden die ersten Wohnungen gebaut, der Klub zog in die Leopoldstraße um. Dort hatte er seine erste überdachte Tribüne.

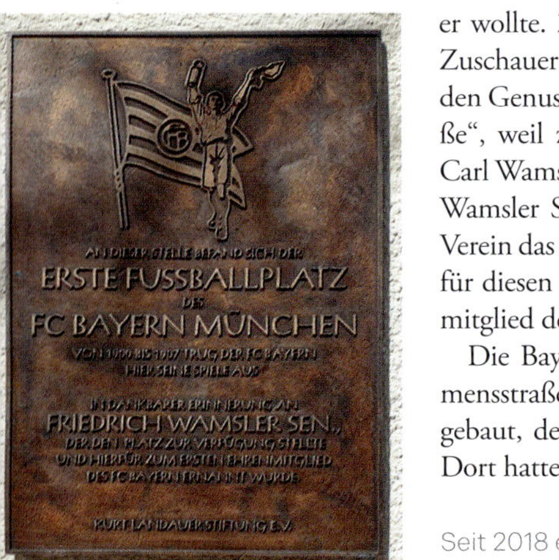

Seit 2018 ein Teil der Clemensstraße: die Gedenktafel der Kurt-Landauer-Stiftung.

8

„Mia san mia“

Der stolze Leitspruch aus Österreich

Ein Slogan gehört zu einer Marke, so wie der Fußball beim Lieblingssport der Deutschen ins Tor. Kein Wirtschaftsunternehmen kommt ohne Leitspruch aus. Denkt man etwa an „Das Auto“ oder die „Freude am Fahren“, landet das Gehirn schnell in der Schublade der Dax-Konzerne: bei Volkswagen und BMW. Da jeder große Fußballklub inzwischen ein Konzern ist, schlossen sich die Vereine nach und nach an. „Furchtlos und treu“ findet sich der VfB Stuttgart, „Més que un club“ („Mehr als ein Klub“) will der FC Barcelona sein, „spürbar anders“ nennt sich der 1. FC Köln. Der FC Bayern gab sich den Leitspruch „Mia san mia“ („Wir sind wir“) – und das nicht ohne Grund. Das Klub-Motto im Dialekt soll einerseits von der bayerischen Herkunft zeugen und andererseits die eigene Stärke unterstreichen: Das Motto bedeute „den absoluten Glauben an Erfolg. Alles dafür zu tun. So drehen wir oftmals Spiele nach Rückständen. Es gibt kein rechts oder links, nur Siege“, sagte der Angreifer Thomas Müller im April 2018 zur „Bild“-Zeitung.

Auch wenn die Münchner zugeben müssen, dass der Spruch gar nicht von ihnen stammt. Die Soldaten der k.-u.-k.-Armee von Kaiser Franz Joseph von Österreich drückten bereits im 19. Jahrhundert damit ihr Siegesbewusstsein aus. Über die Jahre drang der Leitspruch über die Grenzen nach München, wo wo die Ur-Bayern Hans Pflügler und Ludwig Kögl beim FCB in den 1980ern „Mia san mia“ sangen. Der Spruch hat sich danach so sehr im Bewusstsein eingebrannt, dass ihn der Klub mittlerweile als Wortmarke schützen ließ.

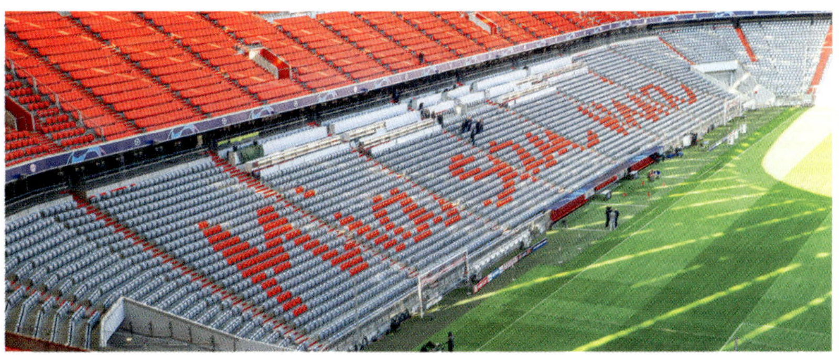

Als Wortmarke geschützt, im Stadion verewigt: das „Mia san mia“ des FC Bayern.

Gerd Müller

9

Der Bomber der Nation

Für 4400 Deutsche Mark plus zwei Ablösespiele wechselte der 18-jährige Gerhard Müller aus seiner Heimat Nördlingen zum damaligen Zweitligisten FC Bayern München. Es gibt nicht viele andere Beispiele, in denen im Fußball so wenig Geld so gut angelegt wurde. Denn Gerhard Müller wurde in München nach seiner Ankunft zum Müllergerd – und als solcher schoss er 365 Tore in 427 Bundesliga-Spielen. Ein Wert, in dessen Reichweite zumindest zu Beginn der 2020er Jahre nur der FCB-Angreifer Robert Lewandowski kommt. Das gilt auch für Müllers sieben Torjägerkanonen (von 1967 bis 1978). Die Zahlen entspringen kühnster Effizienz. Einfach nur Tore erzielen, das war Müllers Credo: egal ob stehend, im Fallen, im Liegen, aus der Drehung, mit Rückenlage und, wenn er gewollt hätte, auch auf allen Vieren – der Müller traf immer, sein niedriger Körperschwerpunkt ließ jeden Manndecker verzweifeln. Er bleibt die deutsche Urgestalt des Mittelstürmers, des begnadeten und unbeirrbaren Torjägers. Hauptsache, der Ball ist drin – dieses ach so schwere Kunststück sah bei ihm immer wie eine Leichtigkeit aus. Als erster Deutscher wurde er 1970 „Europas Fußballer des Jahres“.

Er ebnete den Weg aus dem alten Holzhäusl

Dabei hatte er es bei den Bayern anfangs gar nicht so leicht. Als er im Sommer 1964 zum FCB kam (auch weil ihm die Konkurrenz beim Bundesligisten TSV 1860 zu groß erschien), verzichtete der Trainer Zlatko Čajkovski auf den Neuen: „Kleines, dickes Müller“ nannte der Coach den seiner Meinung nach zu festen Stürmer: „Was soll isch mit dieses Junge? Diese Figur, unmöglich.“ Doch dann erbarmte er sich doch und stellte ihn auf. In den 26 verbleibenden Regionalliga-Spielen schoss Müller 32 Tore – und den FCB damit zum Aufstieg. Schon damals wurde allen Beteiligten schnell klar: Wenn der Müller den Ball im Strafraum bekommt, dann scheppert es. „Es müllert“ war die offiziell anerkannte Wortneuschöpfung dafür. „Ohne ihn wären wir vielleicht heute noch in dem alten Holzhäusl“, sagte Franz Beckenbauer 1995 über Müller. Das alte Holzhäusl zum Umziehen an der Säbener Straße wurde nach den Erfolgen in der Bundesliga 1971 vom Vereinsheim ersetzt. Im so erfolgreichen Bayern-Team der 1970er war Müller nie der Lauteste, aber trotzdem immer im Blickpunkt: Denn für die wichtigen Tore war nun mal er zuständig.

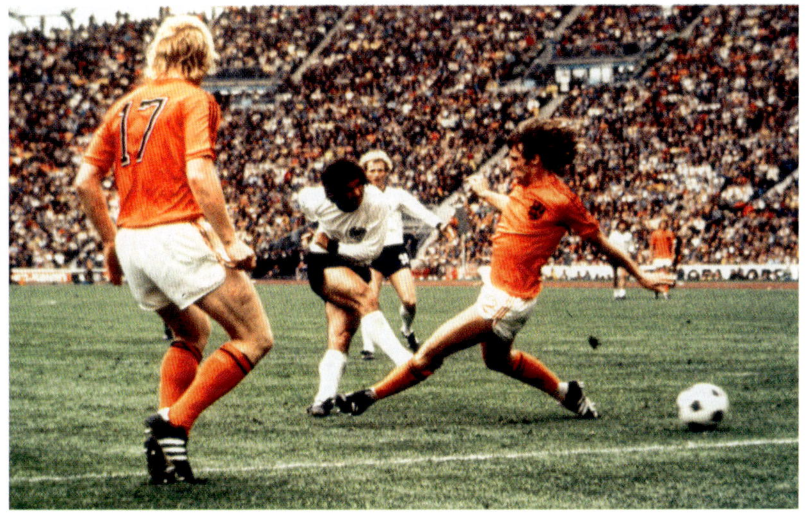

Das wichtigste Tor: Gerd Müller schießt die BRD 1974 zum Weltmeistertitel.

Vor und nach Spielen siegte er beim Schafkopfen

Das galt auch für die Nationalmannschaft, wo Müller auf den beachtlichen Wert von 68 Toren in 62 Länderspielen zurückblickt – und so zum „Bomber der Nation“ wurde. Bei der WM 1970 traf er zehnmal, vor der WM 1974 im eigenen Land entwickelte dann ein Kochmagazin das „Bomber-Steak“, Rumpsteak mit Peperoni. Beim Turnier schoss Müller dann in bewährter Art das entscheidende Tor im WM-Finale gegen die Niederlande. Vor und nach den Spielen besiegte er statt der Gegner seine Kollegen beim Schafkopfen. Dreht sich heute ein Spieler um die eigene Achse und schießt den Ball ansatzlos ins Tor, sprechen die Kommentatoren immer noch von der „Gerd-Müller-Manier“.

1979 wechselte Müller zu den Fort Lauderdale Strikers in die USA. So richtig gefallen hat es ihm in der damaligen Operettenliga NASL nicht. Trotzdem eröffnete er in Fort Lauderdale 1981 das „Gerd Mueller's Ambry“, ein Steakhouse, das es bis heute gibt. Müller selbst kam Anfang der 1990er-Jahre wieder zurück nach Bayern, er war mittlerweile alkoholsüchtig. Uli Hoeneß schickte ihn in eine Entzugsklinik. Der Klub wirkte als soziales Auffangnetz, als Nachwuchs- und Amateurtrainer fand Müller zurück ins Leben. Am 15. August 2021 verstarb der an Alzheimer erkrankte Gerd Müller im Alter von 75 Jahren in einem Pflegeheim.

Uli Hoeneß

10

Das Familienoberhaupt und sein Fehler

Uli Hoeneß trat noch einmal ans Rednerpult vor den zahlreichen Mitgliedern des FC Bayern München. Er musste im Jahr 2014 sein Lebenswerk an die Kollegen übergeben. „Wenn ich jetzt gehe, dann gehe ich mit ruhigem Gewissen. Wenn wir alle zusammenhalten, wird dieser Verein überhaupt keine Probleme kriegen“, sagte er. Präsident Hoeneß trat ab – nur auf Zeit freilich, stellte sich später heraus. Doch erst einmal war er weg, der „Patron Bavariae“, wie ihn der „Kicker“ einmal genannt hatte. Uli Hoeneß musste als verurteilter Steuerhinterzieher ins Gefängnis (siehe Kasten S. 26). Fast 44 Jahre lang war er da bereits im Dienst des FC Bayern. Kein anderer Spieler und Funktionär hat den Verein so lange begleitet, kein anderer hatte einen solch großen Einfluss auf den Klub.

Schon in seinen Anfängen war er akribisch: Hoeneß wuchs als Metzgerssohn in Ulm auf, ab und zu half er im Laden, doch seine Passion galt dem Fußball: An Schultagen stand er früher auf, um noch zu trainieren. Gleichwohl hat ihn auch das Thema Wurst nie ganz losgelassen, in den 1980er-Jahren baute er eine Nürnberger Bratwurstfirma auf, die mittlerweile sein Sohn führt. Unter dem Namen „Aufstieg und Fall des Uli H. – Eine deutsche Wurstiade“ führte das Theater Ulm ab 2018 ein Stück über Uli Hoeneß’ Leben auf.

Hoeneß bleibt den Spielern nahe

Die schwäbische Heimat ließ er in seinem Leben aber schon früh hinter sich. Als 18-Jähriger wurde er 1970 Bayern-Profi, mit 20 Jahren debütierte er für die deutsche Nationalmannschaft und wurde Europameister. Der flinke Konterstürmer war schon damals eine Waffe und wäre es im heute noch einmal schnelleren Fußball wohl noch immer. 1974 feierte er mit der DFB-Elf den Gewinn des WM-Titels, er gehörte dem FCB-Team der Europapokalsieger der Landesmeister von 1974 bis 1976 an. Ein guter Freund damals: Paul Breitner, mit dem er zusammenwohnte und mit dem er sogar ein Badehosen-Bild für einen Herrenausstatter machte. Später entfremdeten sich die beiden Charakterköpfe.

Als Sportinvalide wechselte Hoeneß 1979 ins Management des FC Bayern – der Job wurde zu seiner Lebensaufgabe. Hoeneß baute den anfangs verschuldeten Verein zum Eigenkapital-Krösus auf, ebnete so den

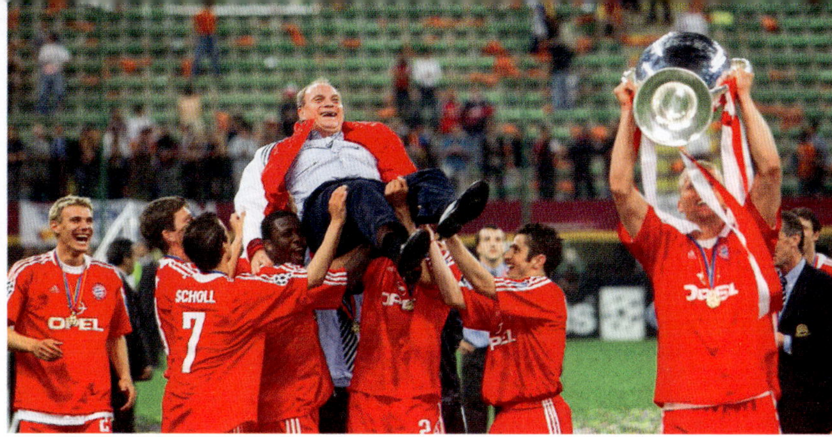

Als Manager obenauf und auf Europas Thron: Uli Hoeneß im Jahr 2001.

Weg zur sportlichen und wirtschaftlichen Nummer eins in Deutschland. Dank Hoeneß blieb dieses Wirtschaftsunternehmen aber immer auch eine Familie, Hoeneß' Familie. Er sah sich über die Jahre als ihr Oberhaupt. Sein früherer Mitspieler Georg „Katsche" Schwarzenbeck wurde nach seiner Karriere zum Schreibwarenlieferanten des FCB, unter anderem Hansi Pflügler, Wolfgang Dremmler, Gerd Müller oder Raimond Aumann arbeiteten nach ihren Karrieren für den Klub. Hoeneß lud zudem Spieler auf seine Couch am Tegernsee ein: Franck Ribéry war öfter zu Gast, auch Kingsley Coman oder Mehmet Scholl kamen zu ihm und sprachen über ihre Probleme, und wohl auch über unliebsame Trainer. Sebastian Deisler betreute er während dessen Depression.

1982 überlebt er einen Flugzeugabsturz

Hoeneß war erst als Manager und ab 2009 auch als Präsident und Aufsichtsratsvorsitzender darauf bedacht, eine Wohlfühlatmosphäre zu schaffen. Er verteidigte seine „Familienmitglieder" vom FC Bayern, sei es gegen kritische Presse, gegen die Intimfeinde Willi Lemke oder Christoph Daum oder zweifelnde Experten. Wofür er im Anschluss oft wieder Gegenwind bekam. Aber ein Grundsatz herrscht nun mal im Leben: Wer gewinnt, hat Recht. Und Hoeneß gewann fast durchweg. Er hatte dabei auch großes Glück. 1982 überlebte er als einziger von vier Insassen einen Flugzeugabsturz nahe Hannover („Da ist der Sonnyboy in mir gestorben."). Später überstand er eine lebensbedrohliche Darmoperation. „Wer einen Flugzeugabsturz, eine Notoperation und 32 Jahre FC Bayern überlebt hat, der ist unzerstörbar", sagte Franz Beckenbauer anlässlich Hoeneß' 50. Geburtstag im Jahr 2002.

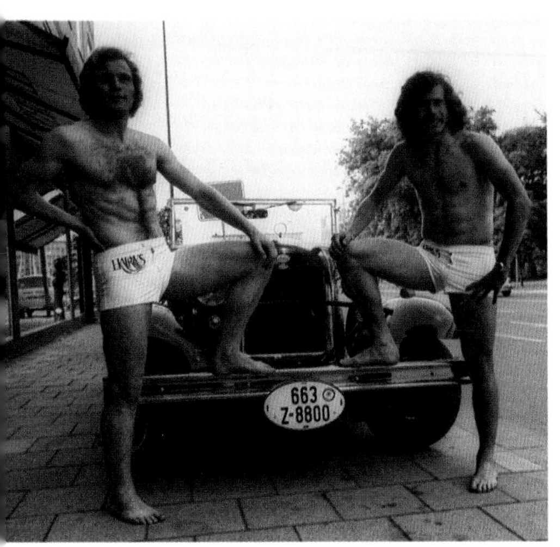

WG-Kollegen in Badehosen: Uli Hoeneß (l.) und Paul Breitner als Teilzeit-Models.

Unverwundbar dürfte er sich über die Jahre auch selbst so langsam gefühlt haben. Der Patron wurde zum „Zocker" an der Börse, brach dabei das Gesetz. Er hinterzog Steuern, musste ins Gefängnis und verspielte Kredit in der Gesellschaft, aber auch bei den Fans. 2018 wurde er bei der Jahreshauptversammlung ausgepfiffen. Der Patron wankte. Vielleicht auch deshalb hörte Uli Hoeneß im November 2019 als Präsident auf. Seither ist er Ehrenpräsident des Vereins.

Der Fall Uli Hoeneß

Das Jahr 2019 begann für Uli Hoeneß mit einer guten Nachricht: Seine Reststrafe wurde ihm erlassen, er war wieder ein freier Mann. Sein Fall war einer der spektakulärsten Justizfälle im deutschen Fußball, und für ihn selbst der „Fehler meines Lebens". Uli Hoeneß hat privat als Börsenspekulant 28,5 Millionen Euro Steuern hinterzogen. Nach einer Selbstanzeige, die jedoch nicht einwandfrei war, eröffnete die Staatsanwaltschaft München II 2013 ein Verfahren gegen ihn und klagte ihn an. Am 10. März 2014 begann der Prozess gegen ihn, am vierten Prozesstag verurteilte ihn das Gericht zu drei Jahren und sechs Monaten Haft. Er saß ab Juni 2014 in der Justizvollzugsanstalt Landsberg ein. Bereits am 2. Januar 2015 durfte er als Freigänger wieder im Nachwuchsbereich des FC Bayern mitarbeiten. Ende Februar 2016 endete seine Haft vorzeitig, der Rest der Strafe wurde zur Bewährung ausgesetzt. Mit der Reue des Sünders ist es aber so eine Sache: „Ich bin der einzige Deutsche, der Selbstanzeige gemacht hat und trotzdem im Gefängnis war. Ein Freispruch wäre völlig normal gewesen", sagte Hoeneß nach Angaben der Schweizer Zeitung „Blick" im Mai 2017 bei einer Veranstaltung in Liechtenstein, einem Steuerparadies.

Denkmal für „Katsche“

11

Die Dreifach-Europapokalsieger

Der Begabteste, der Filigranste oder gar der Lauteste in seiner Mannschaft – all das war Hans-Georg Schwarzenbeck nie. Der Verteidiger, den sie in den 1970er-Jahren alle nur bei seinem Spitznamen „Katsche“ nannten, war vielmehr das, was die Radsportler Wasserträger nennen. Also einer, der für die großen Gestalter und Kapitäne in die Bresche springt. Im Fall des Verteidigers Schwarzenbeck hieß das: Er war einer der wichtigsten Bewacher seiner Zeit. „Half mens, half stier“ (Halb Mensch, halb Stier) soll ihn ein niederländischer Reporter genannt haben, weil es der „Katsche“ schaffte, sowohl in der Nationalmannschaft als auch beim FC Bayern München dem „Kaiser“ den Rücken freizuhalten: Franz Beckenbauer durfte dank seines rustikalen „Putzers“ die Spiele gestalten. Viele verehrten den Schwarzenbeck daher, Wolf Wondratschek widmete ihm ein Gedicht.

Beckenbauer soll gerufen haben: „Schieß einfach!“

Auch weil es die bis heute größte Ära des Münchner Fußballs ohne Schwarzenbeck so nicht gegeben hätte. Denn einmal rückte der sonst so scheue Vorstopper doch in den Mittelpunkt: als entscheidender Torschütze. Seine Mannschaft stand mit dem Rücken zur Wand, lag 0:1 zurück im Finale des Europapokals der Landesmeister gegen Atlético Madrid – und es lief schon die letzte Spielminute der Verlängerung. 35 Meter vor dem Tor erhielt der damals 26-Jährige den Ball, er wusste nicht so recht, wohin damit. Dann zog er einen Sprint an, schoss aus 25 Metern aufs Tor – und traf zum 1:1. „Warum ich geschossen habe, kann ich nicht erklären“, sagte Schwarzenbeck Jahre später.

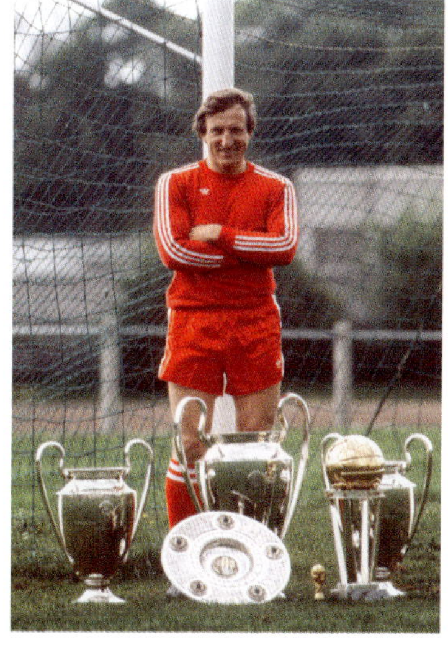

Des Kaisers Putzer mit seiner Sammlung: Hans-Georg Schwarzenbeck.

„Auch im Nachhinein nicht. Das muss mit Instinkt zu tun gehabt haben, denn Überlegung war es nicht.“ Beckenbauer soll ihm zugerufen haben: „Schieß einfach!“

Schwarzenbeck war der umjubelte Held im Brüsseler Heysel-Stadion. Denn sein FCB durfte ins Wiederholungsspiel, ein Elfmeterschießen gab es damals nicht. Zwei Tage später schon trafen die beiden Teams erneut aufeinander. Den Münchnern kam zupass, dass die Spanier schon etwas älter waren, sie gewannen völlig ungefährdet 4:0 nach jeweils zwei Toren von Uli Hoeneß und Gerd Müller. Die Brüsseler Zeitung „Les Sports“ richtete ihr Licht auf einen anderen Bayern-Spieler: „Die Münchner müssen ihrem Verteidiger Schwarzenbeck ein Denkmal dafür errichten, dass er ihnen mit seinem Gewaltschuss zum 1:1 in letzter Minute zu diesem Endspiel verholfen hat.“ Nur durch sein Tor gewann der FC Bayern als erstes deutsches Team überhaupt den Europapokal der Landesmeister, angeleitet vom 39-jährigen Trainer Udo Lattek.

Es folgen zwei weitere Triumphe

Der Erfolg war dann nur der Funken, der eine goldene Münchner Ära entzündete. Was Lattek als Trainer 1974 begann, führte sein Nachfolger Dettmar Cramer weiter: Er coachte die Bayern zu den nächsten beiden Finalsiegen in der Champions League gegen Leeds United (2:0) im Jahr 1975 und AS Saint-Étienne (1:0) 1976. Bis heute ist ein solcher Erfolg aus Münchner Sicht unerreicht, auch weil das Gros der erfolgreichen Spieler über die Jahre zusammenblieb. Sieben Männer haben alle vier Finalspiele bestritten: der Torwart Sepp Maier, der Feingeist Franz Beckenbauer, der Torjäger Gerd Müller, Franz Roth, Uli Hoeneß, Jupp Kapellmann – und natürlich „des Kaisers Putzer“ Schwarzenbeck.

Die kleine Liste der Dreifach-Sieger

Der FC Bayern war 1976 das erste deutsche Team, das dreimal nacheinander den Europapokal der Landesmeister gewinnen konnte. Er stieg damit auf in einen elitären Kreis, der bis heute nicht größer geworden ist. Neben dem FCB gibt es nämlich nur zwei Dreifach-Sieger: Ajax Amsterdam um seinen Spielmacher Johan Cruyff (1971–1973) und Real Madrid um Alfredo Di Stéfano (1956–1960). In der Champions League, wie der höchste europäische Pokalwettbewerb seit 1992 heißt, gibt es erst eine Mannschaft, die dreimal nacheinander triumphierte: ebenfalls Real (2016-2018).

12

Franz Beckenbauer

Eine Watschn für die Weltkarriere

Ohne die Watschn wäre Franz Anton Beckenbauer vielleicht nie für den FC Bayern München aufgelaufen. Als 13-Jähriger beim SC 1906 München verpasste ihm in einem Jugendspiel gegen den TSV 1860 sein Gegenspieler Gerhard König nach einem Disput eine Ohrfeige. Beckenbauer, gebürtiger Giesinger, schmerzte die tatkräftige Zurechtweisung: Er wechselte nicht wie geplant zu 1860, dem großen Verein seines Stadtteils. Sondern zu den Bayern. Dort wurde er zum „Kaiser", später, als das Irdische zu klein für ihn wurde, zur „Lichtgestalt". Er hatte den Fußball auf eine neue Ebene gehoben. Und natürlich auch den FCB: Erfolgreicher war zur Zeit der Watschn nämlich noch der TSV 1860.

Das sollte sich mit Beckenbauer ändern. Nach der Jugend debütierte er als 18-Jähriger für die erste Mannschaft in der Regionalliga Süd. Er stieg mit ihr ein Jahr danach in die Bundesliga auf, wo ihm erneut das Glück hold war: Schon in der ersten Partie traf er wieder auf den TSV 1860, gegen den Dieter Danzberg die rote Karte sah. Beckenbauer rückte auf dessen Platz auf der Stopperposition. Nach nur sechs Liga-Einsätzen berief ihn der Bundestrainer Helmut Schön ins Nationalteam. Dort bildete er wie beim FCB gemeinsam mit Sepp Maier und Gerd Müller die Achse des Erfolgs.

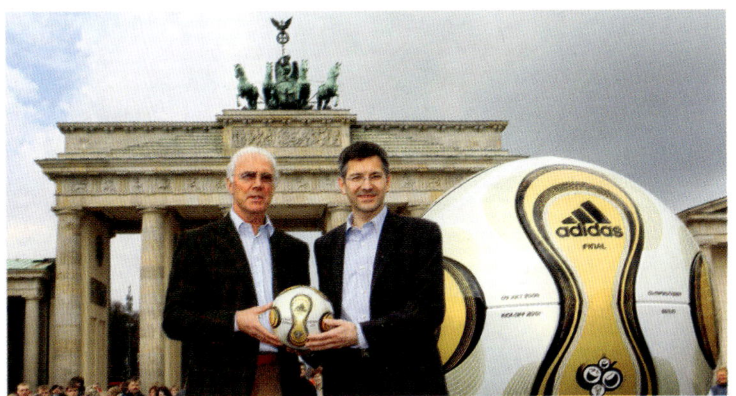

Im Zwielicht: Franz Beckenbauer (l.) als Chef des Organisationskomitees der WM 2006. Auf dem Foto neben ihm: Herbert Hainer, damals Adidas-Vorstandsvorsitzender, ab 2019 FCB-Präsident.

Als Fußballer sowie als Trainer Weltmeister

Die drei haben gemeinsam alle Titel gewonnen, die ein Fußballer gewinnen kann: Europameisterschaft 1972, Weltmeisterschaft 1974, dreimal Europapokalsieger der Landesmeister, einmal Weltpokalsieger. Beckenbauer ragte als Kapitän noch ein Stück mehr als der Rest heraus. Und auf dem Fußballfeld war er visionär: Er interpretierte den Libero als Spielmacher und Ballverteiler. Von hinten heraus schaltete er sich ins Offensivspiel seiner Mannschaften ein oder schlug lange Pässe in den Strafraum. Dieses Fußballverständnis machte ihn zweimal zu Europas Fußballer des Jahres (1972, 1976), damals die größte Individualauszeichnung. 1977 erschloss er mit Cosmos New York den US-Markt für sich und brillierte an der Seite des Brasilianers Pelé, bevor er noch zwei Spielzeiten beim Hamburger SV und eine in New York verbrachte. Er ließ seine große Karriere austrudeln, wie man im Sport so schön sagt.

Aber auch auf dem Platz packte er noch einmal an: ab 1984 als Teamchef der deutschen Nationalmannschaft. Nach dem Titelgewinn bei der WM 1990 in Italien war er als Fußballer sowie als Trainer Weltmeister (nur noch dem Brasilianer Mário Zagallo und dem Franzosen Didier Deschamps gelang das). Unvergesslich bleibt, wie Beckenbauer 1990 nach dem Endspiel in Rom gedankenversunken mit Krawatte und Goldmedaille um den Hals übers Spielfeld spazierte. Er dachte an sein Leben, die Erfolge, die Last war weg. Beckenbauer verließ danach den DFB, er wurde erst Vizepräsident (ab 1991) und dann Präsident (1994–2009) des FC Bayern. Gemeinsam mit Uli Hoeneß und Karl-Heinz Rummenigge führte er den Klub auch als Akteur neben dem Spielfeld zurück in die Weltelite. Vom DFB ging er 1990 übrigens nicht, ohne einen verhängnisvollen Satz zu hinterlassen: „Auf Jahre hinaus wird unsere Nationalmannschaft unschlagbar sein." War sie nicht.

„Nicht einen einzigen Sklaven in Katar gesehen"

Mit den Sprüchen war es so eine Sache. Während er mit dem Ball am Fuß leichtfüßig über das Spielfeld tänzelte, passierten ihm vor den Mikrofonen manche Patzer. „Ich habe noch nicht einen einzigen Sklaven in Katar gesehen", sagte er: „Die laufen alle frei rum, weder in Ketten, gefesselt oder mit Büßerkappe am Kopf." Internationaler Gewerkschaftsbund und Amnesty International prangerten die Arbeitsbedingungen auf den Baustellen für die WM 2022 dagegen an, berichteten, dass dort Menschen sterben. Beckenbauer wurde heftig kritisiert, genauso wie für seine Rolle als Sportbotschafter in Russland. Mit den Jahren merkte man: Der große Kaiser war fehlbar. Nachdem er nach der Weihnachtsfeier des FC Bayern 1999 ein Kind mit

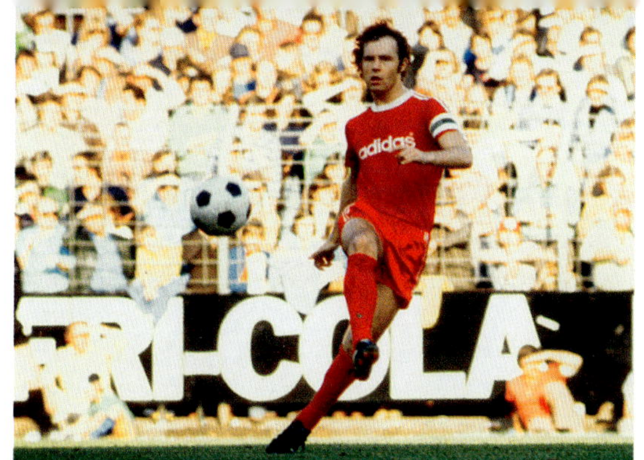

Franz Beckenbauer überzeugte als Spieler durch seine Eleganz.

einer Klub-Sekretärin, seiner späteren Frau Heidrun, gezeugt hatte, sagte er: „So groß ist das Verbrechen nun auch nicht. Der liebe Gott freut sich über jedes Kind." Seine damalige Frau Sibylle trennte sich von ihm.

Die zwielichtige Rolle beim Sommermärchen 2006

Auch sein letzter großer Coup ist umstritten: das Sommermärchen 2006. Beckenbauer holte die WM nach Deutschland und entfachte eines der größten Fußballfeste, die das Land erlebt hat. Jahre später geriet er in der sogenannten „WM-Affäre" jedoch ins Zwielicht. Vor und nach der Vergabe der WM floss viel Geld um den Erdball. Die „Süddeutsche Zeitung" berichtete 2017, „dass zehn Millionen Franken auf verschlungenen Wegen in Katar landeten. Die ersten Tranchen kamen von einem auf Beckenbauer und dessen Berater Robert Schwan laufenden Konto – später sprang Louis-Dreyfus (Robert, früherer Adidas-Chef, Anm. d. Autors) als Kreditgeber für die Gesamtsumme ein." Am Ende der Kette stand der frühere Fußballfunktionär Mohamed bin Hammam. Louis-Dreyfus bekam erst 2005 sein Geld zurück – allerdings vom WM-Ausrichter, der das Geld wiederum von der Fifa hatte: „deklariert als Zuschuss für eine WM-Gala, die nie stattfand". Bekannt wurde zudem, dass Beckenbauer doch nicht ehrenamtlich als Präsident des Organisationskomitees arbeitete. Insgesamt 5,5 Millionen Euro erhielt er nach Angaben des „Spiegel" vom Sportwettenanbieter Oddset.

Am 7. Januar 2024 ist Franz Beckenbauer verstorben. Er selbst äußerte sich zu den dunkleren Themen seines Lebens nicht mehr. Seine öffentlichen Auftritte sind zum Ende seines Lebens auch selten geworden. Vorzugsweise sah man ihn bei Ehrungen oder wichtigen Spielen auf der Ehrentribüne des FC Bayern: bei dem Verein also, der zu seinem Lieblingsklub wurde. Aber erst nach der folgenreichen Watschn.

Karl-Heinz Rummenigge

Retter und Zitatgeber aus Lippstadt

13

Der französische Flügelflitzer Franck Ribéry hatte 2014 sein 100. Tor im Bayern-Trikot erzielt, da gratulierte auch der Vorstandsvorsitzende des Klubs: „Ich ziehe meinen Hut und sage Champs-Élysées“, sagte Karl-Heinz Rummenigge. Er wollte es eher nicht, aber er hatte ein Bundesliga-Bonmot geliefert. Denn „Champs-Élysées“ heißt natürlich die Pariser Prachtstraße, die Rummenigge sicher auch schon mal gesehen hat. Deren Nennung ergibt in dem Kontext, dass Ribéry weder aus Paris stammt, noch dort lebte, wenig Sinn. Was er eigentlich sagen wollte? „Chapeau“ – „Hut ab“ auf Französisch. Der Spott war groß.

162 Tore in 310 Bundesliga-Spielen

Rummenigge ist ein Kind der Bundesliga, bereits mit 18 Jahren brach er seine Banklehre ab und wechselte 1974 von Borussia Lippstadt zum damaligen Meister FC Bayern München. Er sollte dem Verein im Süden sein Leben lang verbunden bleiben. Auch wenn er hinterher meinte, dass es schon ein „Harakiri-Unternehmen“ gewesen sei, als unbekannter Jüngling gegen Stars wie Gerd Müller oder Uli Hoeneß um einen Stammplatz im Sturm zu kämpfen. Er hatte Angst, dass er beim neuen Klub nicht drankommt. Ähnlich empfand es die Leitfigur Franz Beckenbauer: „Das wird nie einer“, sagte er über Rummenigge, nannte ihn „Bratwurst“. Doch da irrte der „Kaiser“ gewaltig. Aus Rummenigge wurde einer: 162 Tore schoss er in 310 Bundesliga-Spielen. Zweimal, wie Beckenbauer, war er Europas Fußballer des Jahres (1980, 1981). Da es damals noch keinen Weltfußballer gab, war es die höchste individuelle Auszeichnung. Dreimal wurde Rummenigge zudem Bundesliga-Torschützenkönig (1980, 1981, 1984).

Mit seinem Weggang entschuldet er den FC Bayern

Das britische Ehepaar Alan & Denise widmete ihm, seiner Stärke und seinen „sexy knees“ sogar einen Song, der in „Rummenigge, Rummenigge, all night long“ gipfelt. Und die „Süddeutsche Zeitung“ schrieb einmal über ihn als Fußballer: „Er besitzt von nichts alles, aber von allem ungeheuer viel.“ Rummenigge passte also in keine übliche Fußballer-Schablone: Er war schnell, aber auch elegant, torgefährlich, aber

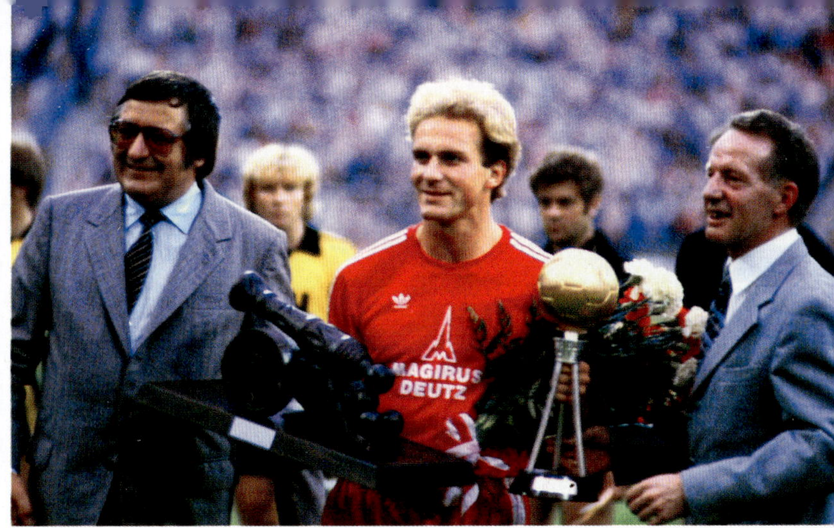

Torschützenkönig und Fußballer des Jahres: Karl-Heinz Rummenigge 1980.

auch ein Dribbelkünstler auf dem Spielfeld – und äußerst effizient: Bis auf den Weltmeistertitel gewann Rummenigge mit dem FC Bayern München und der Nationalmannschaft alles, was es zu gewinnen gab. Der Vater von fünf Kindern schaffte es zudem als „Musterprofi", nahezu ohne böse Schlagzeilen durchs Leben zu kommen.

„Ich habe meinen Job ausgelebt und ausgekostet"

Trotzdem gilt Rummenigge als vorbestraft. Im Februar 2013 passierte er, gerade zurück aus Katar, am Flughafen München den „Nichts zu verzollen"-Gang – obwohl sich in seiner Tasche zwei Luxusuhren im Wert von etwa 100.000 Euro befanden, die er angeblich geschenkt bekommen hatte. Rummenigge wurde zu einer Geldstrafe von 249.900 Euro verurteilt.

Es ging auch schon als Spieler ums Geld: Für 11,4 Millionen D-Mark wechselte der Angreifer 1984 zu Inter nach Mailand und rettete so den FCB. Der war auf einen Schlag seine acht Millionen Mark Schulden los. Manager Hoeneß konnte zudem in aller Ruhe ein schlagkräftiges Team um den neuen Torjäger Roland Wohlfahrt und das nächste vielversprechende Talent Lothar Matthäus bauen. Von 1985 bis 1987 wurden die Münchner wieder deutscher Meister. Nach seiner nächsten Station Servette Genf, wo er noch einmal Liga-Torschützenkönig wurde, hörte Rummenigge auf. „Ich nehme gern Abschied, denn ich habe meinen Job 15 Jahre lang total ausgelebt und ausgekostet", sagte er.

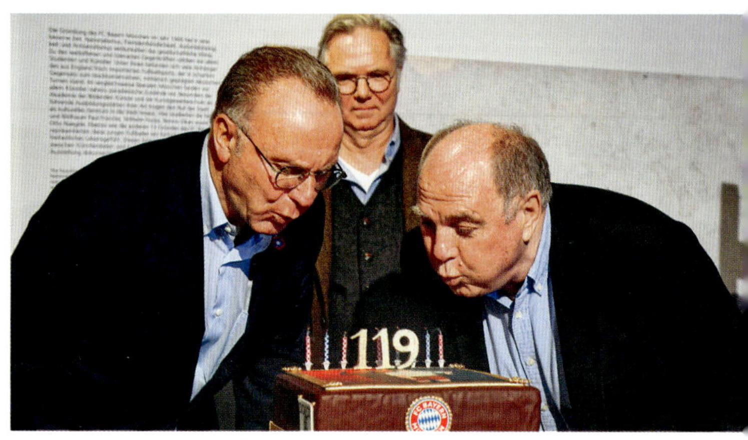

Beim 119. Geburtstag des Vereins: Karl-Heinz Rummenigge (l.) und Uli Hoen-

Mit Hoeneß und Beckenbauer in die Weltspitze

Richtig verabschiedet aus dem Fußball hat er sich aber lange nicht. 1991 wurde er Vizepräsident des FC Bayern, er nahm Anlauf für seine zweite Karriere. Von 2008 bis 2017 war er Vorsitzender der European Club Association (ECA), der Interessenvertretung der europäischen Klubs. Und von 2002 an bis 2021 war er Vorstandsvorsitzender des FCB. Lange werkelte er als „Außenminister" des Vereins gemeinsam mit den früheren Mitspielern Hoeneß und Beckenbauer im Klubvorstand. „Als Mannschaft hinter der Mannschaft spielen sie noch brillanter als seinerzeit auf dem Rasen", schrieb die „SZ". Das Trio führte die Bayern in ihrer Zeit etwa zum UEFA-Cup-Sieg 1996 – und später zurück in die Weltspitze: zum Champions-League-Erfolg und Weltpokalsieg 2001. Weitere Titel folgten.

Anklage wegen „Danke dir"

Vom scheidenden Präsidenten Beckenbauer verabschiedete sich Rummenigge bei der Jahreshauptversammlung 2009 mit einem Gedicht („Lieber Franz, ich danke dir"), das er allerdings offensichtlich von der Internetseite einer Dichterin geklaut hatte. Diese verklagte Rummenigge und den Klub, die Parteien einigten sich außergerichtlich. Was neben dem Dichten und Französisch übrigens auch nicht funktionierte: Co-Kommentator von Fußballspielen im Fernsehen. Bei der WM 1990 kommentierte er etwa gemeinsam mit Gerd Rubenbauer, doch die Kritik fiel teilweise verheerend aus. Rummenigge wurde anschließend junger Funktionär beim FC Bayern – eine kluge Entscheidung für ihn und den Verein.

14

Sepp Maier

Und immer hält die „Katze von Anzing“

Ein Hechtsprung nur, dann wollte er das Federvieh in seinen Händen halten. Doch es gelang ihm nicht, die Ente flog weg. Josef Maier, von allen „Maier Sepp“ genannt, war an diesem Maitag 1976 im Spiel gegen den VfL Bochum also auch einmal überfordert. Die Ente, die sich aus dem nahen Olympiasee ins Stadion verirrt hatte, war flinker. Als Torwart, seinem eigentlichen Job an diesem Nachmittag, aber musste er nicht viel tun beim 4:0 des FCB und so eroberte er sich eben eine andere Hauptrolle. Während Gerd Müller gerade per Elfmeter zum Endstand traf, schauten die Zuschauer Maier bei seiner Entenjagd zu. Maier wollte eigentlich Schauspieler werden, verriet er einmal. Das hätte in etwa so gut gepasst wie Fußball-Torwart. Denn nicht zum ersten und auch nicht zum letzten Mal erheiterte Maier die Menge.

In der Bundesliga 442-mal ohne Unterbrechung im Tor

Er war schon Zauberer, stand als Sänger auf Bühnen, imitierte Karl Valentin, was ob seiner Ähnlichkeit mit dem Münchner Kabarett-Original am besten passte, und sollte später ein Kaninchen in den Medizinkoffer des DFB-Masseurs Adi Katzenmeier legen. Mit diesem rannte Katzenmeier dann aufs Spielfeld. Diese Episoden zeigen, welch großen Humor der in Metten in Niederbayern geborene Maier hatte. Als Maier zwei Jahre alt war, zog die Familie nach Haar. Damit war er auch im Dunstkreis des FCB angekommen. Bei einem Jugendspiel entdeckte ihn der Verein – obwohl er eigentlich Mittelstürmer war und nur als Ersatzmann im Tor einsprang. „Ich ahnte natürlich nicht, dass hier meine großartige Karriere begann“, schreibt Maier auf seiner Website. Mehr als 1000 Spiele bestritt er für den FC Bayern, seine 473 Bundesliga-Spiele im FC-Bayern-Trikot hat noch keiner übertroffen, genauso wie eine Marke für die Ewigkeit: 442-mal, also 13 Jahre lang, stand Maier ununterbrochen in der Bundesliga im Tor (zwischen 1966 und 1979).

Vermutlich hätte die „Katze von Anzing“, wie Maier ob seiner Geschmeidigkeit im Tor und des Wohnorts unweit von München genannt wurde, diese Serie noch weiter ausgebaut. Doch ein schwerer Autounfall beendete die Karriere jäh, „mit 35 Jahren, im besten Torwartalter“. Am 14. Juli 1979 zog sich Maier dabei Rippenbrüche, einen Armbruch und einen Zwerchfellriss zu. Seinen Humor behielt er freilich: „Sakra, is des a saubere

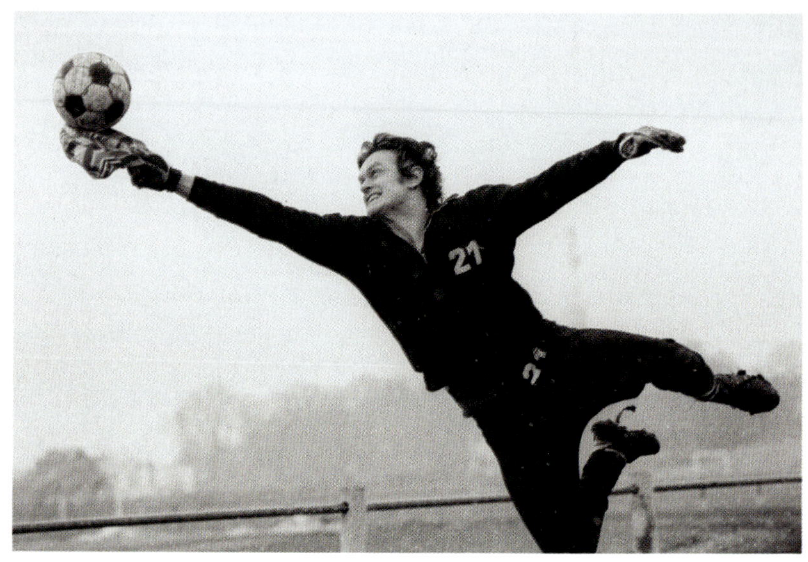

Torwart und Spaßvogel: Sepp Maier behilft sich mit seiner Kopfbedeckung.

Nachtschwester!", sagte er über die Krankenschwester in Bairisch, als ihn die „Süddeutsche Zeitung" besuchte. Danach trainierte er noch, er bestritt jedoch nur noch sein Abschiedsspiel am 4. Juni 1980.

Von 13 Endspielen verliert Maier nur eines

DFB-Teamchef Franz Beckenbauer holte ihn dann 1987 als Torwarttrainer und Spaßmacher zur Nationalmannschaft, eine Aufgabe, die Maier später auch parallel beim FC Bayern noch ausführte. Beide Male endete seine Tätigkeit durch den Amtsantritt von Jürgen Klinsmann. Zuvor war Maier ein Basisteil der Dreifach-Sieger im Europapokal der Landesmeister von 1974 bis 1976, neben dem Spielgestalter Franz Beckenbauer und dem Torjäger Gerd Müller. Sein Tor hielt er nach einem bayerischen Motto sauber: „Wennst richtig zum Ball stehst, brauchst net fliang." Er stand 95-mal im Tor der Nationalmannschaft und wurde zudem Weltmeister, Europameister, je viermal deutscher Meister und Pokalsieger sowie einmal Weltpokalsieger, dreimal auch Fußballer des Jahres. Um sich der Dimension klar zu werden: Von 13 Endspielen verlor Maier nur eines, 1976 im Finale der Europameisterschaft gegen die Tschechoslowakei im Elfmeterschießen. Aber auch da bekam er eine Hauptrolle, wenn auch unfreiwillig: Beim entscheidenden Elfmeter von Antonín Panenka hüpfte er nach links – und der Panenka-Lupfer schrieb Geschichte.

Der FC Bayern singt

15

Gute Freunde – und dann kracht's

„Dann macht es bumm. Ja, und dann kracht's. Und alles schreit: Der Müller macht's. Dann macht es bumm. Dann gibt's ein Tor. Und alles schreit dann: Müller vor." Den Refrain kennen wohl die meisten Bayern-Fans. Für die, die ihn nicht kennen: Er ist Teil eines autobiografischen Liedes. Denn nichts anderes machte „der Müller" ja eigentlich – zumindest, wenn er nicht vor dem Mikrofon stand: Tore schießen. 1969 probierte sich der Angreifer Gerd Müller mal als Sänger. Er lag auch hier treffsicher im Trend: Bereits drei Jahre zuvor hatte sein Mitspieler Franz Beckenbauer einen Hit gelandet. „Gute Freunde kann niemand trennen", wusste er zu berichten. Beckenbauers nächstes Lied „Du bist das Glück" floppte allerdings. Singen gehörte damals quasi zum guten Ton, wie auch Torwart Sepp Maier fand. Er sang: „Humor ist, wenn man trotzdem lacht." Unvergessen bleibt zudem „Fußball ist unser Leben", das die Nationalmannschaft mit sechs Bayern-Spielern vor der Weltmeisterschaft 1974 sang. Komponiert hatte das Lied Jack White, der unter seinem bürgerlichen Namen Horst Nußbaum zuvor selbst Fußballer war.

Während also in den 1960er- und 1970er-Jahren das Singen noch im Stundenplan der Profis stand, hat sich das über die Jahre gewandelt. Die Lieder intonieren Musiker, die vom bayerischen Entertainer Willy Astor komponierte Vereinshymne „Stern des Südens" etwa Bonfire-Frontmann Claus Lessmann, der auch „Schanzer Herz", das Klublied des FC Ingolstadt eingesungen hat. Die Fußballer selbst trällern dagegen selten: meistens zum Weihnachtsfest, sonst nach Titelgewinnen oder zum Einstand im neuen Team. Bei Letzterem stehen sie gerne auf einem Stuhl oder auf einem Tisch. Ganz andere Bühnen eroberte derweil Sepp Maier: Der ging 2009 als 65-Jähriger mit dem Volksmusiker und Moderator Florian Silbereisen auf Tour. „Er steht im Tor", sang Maier gemeinsam mit Wencke Myhre. Er hat es nicht verlernt.

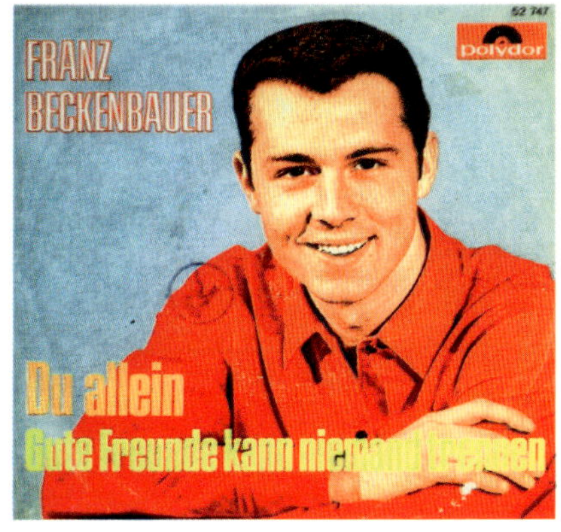

Franz Beckenbauers Plattencover der guten Freunde.

Alle gegen Max Merkel

Trainer verhindert, Präsident gestürzt

16

Es waren brisante Tage im März 1979. Wieder einmal hatte der FC Bayern etwas geschafft, was noch keinem anderen Verein gelungen ist. Wenn auch ein Teil des Vereins gerne auf diese Errungenschaft verzichtet hätte: Als erster Klub stürzte das Team einen Präsidenten. Wilhelm Neudecker trat nach den Querelen mit dem Münchner Mannschaftskapitän Sepp Maier und dessen Kollegen Paul Breitner zurück. Die Revolution in roten Trikots gelang Maier und seinen Mitspielern.

Auch wenn die eigentlich gar nicht so auf die Revolution aus waren. Der FC Bayern durchlebte ohnehin schon eine schwere Zeit, rutschte sportlich ab und war auch finanziell ins Schlingern geraten. „Ich bin kein Anarchist, wie man mich betitelt hat. Ich bin nur der Mannschaftssprecher des FC Bayern. Und was mir die Spieler zutragen: Das ist meine Pflicht, dass ich das dem Herrn Präsidenten mitteile", sagte Maier, den man sogar ins „Heute-Journal" ins „ZDF" schaltete. Die Spieler trugen Maier zu, dass Neudeckers Umgang nicht nach der feinen Art war. Eigentlich wollte er seiner Mannschaft noch eine Chance mit dem alten Trainer Pál Csernai, den die Spieler mochten, in der Partie bei Borussia Mönchengladbach geben. Hinter ihrem Rücken verpflichtete er allerdings eine Woche zuvor nach einem 0:0 in Braunschweig den Trainer Max Merkel, wie sich auf der Rückreise herumsprach.

Die Revolution von 1979 prägt den Verein bis heute

Die Mannschaft teilte dem wortbrüchigen Neudecker über ihren Torwart Sepp Maier mit, das Training zu verweigern. Nicht ganz ohne Hintergedanken: Merkel galt als harter Hund, und genau das imponierte dem autoritären Präsidenten. „Anarchisten" und „Gewerkschaftsbosse" nannte Neudecker die Spieler nach den Vorkommnissen. Bei der ersten Zusammenkunft am Vereinsgelände in München trat er von seinem Posten zurück, ein derartiges Aufbegehren hatte es eben noch nicht gegeben. Zu seinem Rücktritt ließ Neudecker mitteilen: „Veranlaßt (sic!) wurde dieser Schritt durch die bekannten Querelen um die zusätzliche Verpflichtung des Fußballehrers Max Merkel als sporttechnischer Berater. Die Mannschaft hat sich, angeführt durch den Mannschaftskapitän Sepp Maier, gegen Max Merkel und damit auch gegen meine Person ausgesprochen." Merkel, der

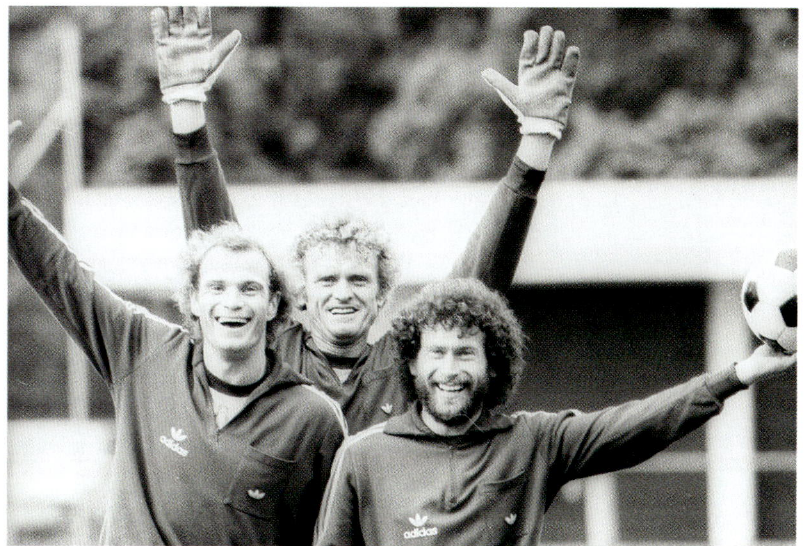

Erlebten turbulente Tage 1979: Uli Hoeneß, Sepp Maier und Paul Breitner (v. l.).

als Trainer mit dem TSV 1860 München und dem 1. FC Nürnberg in den 1960er-Jahren Meister wurde, stand nie auf dem Trainingsplatz des FCB, wurde aber trotzdem zwei Jahre lang vom Klub bezahlt.

Auch 2017 ist der FCB noch ein Spielerverein

In der sonst auf Ruhe bedachten Bundesrepublik erregten die Fußballer mit ihrer Aktion Aufsehen. Komplett hinter ihnen stand das Volk auch nicht. Doch weil sie anschließend 7:1 in Gladbach gewannen, darf der Umsturz als geglückt bezeichnet werden. Nach der Partie schien den Fußballern schlagartig wohler geworden zu sein: „Das ist, glaube ich, das erste Mal in mehr als 75 Jahren FC Bayern, dass die Mannschaft nach dem Spiel einen saufen geht", sagte Paul Breitner im Dokumentarfilm „Profis" am Flughafen Düsseldorf. Der Film begleitet die Bayern in der umstürzlerischen Saison 1978/79.

Uli Hoeneß wurde nach der Spielzeit Manager des FC Bayern. Noch heute ist der Klub auch wegen seines Führungsstils mehr ein Spieler- als ein Trainer- oder Präsidentenverein. Die Revolution von 1979, die keine sein sollte, hat den Klub geprägt. Als etwa der Trainer Carlo Ancelotti 2017 entlassen wurde, sagte Hoeneß über den Fakt, dass der Italiener kurz vor seinem Aus fünf Spieler gegen sich aufbrachte: „Das hätte er niemals durchgehalten."

TSV 1860 München

Der Rivale aus der eigenen Stadt

17

Mit einem Rivalen macht der sportliche Wettstreit gleich noch mehr Spaß, eine Rivalität unterhält das Publikum und motiviert die Protagonisten. Und so kam es dem FC Bayern München zupass, dass zehn Monate vor ihm bereits sein späterer Stadtrivale gegründet wurde: die Fußballabteilung des TSV 1860 München. Das erste Derby endete im Jahr 1902 3:0 für den FCB. In ihren ersten Jahren standen die „Sechziger" ein wenig im Schatten der Bayern. Erst nach dem Ersten Weltkrieg näherten sich beide Teams an, die ersten echten Derbys entstanden. Jahre später sollten die Münchner Vergleiche einmal die packendsten Stadtduelle im deutschen Fußball werden.

Da war etwa das erste Bundesliga-Spiel des FC Bayern im Jahr 1965: Gleich am ersten Spieltag am 14. August 1965 traf der FCB auf die Löwen. 45.000 Zuschauer waren ins Grünwalder Stadion gekommen, bereits Tage vor der Partie waren alle Karten vergriffen. Zuspätkommen war keine gute Idee: Nach nicht einmal einer Minute erzielte Sechzigs Angreifer Timo Konietzka das 1:0. Das Blitztor blieb der einzige Treffer – und im Nachhinein auch ein entscheidender. Denn im Mai 1966 jubelte der TSV 1860 mit der Meisterschale, seinem bisher letzten nationalen Titel. Er lag am Ende drei Punkte vor Borussia Dortmund und dem FC Bayern. Hätte der FCB am ersten Spieltag 1:0 gewonnen und alle anderen Spielergebnisse wären so eingetreten, wären die Aufsteiger Meister geworden.

Das kuriose Eigentor von Jens Jeremies

Die Stadtderbys wurden in den Jahren danach immer etwas zugespitzt auf ein Duell der Akademiker gegen die Arbeiter, ein Klub der Schwabinger Bohème (FCB) gegen einen Verein aus dem Arbeiterviertel (TSV). Doch allein schon in den 1960er-Jahren waren die Vorzeichen anders: Bayern spielte als Liga-Neuling gegen den deutlich teurer bestückten TSV 1860. Auch wenn es in Wahrheit also nicht unbedingt ein Klassenkampf sein konnte zwischen den beiden Mannschaften, rund ging es in den Derbys immer. Wie etwa auch in der Saison 1999/2000: „Die Löwen werden in den nächsten 100 Jahren kein Derby gewinnen", tönte Bayern-Manager Uli Hoeneß. Er irrte sich. 1860 gewann nämlich kurz danach 1:0 – und sorgte in dieser Spielzeit für ein Novum mit zwei Derbysiegen. In der zweiten Partie der Saison unterlief dabei dem früheren Löwen Jens

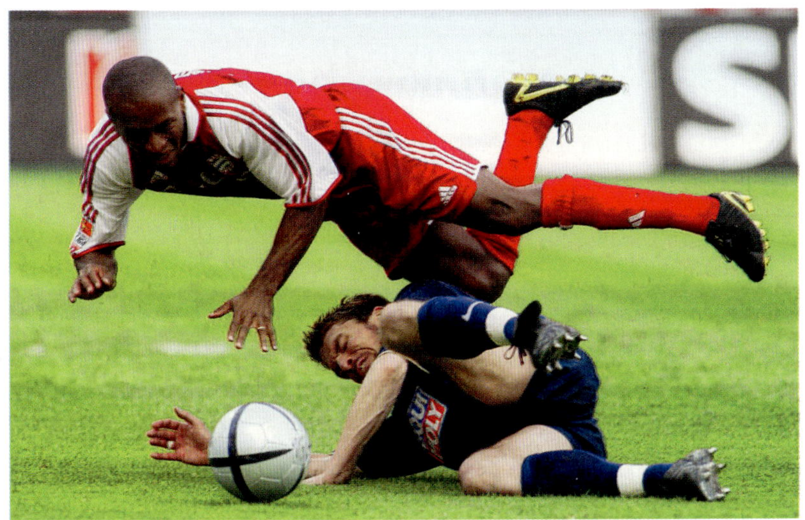

Zum Derby gehören harte Zweikämpfe dazu. Hier hebelt Marco Kurz Zé Roberto aus.

Jeremies ein kurioses Eigentor zum 1:2 aus Bayern-Sicht. Wohl aus Angst, mit Torwart Oliver Kahn zu kollidieren, stoppte er nach einer harmlosen Flanke der Sechziger am Fünfmetereck ab. Doch dann sprang der Ball an Jeremies' Kopf und von dort aus hoppelte er ins Tor. Völlig perplex lehnte sich Jeremies danach an den Pfosten. Nicht nur in den beiden Spielen, sondern auch tabellarisch kamen die Blauen in dieser Saison den Roten als Vierter so nah wie nie mehr danach. Bereits im Jahr 2004 stiegen sie ab, doch so ganz ohne einander konnten die beiden Vereine nicht; es folgten vier Freundschaftsspiele, von denen der FCB keines gewinnen konnte.

Entscheidung im DFB-Pokal per Münzwurf

Das nächste Pflichtspielderby der ersten Mannschaften stand am 27. Februar 2008 im DFB-Pokal-Viertelfinale an, die Vorfreude darauf strahlte auf ganz Bayern aus, so sehnlichst war die Derbyzeit erwartet worden. Der Zweitligist 1860 wehrte sich beachtlich, unterlag am Ende erst durch einen strittigen Elfmeter in der letzten Minute der Verlängerung. Franck Ribéry erzielte das 1:0 für die Bayern. Vielleicht war es ja so etwas wie eine späte Rache: Schon im April 1959 trafen die beiden Münchner Vereine im Pokal aufeinander. Damals endete die Partie 0:0 nach der Verlängerung – genauso wie das zu der Zeit übliche Wiederholungsspiel. Die Entscheidung über das Weiterkommen erfolgte per Münzwurf: Das Glück war damals den Blauen hold, was sich nicht mehr allzu oft wiederholen sollte.

Grünwalder Stadion

Das „Sechzgerstadion" wird zur Heimat

18

Zum 25. Vereinsjubiläum wechselte der FC Bayern in sein erstes großes Fußballstadion. Die Bayern richteten ihre Heimspiele ab 1925 im „Sechzgerstadion" aus, dem späteren Stadion an der Grünwalder Straße. Das war ein Quantensprung, denn als im September 1926 die Erweiterung des Stadions fertiggestellt war, bot die Anlage 40.000 Zuschauern Platz – vor allem dank der 110 Meter langen „Stehhalle", der Gegentribüne, die bis heute diesen Namen trägt. Das Stadion war zu diesem Zeitpunkt eines der modernsten in Deutschland. Heute trägt es offiziell den Namen „Städtisches Stadion an der Grünwalder Straße". Die Fans nennen es „Grünwalder" oder „Grünwalder Stadion", obwohl es sich natürlich gar nicht im noblen Münchner Vorort befindet, sondern auf Giesings Höhen zwischen der Candidstraße und der Volckmerstraße direkt neben den Wohnhäusern im Arbeiterviertel.

1948 kamen 58.200 Zuschauer ins Stadion

Bereits 1911 spielten dort die Sechziger, das Feld war bis 1922 aber nur gepachtet. Dann kaufte der Klub das Grundstück und baute nach und nach die Anlage um den Fußballplatz auf. Später ließ er auch den FC Bayern, Wacker München und den Deutschen SC im Grünwalder spielen, um die steigenden Kosten tragen zu können. 1937 kaufte die Stadt den Platz, doch lange hatte sie nicht ihre Freude daran. Denn im Herbst 1943 zerstörten britische Bomber Tribünen und Spielfeld, erst nach dem Krieg wurde wieder Fußball an der Grünwalder Straße gespielt. Der FC Bayern und der TSV 1860 kickten dann wieder in der höchsten Klasse, der Oberliga Süd. 1948 kamen 58.200 Zuschauer ins völlig überfüllte Stadion zum Duell TSV 1860 gegen den 1. FC Nürnberg. Im Grünwalder Stadion absolvierten dann sowohl die Sechziger als auch die Bayern ihre ersten Bundesliga- und Europapokal-Spiele.

Doch letztlich wurde auch diese Anlage zu klein für die beiden großen Münchner Vereine, nur knapp 4000 der 45.000 Zuschauer durften sitzen, was auch die Einnahmesituation begrenzte. 1972 öffnete das Olympiastadion am Oberwiesenfeld, wo fast 80.000 Zuschauer Platz fanden und wo die immer erfolgreicheren Bayern gerne hinzogen (Der TSV 1860 war inzwischen in die zweite Liga abgestiegen, der Umzug kam zu spät).

Die Anzeigetafel wird von Hand bedient

Die legendäre Stehhalle ist allerdings immer noch ein Sehnsuchtsort für die eingefleischten Bayern-Fans. Im Grünwalder kickt mittlerweile die zweite Mannschaft des FCB. Deren Anhänger nennen das Stadion „Hermann-Gerland-Kampfbahn", nach ihrem langjährigen Amateurtrainer. Ein Sehnsuchtsort bleibt das Grünwalder auch, weil es die Tradition in der Moderne verkörpert. Die Anzeigetafel in der Westkurve etwa wird von Hand bedient. Bei jedem Tor wird die jeweilige Trefferziffer neu eingehängt. Doch nicht nur für die Amateure-Fans ist das Stadion die liebgewonnene Heimat, auch die erste Mannschaft der früheren Eigentümer ist zurück im Arbeiterviertel Giesing: Seit 2017, als der TSV 1860 von der zweiten in die vierte Liga abstürzte, tragen die Löwen dort wieder ihre Heimspiele aus. Allerdings nur mehr vor 15.000 Zuschauern sowie den Anwohnern und deren Bekannten und Freunden, die aus ihren Ess- und Wohnzimmern aufs Feld hinunterblicken können. Ein Münchner Original bleibt das Grünwalder nicht nur aufgrund seiner Lage auf ewig.

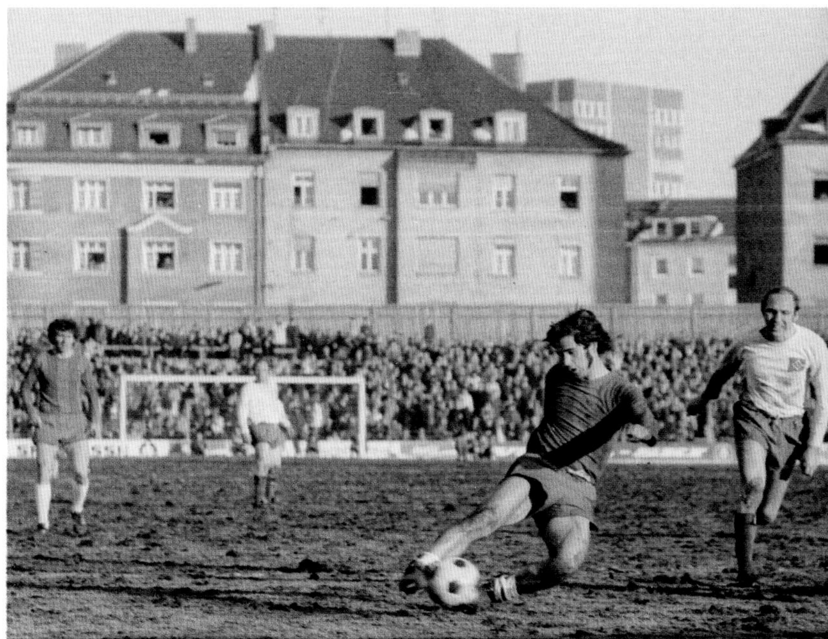

Ein Schuss im Wohnviertel: Gerd Müller trifft gegen den Hamburger SV.

Das Olympiastadion

19

Heimat der Pokaljäger

Die Rolling Stones und AC/DC rockten das Stadion, Robbie Williams regte zum Schmusen an, Herbert Grönemeyer sang seine Lieder. Auch Rugbyspieler sprinteten über den Rasen, und Stock-Car-Autos und Wagen der Deutschen Tourenwagen-Masters DTM brausten schon durchs Stadion. Die Adresse Spiridon-Louis-Ring 27 hat sich als Open-Air-Eventarena in München etabliert. Es ist die Adresse des Olympiastadions von 1972. Dieses hat so auch nach der Ära des Fußballs einen neuen Weg gefunden, um nachhaltig zu unterhalten. Nur eben nicht mehr in der einstigen Kerndisziplin: 1972 fanden im weiten Rund in Oberwiesenfeld im Münchner Norden die Olympischen Sommerspiele statt, 1974 das Finale der Fußball-Weltmeisterschaft, das die deutsche Nationalmannschaft durch zwei Tore der FC-Bayern-Größen Paul Breitner und Gerd Müller 2:1 gegen die Niederlande gewann. Sporthistorisch waren das die prägendsten Momente in diesem Stadion.

Innovationen Rasenheizung und VIP-Bereich

Doch sie waren nur Augenblicke seit der Fertigstellung 1972, die längste Zeit seither diente das Stadion als Heimatort der Pokaljäger vom FC Bayern München. Sie waren gemeinsam mit dem TSV 1860 München Hauptnutzer des Stadions. Profitiert hat vom Neubau maßgeblich der FCB: Gleich die erste Partie gegen den FC Schalke 04 wurde zum ersten Millionenspiel im deutschen Fußball, durch den 5:1-Sieg wurde der FC Bayern erstmals deutscher Meister im neuen Umfeld. Mit einer dreimal so hohen Kapazität von fast 80.000 Zuschauern generierte der Verein Einnahmen, durch die er anders als die Konkurrenz über die Jahre stets seine besten Spieler halten konnte. Es formierte sich das Team, das von 1974 bis 1976 dreimal nacheinander den Europapokal der Landesmeister gewann.

Das Olympiastadion stand zudem für Innovation: Als erste deutsche Arena hatte es eine Rasenheizung. Und auch einen VIP-Bereich, den über die Jahre Politiker wie Franz Josef Strauß und Edmund Stoiber oder Sportler wie Boris Becker besuchten, führte der FC Bayern im Olympiastadion ein. Inzwischen zählt er zum Standard neuer Stadien. Ein wenig seherische Fähigkeiten hatte der Stuttgarter Architekt Günter Behnisch vor dem Bau

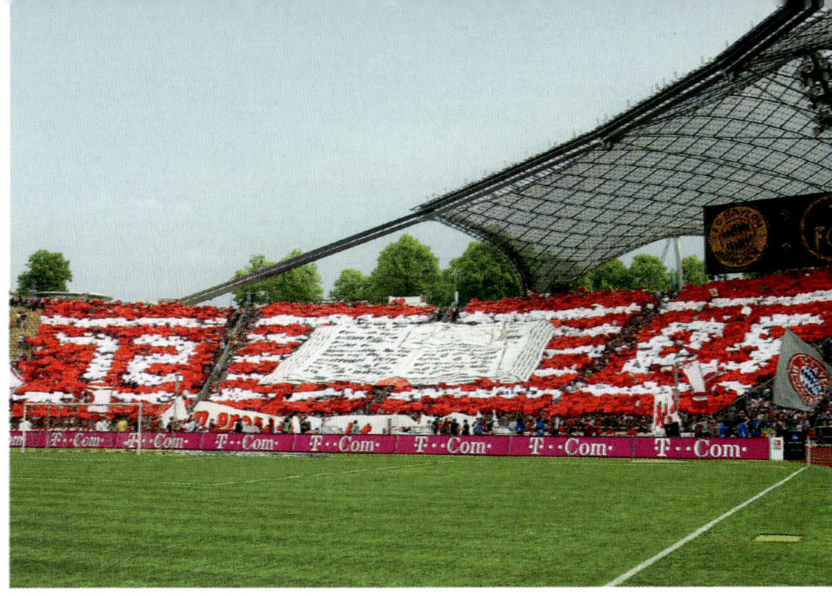

Choreographie zum Abschied: 2005 verlässt der FC Bayern das Olympiastadion.

des Stadions mit dem einzigartigen Zeltdach, das er über die Spielstätte spannte. Es sollte für Transparenz und Leichtigkeit stehen und diente letztlich außerdem als idealer Bogen für die neuen Artisten am Ball in ihren roten Trikots. Eingebettet ist das Stadion in eine grüne, hügelige Landschaft. Der behagliche Olympiapark sollte ein Gegenmodell zum Berliner Olympiastadion sein, das die Nationalsozialisten für die Sommerspiele 1936 gebaut hatten. Seit 1998 steht der Münchner Olympiapark unter Denkmalschutz. Ab 2024 werfen die Bayern-Basketballer im neu erbauten SAP Garden im Park ihre Körbe.

Das letzte Bayern-Tor schoss Sebastian Deisler

Die Fußballer spielen mittlerweile woanders. Denn während der 1990er-Jahre wurden die Rufe nach einer „echten Fußballarena" ohne Laufbahn in München lauter. Und so hatte das Olympiastadion für die beiden Bundesligisten bald ausgedient – sie verständigten sich auf den Bau der Allianz Arena, noch ein Stück weiter im Norden. Am 14. Mai 2005 bestritt der FCB sein letztes Spiel im Olympiastadion gegen den 1. FC Nürnberg, das letzte Bayern-Tor beim 6:3 schoss Sebastian Deisler, danach traf noch Samuel Slovák zweimal für den FCN. Minuten später jubelte jedoch wieder der FCB – mit der Meisterschale. In 33 Jahren in diesem Stadion errang der FC Bayern 17 Meistertitel.

Mythos Südkurve

20

Der „Munich Roar“

Als die Bayern das Olympiastadion 1972 mit einem 5:1 gegen den FC Schalke 04 eröffneten, standen in den Blocks im Süden noch mehrheitlich Schalker. Es muss also irgendwann in den Jahren darauf gewesen sein, als sich die rot-weißen Fans im Süden und die weiß-blauen Sechziger im Norden niederließen und die Geschichte der Südkurve des FC Bayern begann. Die Bayern-Fans überlegten sich von Anfang an besondere Wege, ihre Zuneigung zu zeigen: erst durch freundliche Platzstürme, später durch die Klänge von Trompeter Manni, der „Wie ein Felsblock aus Granit“ anstimmte, oder Choreografien. „Und schon wieder keine Stimmung, FCB?“, sangen manche gegnerischen Fraktionen, was auch an der Weite des Stadions lag. Die Spieler antworteten so wie Wolfgang Dremmler in den 1980er-Jahren: „Vor den Jungs in der Südkurve können die Herrn auf der Haupttribüne beschämt ihren Hut ziehen.“

Nach dem Umzug folgt der Kater bei den Bayern-Fans

2005 zogen die Bayern dann um. Auf die neue Allianz Arena freute sich nicht nur der Klub, auch die Fans blickten hoffnungsfroh nach vorn – ein Hexenkessel sollte entstehen. Doch es folgte Ernüchterung. Die Südkurve wurde zur Südtribüne, wie es sie auch beim Rivalen Borussia Dortmund gibt. „Echte“ Stehplätze gab es erst nicht, seit 2014 besteht zumindest der komplette Unterrang im Süden aus reinen Stehplätzen in der Bundesliga. Aber schlimmer noch: Manche Fan-Gruppierungen wurden auseinandergerissen, Teile der Anhänger standen nun auf den Rängen der Südtribüne, andere auf der Nordtribüne. Und die gegnerischen Fans? Die verfrachtete der Verein unters Dach. Dummerweise entfachen sie dort ob der Akustik eine nicht gerade schlechtere Lautstärke. „Und schon wieder keine Stimmung, FCB?“, sangen daher auch im Münchner Norden bald die ersten Gegner. Auch hier sind die Meinungen gespalten: Die Spieler berauschten sich an der Enge des neuen Stadions und der neuen Atmosphäre. So wie ein englischer Reporter des „Guardian“. Der beschrieb nach dem 6:1 des FC Bayern in der Champions League 2015 gegen den FC Porto den „Munich Roar“: eine einschüchternde, von den Zuschauern entfachte Geräuschkulisse, die den Erfolg brachte. Bei manch gegnerischem Fan erntete er dafür wohl ein Lächeln.

Eine Fanfreundschaft

21

Die Bochumer und die Bayern

Tief im Westen fanden sich in den 1970er-Jahren Freunde: die Fans des VfL Bochum und die des FC Bayern. Ihre Fanfreundschaft hält bis heute. Entstanden ist sie aber im Streit der Fanlager. Bayern-Fans wurden auf dem Weg zum Bochumer Bahnhof von VfL-Fans attackiert, bevor sich der Fanclub Bochumer Jungen gegen die eigenen Anhänger stellte: Er nahm die Münchner in Obhut, trank mit ihnen Bier. Am Ende gingen Freunde auseinander, die immer noch gemeinsam und als Unterstützung im Fanblock stehen. Sogar 2012 zum Champions-League-Finale kam eine Gruppe Bochumer nach München. Seit Mitte der 1990er-Jahre gibt es auch einen gemeinsamen Fanfreundschaftsschal, den inzwischen beide Vereine über ihren Fanshop verkaufen.

Ganz ohne Probleme kam jedoch auch diese Beziehung nicht aus: Als 2004 der Angreifer Vahid Hashemian aus Bochum nach München wechselte, grollten die VfL-Anhänger; bereits sieben Jahre zuvor gab es Auseinandersetzungen der beiden Fanlager in Düsseldorf, die Freundschaft schlief ein. Doch die Anhänger rauften sich auch dank der Bande der Ultra-Gruppierung „Schickeria" vom FCB und der „Ultras Bochum" zusammen. Dennoch schränkt der Bochumer Autor Ben Redelings im Gespräch mit „Vice Sports" ein: „Die Fanfreundschaft wird in Bochum durchaus sehr zwiespältig gesehen. Wenn man jemanden auf der Straße darauf anspräche, würde ich eine 50/50-Chance vermuten, ob die einer geil findet oder eben nicht." In einer Zeit, in der die Fanfreundschaften weniger werden (bis auf Ausnahmen wie Nürnberg und Schalke oder Kaiserslautern und 1860 München), ist die Bindung zwischen den Bochumern und den Münchnern aber immer noch eine der engsten in Deutschland. Mehr als 40 Jahre nach dieser folgenreichen Auseinandersetzung auf dem Weg zum Bahnhof.

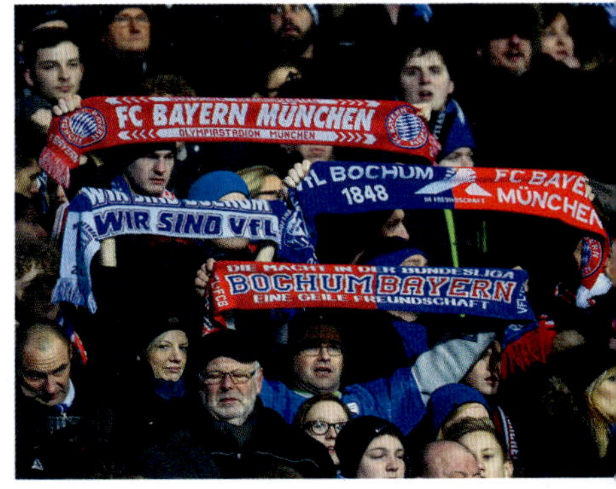

Freunde seit den 1970er-Jahren: Bayern- und Bochum-Anhänger.

Die Allianz Arena

22

Bayerns Heimat im neuen roten Gewand

Blaskapellen gehen ein und aus in der Allianz Arena, an Weihnachten spielen sie, zur Oktoberfestzeit – und natürlich auch bei der Meisterfeier. Insofern überraschte es wenig, dass der Präsident Uli Hoeneß im Sommer 2017 verkündete: „Die Blaskapelle ist im Anmarsch." Er bezog sich dabei auf die für seinen Verein vorzügliche Nachricht, dass der in die Regionalliga abgestiegene TSV 1860 München aus der Allianz Arena auszog und ins Grünwalder Stadion zurückkehrte. Die Arena ist nun reines FC-Bayern-Gebiet. Im Sommer 2018 modelten die Bayern sogar das gesamte Stadion nach ihrem Geschmack um. Im zweiten der drei Ränge sind seitdem rote Sitze verbaut, der Schriftzug „FC BAYERN MÜNCHEN" ziert die Gegengerade, ein Bayern-Wappen die Nordkurve, die Treppen strich der Klub zudem rot an und an die Wände im Bereich der Toiletten pinselte er viele glückliche Momente seiner Historie. Diese dürften für einen beschwingten Toilettengang bei den Anhängern sorgen. Das Statement: Die Allianz Arena ist jetzt durch und durch Bayerns Heimat.

Von Herzog und de Meuron entworfen

Zum Wahrzeichen der Stadt ist sie schon lange zuvor geworden, kein München-Porträtfilm kommt mehr ohne diese Arena im Norden aus, dessen Grundstein am 21. Oktober 2002 gelegt wurde. Nachdem die Fußball-WM 2006 nach Deutschland vergeben wurde, wuchs in München die Sehnsucht nach einem Stadion, das die Stadt bei der Großveranstaltung ordentlich repräsentiert. Das Olympiastadion war ja kein reines Fußballstadion und bereits 30 Jahre alt. So bauten die beiden Klubs die von den Schweizer Architekten Jacques Herzog und Pierre de Meuron entworfene Arena in Fröttmaning für 340 Millionen Euro, wovon allein die Allianz mehr als ein Viertel trug. Bis 2041 laufen die Namensrechte des Versicherungskonzerns noch.

Bereits 2005 fanden die ersten Spiele in der Arena statt, die Münchner stellten ihren Riesen aus Beton, Stahl und Luftkissen also in Rekordzeit fertig. Nach dem Eröffnungsspiel I am 19. Mai 2005, das der TSV 1860 3:2 gegen den 1. FC Nürnberg gewann, folgte das Eröffnungsspiel II, FCB gegen die Nationalmannschaft. 4:2 gewann der Gastgeber, doch deutlich mehr als das Ergebnis blieb die Nationalhymne vor der Partie in Erin-

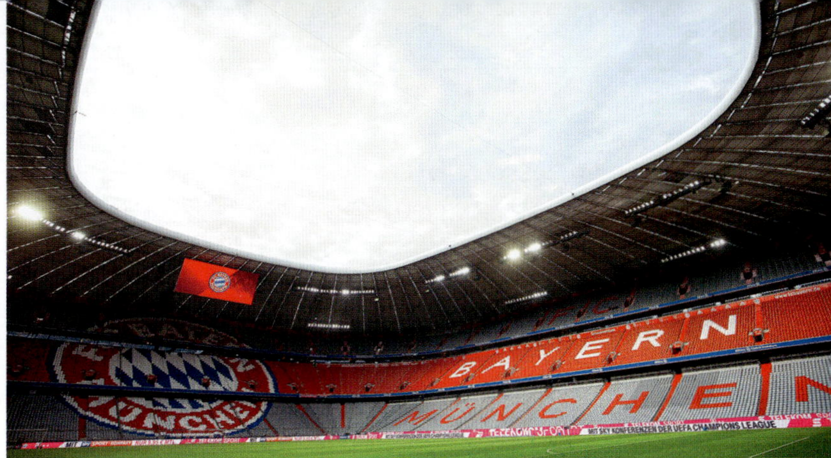

Ein Traum der Bayern-Fans wurde wahr: die neugestaltete Allianz Arena.

nerung. Statt „Blüh' im Glanze dieses Glückes" sang die Sängerin Sarah Connor „Brüh' im Lichte dieses Glückes". Eine eigenwillige Interpretation, die Connor karrieretechnisch nicht unbedingt nach vorne brachte.

Sowohl 2021 als auch 2024 ein EM-Stadion

Dem Stadion schadete sie jedoch nicht. 2006 fand das WM-Eröffnungsspiel wie geplant darin statt, Deutschland startete mit einem 4:2 ins Sommermärchen, bis heute bietet es Champions-League-Fußball und 2021 sowie 2024 zählt die Allianz Arena jeweils zu den Austragungsorten der Fußball-Europameisterschaften. Dann bietet sie 70.000 Zuschauern Platz, bei nationalen Spielen passen sogar 75.000 hinein und verfuttern alleine 1,2 Tonnen Gemüse an Spieltagen.

Das erste Arena-Derby gewann der TSV 1860 durch ein Tor von Paul Agostino. Die Sechziger erlebten das Stadion allerdings nur in der zweiten Fußball-Bundesliga, bei ihnen war es nie so ausgelastet wie beim über die Jahre fast dauerhaft ausverkauften FC Bayern. Zudem geriet der Klub finanziell ins Schlingern im großen Stadion, nicht einmal ein Jahr nach dem Einzug übernahm der FCB die 1860-Anteile für 11 Millionen Euro. Seit dem TSV-Auszug 2017 leuchten die Arena-typischen 2760 rautenförmigen Luftkissen fast nur noch in roter Farbe. 380.000 LED-Lampen sitzen dahinter und lassen sich digital steuern. Nach der Ummodelung 2018 gab es ein halbes Jahr später weitere Neuerungen für die Zuschauer. Sie können inzwischen auch mit einer Kreditkarte oder ihrem Smartphone bezahlen. Selbst an ihrem Wahrzeichen werkeln die Bayern permanent.

23 Das „Finale dahoam“

Ein Drama von einem Fußballspiel

Das gab's noch nie. Die Bayern bestritten im Jahr 2012 ein Champions-League-Finale im eigenen Stadion. Das elektrisierte den gesamten Verein. Ganz München. Ach nein, ganz Deutschland. Der übertragende TV-Sender Sat.1 berichtete über das Endspiel um 20.45 Uhr von 11.30 Uhr an – und zeigte Bayern-Fußball bis 8 Uhr des Folgetages. Durchgehend wohlgemerkt, denn nach dem Finale wiederholte er sowohl Halbfinale als auch Finale der Münchner noch einmal. Auch die Stadt wappnete sich für das Event mit zwei ausverkauften Public Viewings: 65.000 Menschen schauten im Olympiastadion zu, 30.000 auf der Theresienwiese. Und dann waren da ja noch die 62.500 Fans in der Allianz Arena.

Als erstes Team überhaupt sollte an diesem Samstagabend, dem 19. Mai 2012, der FC Bayern ein Champions-League-Endspiel im eigenen Stadion gewinnen. Der FC Chelsea aus London sollte dabei einfach mitmachen, in etwa so war das Münchner Verständnis in den Tagen vor dem Endspiel. Doch dann jubelten da blaue Spieler auf der Tribüne der Arena, statt dem FCB-Präsidenten Uli Hoeneß drückten diese dem Chelsea-Klubeigner Roman Abramowitsch den silbernen Pokal in die Hände. Statt Bastian Schweinsteiger lief später der Londoner Didier Drogba wild über den Rasen, in seinen Händen hielt er den begehrten Henkelpott. Irgendwer hatte da aus Münchner Sicht die falsche Filmrolle bei Sat.1 eingelegt. Oder war das wirklich so passiert? Die kurze Antwort: Ja, das passierte so.

Wer trainiert Chelsea? Di Matteo? Der Loddar?

Die lange Antwort: Statt im ersehnten „Triumph dahoam“ endete das Finale im Fiasko, im „Drama dahoam“. München weinte, zumindest das rote. In der jüngeren Vereinsgeschichte ist es die bitterste Niederlage überhaupt. Und das, obwohl der FCB das Finale dominierte, wie man es selten zuvor gesehen hatte. Bis zum Ende der zweiten Halbzeit war das Torschussverhältnis 27:7 zugunsten des FC Bayern. Es zählt im Fußball jedoch nicht der Aufwand, sondern es zählen die Tore. Die Partie endete 1:1, nachdem Thomas Müller in der 83. Minute per Kopfballaufsetzer die umjubelte Münchner Führung erzielte und Drogba nach der einzigen Chelsea-Ecke ausglich (88. Minute). In der Verlängerung änderte sich nichts, auch weil der FCB-Flügelstürmer Arjen Robben einen Elfmeter verschoss.

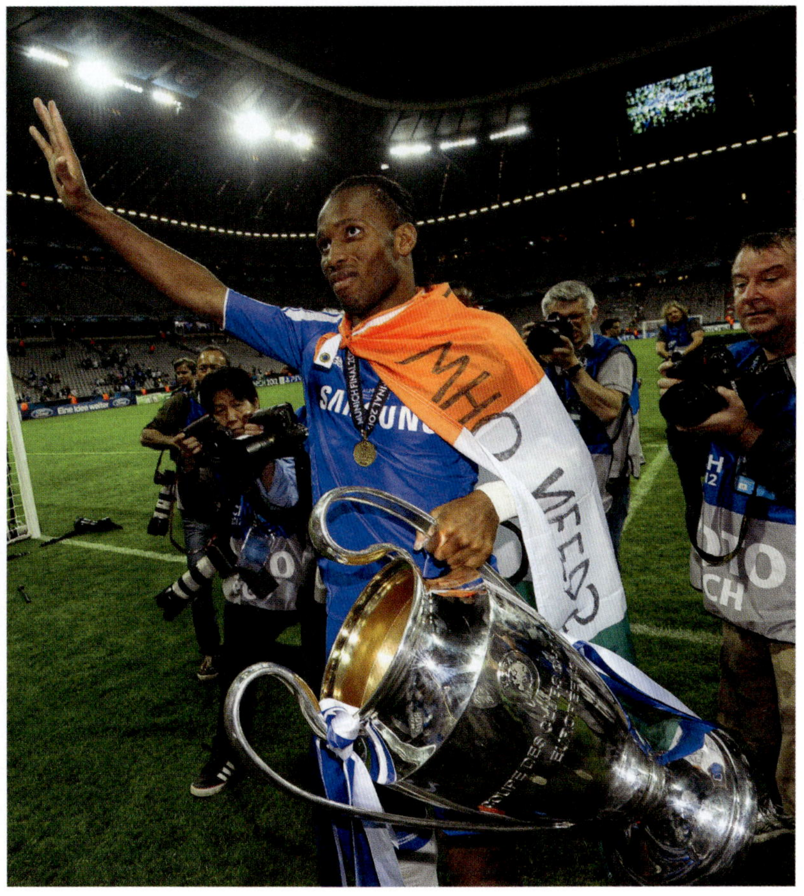

„Didi did it“: Didier Drogba ist Chelseas Siegbringer beim „Drama dahoam“.

Es blieb also spannend. Wie gut, dass Sat.1 regelmäßig für Erheiterung beim gemeinsamen Fußballschauen sorgte: Vor den Werbepausen des Tages fragte der Sender seine Zuschauer, wer den FC Chelsea trainiere: „Di Matteo“ oder „Der Loddar“. So viel sei verraten, es war Roberto Di Matteo, obwohl „Der Loddar“ sicher auch gerne mal in einem Champions-League-Finale stehen würde als Trainer. 50 Cent verlangte der Sender für einen Anruf. Im Halbfinale fragte er schon in ähnlicher Manier: „Wer spielt bei Real Madrid mit: di María oder der Josef?“ Bibeltreue Christen werden es wissen: Ángel Di María natürlich. Es soll angeblich auch falsche Antworten gegeben haben. Und damit zurück zum Spiel.

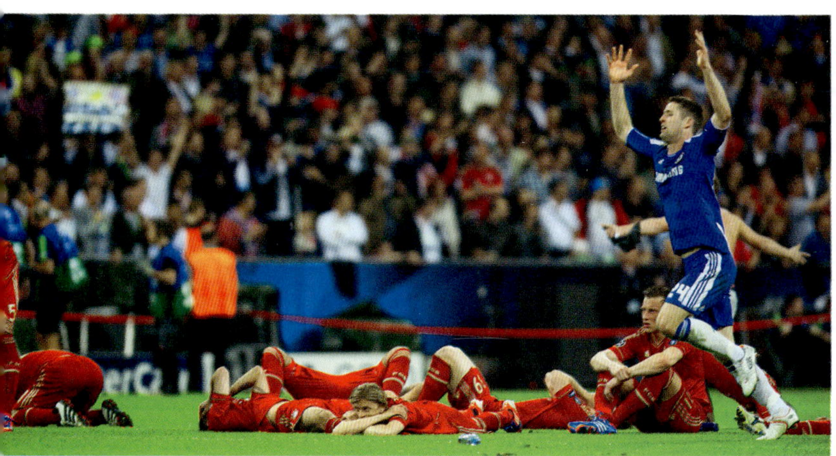

Rot in der eigenen Arena am Boden: Es jubelt der FC Chelsea.

Die etablierten Elfmeterschützen treten nicht an

Unter den Münchner Spielern wurde es ruhig. So richtig traute sich keiner, zu schießen, die eigentlichen Elfmeterschützen Anatolij Timoschtschuk und Toni Kroos traten nicht an, auch Robben schoss nicht mehr. Daher musste Torwart Manuel Neuer bereits als dritter Schütze ran, er traf zum 3:1. Doch der nächste, Ivica Olić, verschoss, nach vier Schützen stand es 3:3. Und Bastian Schweinsteiger, der Oberbayer im roten Trikot, musste nun treffen, damit der FCB nicht in Bedrängnis geriet. Er legte den Ball auf dem Elfmeterpunkt ab, trat mit seinem linken Fuß den Rasen fest und machte ein paar Schritte zurück. Er blickte fast nur auf den Boden, dann lief er an, verzögerte kurz – und schoss an den Pfosten. Von dort flog der Ball zurück ins Feld. Schweinsteiger zog sich das Trikot über sein Gesicht. Gleich im Anschluss trat Drogba zum entscheidenden Strafstoß an. Und „DIDI DID IT", schrieb die englische Boulevardzeitung „The Sun" auf ihrem Titel – der Ivorer traf flach ins linke Eck.

Aus dem Münchner Traum wurde ein Albtraum. „Ich habe keinen Jeremies gesehen", sagte Hoeneß hinterher. Was er damit meinte? Einen harten, kantigen defensiven Mittelfeldspieler, „der schon beim Einlaufen den Gegner in die Waden beißt". Im Sommer nach dem „Finale dahoam" verpflichtete der FC Bayern dann Javi Martínez für die damalige Rekordsumme von 40 Millionen Euro. Der defensive Mittelfeldspieler wurde zum Schlüsselspieler der folgenden Saison.

Die verflixten 1980er

24

Bayerns erste große Finalniederlagen

Vom Pfosten flog der Ball ins Tor an dem Tag, an dem der FC Bayern zum ersten Mal ein Finale im Europapokal verlor. Aston Villas Stürmer Peter Withe stand in der 67. Minute alleine vor dem Münchner Torhüter Manfred Müller und hatte dann doch noch viel Glück dabei, den entscheidenden Treffer zu erzielen. 1:0 gewann sein Klub aus Birmingham das Endspiel des Europapokals der Landesmeister am 26. Mai 1982. Nach dem Sieg 1967 im Europapokal der Pokalsieger und den Erfolgen im Landesmeister-Cup von 1974 bis 1976 lernten im Rotterdamer Stadion De Kuip erstmals auch die Bayern, wie sich Verlieren kurz vor dem großen Triumph anfühlt. Zu allem Überfluss bestimmten sie die gesamte Partie und schossen am Ende noch ein Tor, das Dieter Hoeneß jedoch noch während des Arme-Hochreißens zurückgepfiffen wurde – Abseits. In allen Runden zuvor traf Hoeneß noch und wurde so Toptorjäger dieser Landesmeister-Runde. „Diese Saison hätte ein bösartiger Regisseur gegen uns nicht schlimmer gestalten können“, fand Trainer Pál Csernai.

Auch das zweite Spiel nimmt eine ungute Wendung

Doch dieses europäische Finale war nur das erste von zweien in diesen verflixten 1980er-Jahren für die Bayern. Auch im zweiten im Jahr 1987 galten sie als Favorit. Schließlich war diese Generation der Bayern

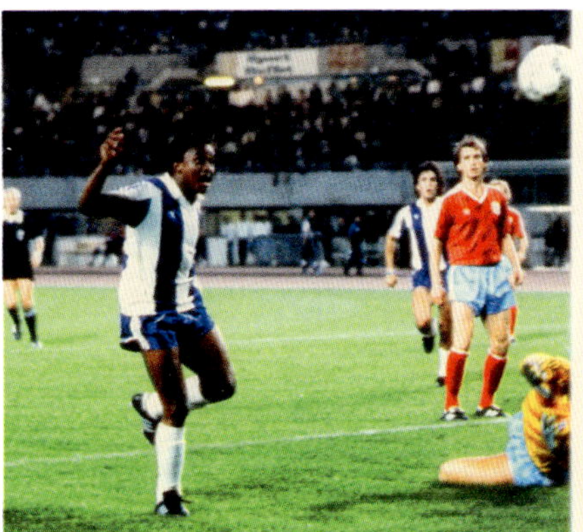
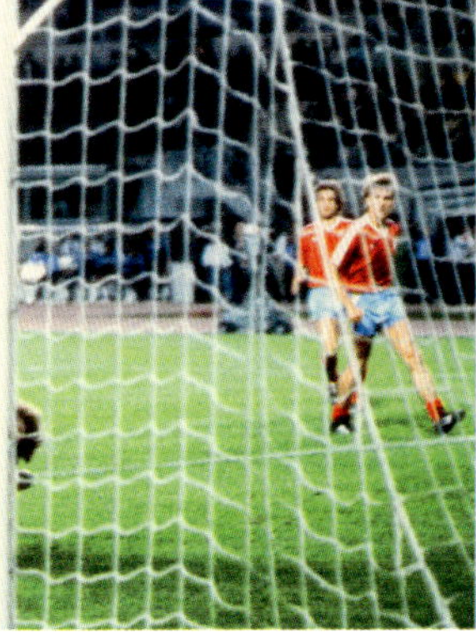

Portos Juary erzielt das Siegtor im Europapokalfinale 1987 in Wien.

erneut eine starke, auf Beckenbauer, Müller und Maier folgten Augenthaler, Matthäus und Pfaff. Siebenmal hievten die Spieler des FCB von Sommer 1980 bis 1990 die Meisterschale in die Höhe. Nur in Europa schienen diese 1980er-Jahre wie verhext zu sein.

Am 27. Mai 1987 standen sie in Wien dem FC Porto gegenüber, der seinerseits zum ersten Mal in einem Endspiel im Landesmeister-Pokal war. In Führung gingen die erfahrenen Münchner, die ohne den gesperrten Libero Klaus Augenthaler antreten mussten, durch Ludwig „Wiggerl" Kögl. Der gerade einmal 1,71 Meter große Angreifer traf per Kopf – zum ersten Mal überhaupt als Profi. Doch in Erinnerung blieb den Bayern-Fans dieser Moment nicht. In Erinnerung blieb vielmehr das, was danach passierte. Die in gewöhnungsbedürftigen hellblauen Hosen zu den roten Trikots angetretenen Münchner verpassten es, einen Treffer nachzulegen. Und so blieb es im Praterstadion bis zum Schluss spannend.

Zwölf Minuten vor dem Ende landete der Ball im Fünfmeterraum bei Rabah Madjer. Der Algerier stand mit dem Rücken zum Tor, per Hacke schoss er den Ausgleich. Bis heute feiern nicht nur die Portugiesen Madjers Geistesblitz als legendäres Tor. Und nicht einmal drei Minuten später war dieser Madjer

Die kuriose Transferposse um Rabah Madjer

Der Name Rabah Madjer bestimmte noch ein Jahr lang die Berichterstattung in München. Denn Uli Hoeneß wollte – wie so oft in seiner Managerkarriere – den gegen die Bayern erfolgreichen Torjäger unbedingt verpflichten. Er war damit auch scheinbar erfolgreich: Madjer kam zu Gesprächen mit Hoeneß und dem neuen Trainer Jupp Heynckes nach München und unterschrieb dort einen Dreijahresvertrag, gültig ab 1. Juli 1988. Der Algerier wurde im Januar 1988 bei einem Hallenturnier in München sogar schon den Anhängern als Sommer-Zugang vorgestellt. Er ließ sich zudem in bayerischer Tracht und mit dem FCB-Trikot fotografieren. Doch nach den Verhandlungen mit dem FC Porto setzte sich schließlich Inter Mailand im Poker gegen den FCB durch. Die Bayern erhielten für die Vernichtung ihres Vertrags immerhin 500.000 Mark aus Mailand. Und sollten letztlich doch zufrieden sein. Denn am Ende einer der größten Transferpossen im europäischen Fußball spielte Madjer weder für Bayern noch für Inter – und Porto erwirtschaftete kein Geld mit ihm: Wegen einer schweren Muskelverletzung, die er sich schon im Frühjahr zuzog und die nicht verheilte, fiel er durch den Medizincheck in Mailand. Madjer musste zurück nach Porto, wo er bis 1991 spielte und noch einmal portugiesischer Meister wurde.

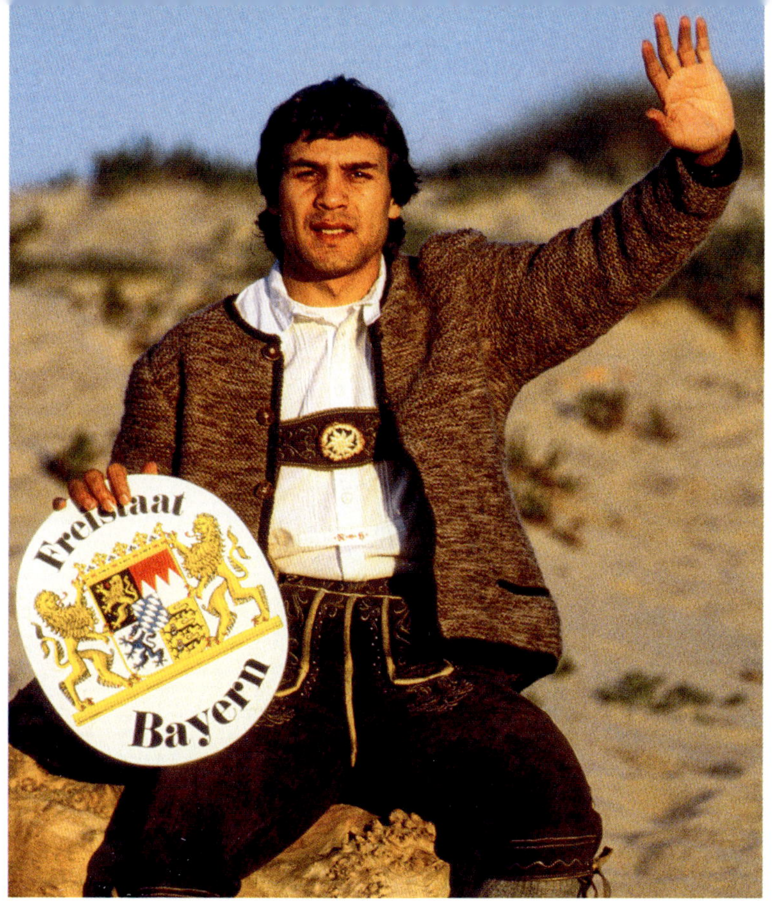

Rabah Madjer posierte schon in Lederhose, doch sein Transfer kam nicht zustande.

erneut für eine gefährliche Situation verantwortlich. Er flankte den Ball nach innen, wo der eingewechselte Brasilianer Juary traf – das Siegtor. Die Überraschung war perfekt, die Häme, die dem FCB entgegenschlug, groß. Mittelfeldspieler Andy Brehme vermutete ein Kopfproblem, Manager Uli Hoeneß sah „nervliche Probleme“ bei Kapitän Lothar Matthäus. Der Trainer Udo Lattek beendete nach der Saison seine ruhmreiche Karriere. „Das ist die bitterste Niederlage meines Lebens“, sagte er nach der verwehrten Krönung. „Ich muss mir gratulieren, dass ich aufhöre. Ich bin nicht mehr dazu in der Lage, die Verantwortung dafür zu tragen, dass Spieler nicht das bringen, was sie können.“

Udo Lattek

25

Bayern-Trainer mit 35

Heutzutage wäre Udo Latteks Trainerkarriere nicht wiederholbar, das ist ziemlich sicher. Bereits als 35-Jähriger und ohne jeglichen „Stallgeruch", den der Klub gerne fordert, wechselte Lattek zum amtierenden deutschen Meister FC Bayern München. Er kam vom Deutschen Fußball-Bund, wo er dem Trainerstab des Bundestrainers Helmut Schön angehörte. Vereinserfahrung fehlte dem früheren Gymnasiallehrer allerdings komplett. Während die Münchner 2018 etwa darauf verzichteten, dem jahrelang Bundesliga-erprobten (und noch etwas jüngeren) Trainertalent Julian Nagelsmann ein Angebot zu unterbreiten, schien im Jahr 1970 ein frischer Einsteiger genau der Richtige zu sein. Er leitete die Blütezeit des Fußballs in der bayerischen Landeshauptstadt ein und begründete die Münchner Dominanz in der Bundesliga. Vielleicht hätte er also ganz gut als Vorbild für einen wie Nagelsmann getaugt, doch die Bayern vertrauten bekanntlich ihrem früheren Mittelfeldspieler Niko Kovač das Traineramt im Sommer 2018 an. Nagelsmann kam dann aber mit etwas Verspätung im Sommer 2021 – und blieb kürzer als Lattek. Der hätte sicher seine Meinung dazu gehabt, kundtun konnte er sie jedoch nicht mehr. Er starb am 31. Januar 2015 in Köln.

Motivator und Kumpel statt sturer Systemverfechter

Im März 1970 kam er auf Drängen der Spieler nach München. Franz Beckenbauer und Sepp Maier hatten ihn in der Nationalmannschaft kennengelernt als Motivator und Kumpel. Lattek war nie der große Taktiker und Systemverfechter, aber Lattek konnte eine Mannschaft einnehmen. Wie sehr, das sollte sich noch einmal viel später zeigen, als er im Jahr 2000 als 65-Jähriger in seinen fünf Spielen mit den akut abstiegsgefährdeten Dortmundern den Klassenverbleib schaffte. Statt eine Mannschaft auf eine neue Ebene heben zu wollen, versuchte er, das Beste aus dem herauszuholen, was da war. Der Legende nach hatte er dafür eigenwillige Mittel, offenbar rief er die Mannschaft nach Europapokalspielen schon mal zum Aussaufen statt zum Auslaufen zusammen. Nach knapp fünf Jahren, drei Meisterschaften (1972–1974) und dem ersten Landesmeister-Erfolg 1974 musste er den FCB verlassen. Später berichtete er über das Gespräch mit dem Präsidenten: „Ich sagte: ‚Herr Neudecker, wir müssen etwas ändern.'

Da sagte Neudecker: ‚Sie haben recht. Sie sind gefeuert.'"

Nach Stationen in Mönchengladbach, Dortmund und Barcelona kehrte Lattek 1983 noch einmal zurück zum FCB und schaffte den Titel-Hattrick in der Bundesliga noch einmal – von 1985 bis 1987; damit war der Verein erstmals alleiniger Rekordmeister. Trotzdem musste Lattek den Klub erneut verlassen, seinen Abschied und seinen letzten Meistertitel feierte er wild. Nachdem er seine Oberbekleidung in die Südkurve geworfen hatte, posierte er in Unterhose und T-Shirt mit der Meisterschale. Udo Jürgens sang „Merci, Chérie" im Olympiastadion.

Lattek gewann alle drei europäischen Wettbewerbe

Lange Jahre war er danach Experte beim TV-Fußballstammtisch „Doppelpass" – und für seine Sprüche gefürchtet. „Im Kölner Stadion ist immer so eine super Stimmung, da stört eigentlich nur die Mannschaft", wurde zum Fußballspruch des Jahres 2010. Auch da fiel auf, dass Lattek seine Meinungen über mehrere Wochen hinweg durchaus ändern konnte. So kam er schon erfolgreich durchs Trainerleben, statt zu lange zu stur auf einer Idee zu beharren. Bis heute ist Lattek mit acht Meisterschaften der erfolgreichste Bundesliga-Trainer. Zudem gewann er alle drei europäischen Vereinswettbewerbe, was neben ihm nur Giovanni Trapattoni gelang. Da störte ihn wohl auch nicht mehr allzu sehr, dass er seinen zweiten Erfolg im Europapokal der Landesmeister 1987 verpasste. „Ich muss mir gratulieren, dass ich aufhöre", hatte er nach dem Finale gesagt. Und doch wieder seine Meinung geändert: 1991 arbeitete er als Interimscoach in Köln, 1992/93 auf Schalke und 2000 dann als Retter in Dortmund.

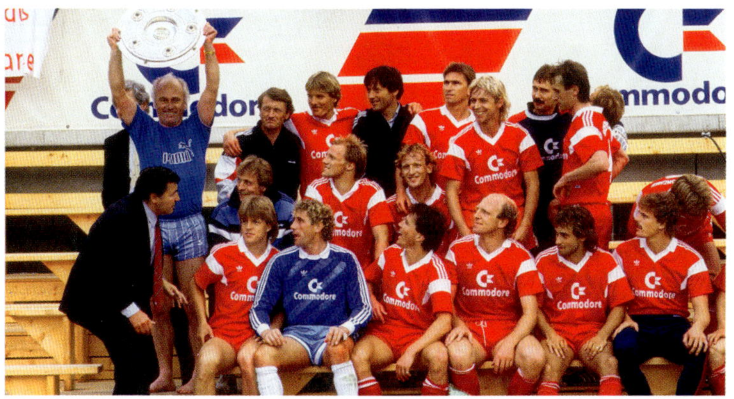

Meister in Unterhosen: Trainer Udo Lattek feiert mit seinen Spielern den Titel 1987.

Verwechselt

26

Die Wechselfehler der Bayern-Trainer

Der FC Bayern ist in vielerlei Hinsicht ein Vorreiter im deutschen Fußball. Dazu gehören Bestmarken wie die teuersten Spielertransfers, aber auch Ereignisse, auf die der Klub wohl lieber verzichtet hätte: etwa der erste Wechselfehler der Bundesliga-Geschichte. Der unterlief dem noch jungen Udo Lattek in der Saison 1970/71, der später sechs Meisterschaften mit dem FCB erringen sollte. Die Münchner mussten am letzten Spieltag beim MSV Duisburg ran, wo sie 0:2 unterlagen. Zehn Minuten vor dem Ende wollte Lattek noch einmal einen Impuls setzen. Allerdings hatte er bereits zweimal gewechselt, mehr Auswechslungen waren nach den damaligen Regeln nicht gestattet: Torwart Manfred Seifert ersetzte Sepp Maier, Edgar Schneider den Stürmer Uli Hoeneß. Nun sollte noch Günther Rybarczyk für Johnny Hansen aufs Feld kommen. Der Schiedsrichter Horst Herden bemerkte den Wechselfehler zunächst nicht und ließ Lattek gewähren. Erst die Zuschauer machten die Beteiligten auf die Situation aufmerksam. Rybarczyk ging wieder vom Platz, Hansen spielte weiter. Sieger Duisburg verzichtete auf einen Protest.

Zu viele Vertragsamateure in Frankfurt

Anders sollte es Jahre später sein. Denn Latteks Fauxpas blieb nicht der einzige in der Münchner Geschichte. Auch dem Italiener Giovanni Trapattoni und Klaus Augenthaler passierten Wechselfehler in den 1990er-Jahren: 1995 spielte der FCB unter Trapattoni in Frankfurt, gewann 5:2. Doch zum Sieger der Partie wurde trotzdem der Gastgeber erklärt. Trapattoni verwechselte sich. In der 73. Minute nahm er den Angreifer Marcel Witeczek vom Feld und wollte mit dem Mittelfeldspieler Dietmar Hamann den Sieg sichern. Hamann war nach Sven Scheuer, Sammy Kuffour und Marco Grimm jedoch der vierte Vertragsamateur im Team, nur drei waren damals erlaubt. Das Spiel wurde mit 2:0 für Frankfurt gewertet. Trapattoni entschuldigte sich. „Das ist menschliches Versagen", sagte Manager Uli Hoeneß ausgesprochen verständnisvoll. „Es ist auch meine Schuld und die von Klaus Augenthaler. Und peinlich ist es allemal."

Doch nicht genau hingeschaut: Giovanni Trapattoni (r.) und Klaus Augenthaler.

Das erste Spiel mit sieben Auswechslungen

Augenthaler war damals Co-Trainer (1992–1997). In einem Spiel, dem letzten der Saison 1995/96, rückte er sogar zum Chef auf. Gegen Fortuna Düsseldorf sollte er nach dem bereits erfolgten Gewinn des UEFA-Cups (mit dem Präsidenten Franz Beckenbauer als Trainer) die Saison versöhnlich abschließen. Dafür wechselte er nach dem 0:2-Rückstand im Olympiastadion in der Halbzeitpause kräftig durch. Allerdings etwas zu kräftig: Statt dreier erlaubter Wechsel tauschte er drei Feldspieler aus sowie den Torwart Oliver Kahn, für ihn kam Michael Probst. Die Wechsel zeigten Wirkung: Der FCB erreichte noch ein 2:2 – und durfte den Punkt im bedeutungslosen Abschlussspiel sogar behalten. Düsseldorf verzichtete auf einen Einspruch und sorgte so für ein Novum in der Bundesliga-Geschichte. Es war die erste Partie mit sieben Auswechslungen. Der SC Freiburg, gegen den dem FCB 2022 der nächste Wechselfehler unterlief, legte anders als Düsseldorf Protest ein. Für einige Sekunden spielten die Münchner damals zu zwölft, weil Kingsley Coman beim Wechsel die falsche Rückennummer angezeigt wurde. Am Ergebnis (4:1 für München) änderten die Szenen aber nichts – und der DFB sah ohnehin das Schiedsrichter-Team in der Schuld.

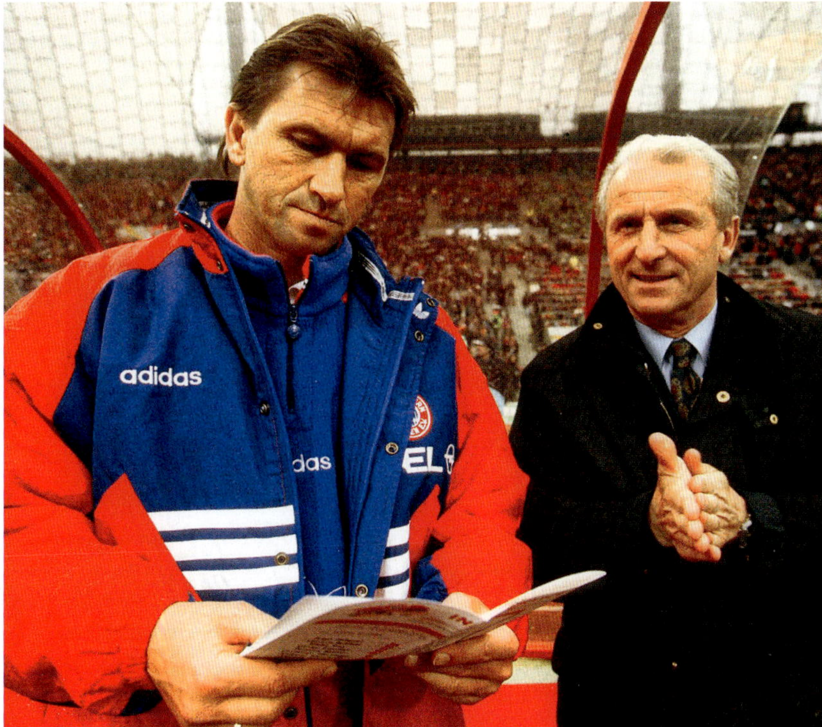

Dettmar Cramer

27

Als Napoleon ins Olympiastadion einzog

In einer Uniform stand er auf dem Rasen. Seine Hand drapierte er auf der Brust. Auf seinem Kopf saß der Dreispitzhut sicher. Das berühmteste Bild des Fußballtrainers Dettmar Cramer zeigte ihn im Münchner Olympiastadion verkleidet als Napoleon Bonaparte, etwa 170 Jahre nachdem der französische Kaiser erstmals Münchner Boden betrat. Klar, dass sich aus dem Fototermin, den Franz Beckenbauers damalige Freundin, die Fotografin Diana Sandmann, initiierte, ein Spitzname entwickelte. Cramer wurde zum „Napoleon des Fußballs". Cramer selbst störte sich daran, schließlich machte er die Bilder nur widerwillig. Er war kein Selbstdarsteller, sondern ein ruhiger Trainer, der nicht allzu viel Aufhebens von sich machte. Und nun ja, mit einer Größe von 1,61 Metern war er sogar 7 Zentimeter kleiner als der echte Napoleon Bonaparte, Torhüter Sepp Maier nannte ihn daher einen „laufenden Meter". Trotzdem schuf Sandmann ein ikonografisches Bild des Trainers.

Als Fußball-Professor war Cramer seiner Zeit voraus

Denn auch Cramer eroberte mit dem FC Bayern Europa, wenn auch nicht mit kriegerischen, sondern mit fußballerischen Mitteln. 1975 und 1976 führte er das Team zum Europapokalsieg der Landesmeister, den es bereits 1974 unter Cramers Vorgänger Udo Lattek gewann. Welch Meilenstein das war, zeigt allein die Tatsache, dass kein anderer Trainer die Königsklasse bisher zweimal mit dem FC Bayern gewinnen konnte. Deutscher Meister wurde er allerdings nie.

Cramer musste die Münchner jedoch erst einmal von sich überzeugen. Am 16. Januar 1975 folgte er auf den in den Medien offeneren Lattek. Ganz im Gegensatz zu diesem war Cramer sachlicher und ein Tüftler, Beckenbauer nannte ihn „Professor". Wohl auch zurecht, denn Cramer erforschte neue Methoden, probte mehr Taktik statt zu viel Schinderei und hielt lange Vorträge vor dem Team. „Der springende Punkt ist der Ball", sagte er einmal – ganz im Stil seines früheren Lehrmeisters Sepp Herberger („Der Ball ist rund.", „Ein Spiel dauert 90 Minuten."). Von 1948 bis 1963 war der gebürtige Dortmunder Cramer für den Westdeutschen Fußball-Verband tätig, in den Jahren danach assistierte er dem Bundestrainer Helmut Schön und war dann nach der WM 1966 bis zum Amtsantritt in

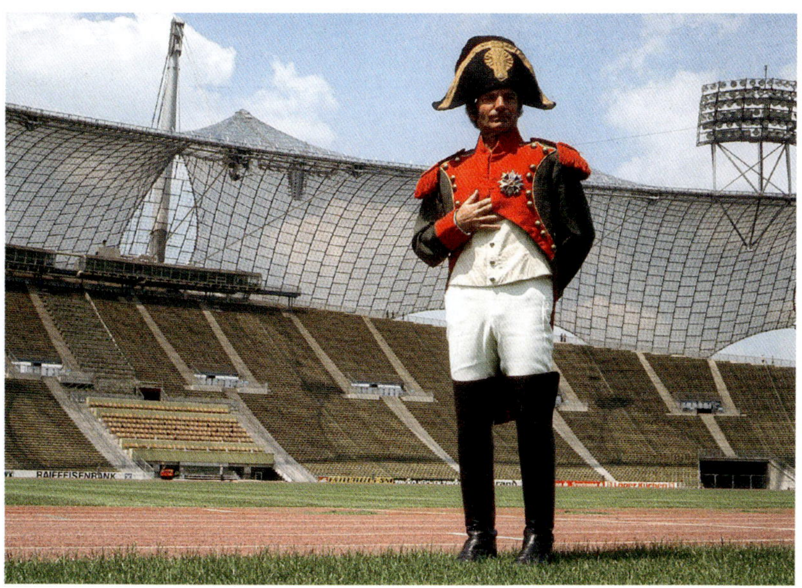

Als Napoleon im Olympiastadion: Bayerns Trainer Dettmar Cramer.

München als Entwicklungshelfer in der ganzen Welt im Einsatz. Sein Trainerkollege Max Merkel höhnte, Cramer habe „den Schwarzen im Senegal beigebracht, wie man Kakteen umdribbelt". Woraufhin der Professor konterte: „Hier ist der Kollege Merkel schlecht in Geografie: Im Senegal gibt es gar keine Kakteen."

Rummenigge: „Er war der größte Förderer"

Etwas verkannt blieb er auch in München. Nachdem er in seinen drei Spielzeiten den Gewinn des Meistertitels verpasst hatte, zwang ihn der Verein im Dezember 1977 zum Abschied. Die besondere Pointe: Auch der Weggang verlief nach einem ungekannten Muster. Die Münchner tauschten Cramer gegen den Trainer von Eintracht Frankfurt, den Ungarn Gyula Lorant. Sein Erbe für den deutschen und den Münchner Fußball erkannte man erst später. Nachdem Cramer am 17. September 2015 90-jährig in Reit im Winkl verstorben war, erklärte der FCB-Vorstandsvorsitzende Karl-Heinz Rummenigge über seinen ehemaligen Trainer: „Für mich war er wie ein väterlicher Freund, er war der größte Förderer meiner jungen Profi-Karriere. Dass ich sehr erfolgreich Fußball gespielt habe, hatte ich zu großen Teilen ihm zu verdanken. Der FC Bayern trauert um einen großen Trainer und besonderen Menschen."

Ottmar Hitzfeld

28

Die Tränen des Generals

Seinen Manager kannte Ottmar Hitzfeld bei seinem Dienstantritt besser als viele andere Bayern-Trainer. Denn mit Uli Hoeneß stürmte Hitzfeld schon 36 Jahre vor seiner Anstellung im Münchner Olympiastadion: 1972 bei den Olympischen Sommerspielen. Hitzfeld traf fünfmal für die Bundesrepublik, unter anderem wie Hoeneß im Zwischenrundenspiel gegen die DDR. Die BRD verlor jedoch 2:3, die DDR gewann später Bronze. Nachdem Hitzfeld dann in den 1990er-Jahren mit Borussia Dortmund Hoeneß zweimal die Rücklichter zeigte in der Bundesliga (Meister 1995 und 1996) und 1997 auch noch mit dem BVB in München (!) die Champions League gewann, verpflichteten ihn die Bayern kurzerhand. Ab Sommer 1998 trainierte Hitzfeld den FCB.

2004 bemerkte er, dass er vor einem Burnout stand

Dort vergrößerte er seine Titelsammlung in insgesamt siebeneinhalb Spielzeiten. Als erster deutscher Trainer hat er es dank des Triumphs mit den Bayern im Jahr 2001 geschafft, mit zwei Mannschaften die Champions League zu gewinnen, nachdem er 1999 noch in letzter Minute gescheitert war. Hitzfeld wurde als Coach sowohl „Gentleman" als auch „General" genannt. Die beiden Zuschreibungen beschreiben den gebürtigen Lörracher ganz gut. Nach außen hin war er ein umgänglicher Typ, der auf sein Gegenüber einging und, wie man aus seinen Mannschaften vernehmen konnte, auch eine gute Menschenkenntnis besaß. Aber er hatte auch diesen Hunger auf Erfolge, und um die zu erreichen, war er, ganz studierter Mathematiklehrer, in der Sache hart. Auch zu sich selbst: 2004 lösten die Bayern seinen Vertrag auf. Erst da bemerkte er, dass er kurz vor einem Burnout stand. Ähnlich erging es ihm übrigens schon 1997 nach dem Europapokalsieg mit dem BVB.

Daher schlug Hitzfeld nach der verkorksten Europameisterschaft 2004 auch ein Angebot des DFB aus, Bundestrainer zu werden. Er nahm sich eine Auszeit, wurde TV-Experte. Bis er sich am 1. Februar 2007 zurückmeldete: Hitzfeld trat die Nachfolge seines Nachfolgers Felix Magath beim FC Bayern an und blieb bis Sommer 2008. Mit dem Gewinn des Doubles aus Meisterschaft und Pokal verabschiedete er sich zum zweiten Mal. In seiner zweiten Amtszeit hatte er nicht mehr den kompletten Rückhalt. „Fußball

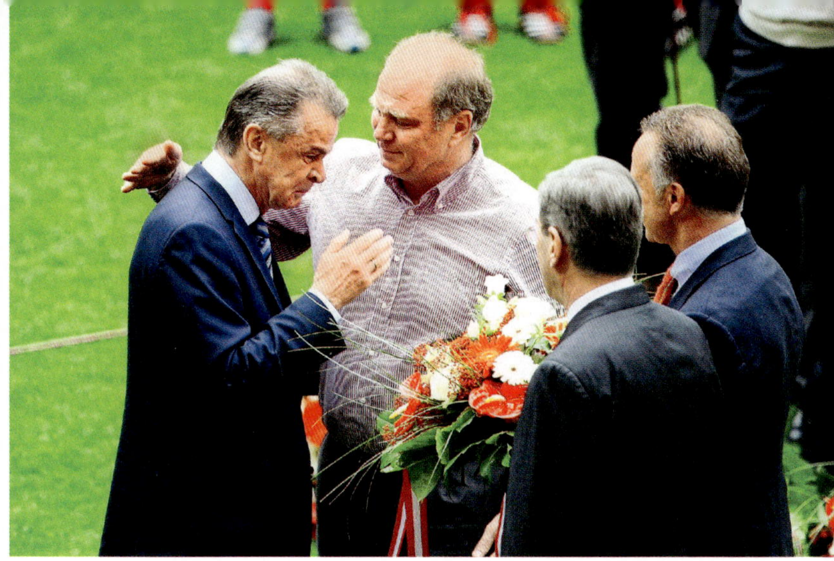

Ein ganz Großer geht: Trainer Ottmar Hitzfeld weint bei seinem Abschied 2008.

ist keine Mathematik", kritisierte der Vorstandsboss Karl-Heinz Rummenigge Hitzfeld etwa nach einem 2:2 gegen Bolton im UEFA-Pokal.

Ganz nach dem Karriereplan: Ende in der Schweiz

Trotzdem war der Abschied im Sommer 2008 emotional. „Bei Ottmar Hitzfeld ist das ja nicht so wie bei George Bush, wo alle froh sind, wenn der endlich weg ist", sagte Hoeneß. Hitzfeld bekam einen Blumenstrauß. Und als er so dastand in der Allianz Arena mit dem Strauß, verzog er das Gesicht und begann bitterlich zu weinen – zu sehr war ihm der Verein ans Herz gewachsen. „Dass es so extrem wird, hätte ich nicht gedacht", sagte er. „Ich konnte die Tränen nicht mehr aufhalten, weil ich sehr emotional und sensibel bin. Aber es waren Tränen des Glücks."

Hitzfeld begann seinen letzten Trainerjob. „Er hat mir schon 1991 bei unserem Gespräch in Dortmund gesagt, dass er zum Ende seiner Karriere Nationaltrainer der Schweiz wird", sagte Michael Meier einmal zur „Frankfurter Allgemeinen Zeitung". 1991 hatte der Manager Hitzfeld zum BVB geholt. Hitzfeld führte die Schweiz zu den Weltmeisterschaften 2010 und 2014. Mit einem 0:1 nach Verlängerung gegen Argentinien endete seine Karriere im Juli 2014. Sein Nachfolger in München, Jürgen Klinsmann, war da schon lange gescheitert. Weil danach Hitzfeld nicht mehr einspringen konnte, sprang ein anderer alter Bekannter ein: Jupp Heynckes. Aber das ist eine andere Geschichte.

Louis van Gaal

Ein Niederländer prägt den 2010er-Stil

29

Dann stand er halbnackt vor der Mannschaft. Der Mann, der über sich selbst, Gott und seinen Mittelstürmer sagte: „Ich habe einen Körper wie ein Gott, aber nicht wie Mario Gomez." Bayern Münchens Fußballtrainer Louis van Gaal ließ vor der versammelten Mannschaft seine Hosen runter, zumindest wenn man den Worten des Spielers Luca Toni in der „Sport Bild" glauben darf. „Der Trainer wollte uns klarmachen, dass er jeden Spieler auswechseln kann – egal, wie er heißt, weil er Eier hat", sagte Toni. „So etwas habe ich noch nie erlebt, das war total verrückt. Ich habe aber nicht viel gesehen. Ich saß nicht in der ersten Reihe."

Aloysius Paulus Maria van Gaal wuchs als jüngstes von neun Kindern auf. Dass er sich von klein auf durchbeißen musste, um zu seinem Recht zu kommen, hat den späteren Fußballer und Trainer schon geprägt. Er hat sich sehr schnell eine starke Meinung angeeignet, die er zwar wohl manchmal etwas eigenwillig darstellte, aber von der er auch im Sturm nicht abrückte. Manche Weggefährten empfanden ihn daher als Dickkopf, andere gar als Diktator. Letzteren Begriff wies er in Interviews entschieden von sich. Selbst stellte er sich so vor in München: „Das bayerische Lebensgefühl passt mir wie ein warmer Mantel. Warum? ‚Mia san mia', wir sind wir – und ich bin ich: selbstbewusst, arrogant, dominant, ehrlich, arbeitsam, innovativ!"

„Ich bin ein Trainer, der die Spieler verbessern will"

Der Verteidiger Philipp Lahm sagte: „Der absolut wichtigste Transfer ist der Trainer." Er sollte Recht behalten: Vielleicht auch weil van Gaal so sehr ohne Kompromisse handelte, hat der Niederländer den FC Bayern in seinen knapp zwei Jahren Amtszeit von 2009 an geprägt wie nur wenige. Van Gaal ebnete den Weg für die Erfolgsära in den 2010er-Jahren; seitdem er in München trainierte, wird übrigens auch vermehrt über Taktik gesprochen. Seinen Stil, den er im Buch „Vision" auf 160 Seiten vorstellt, spielte der FCB jahrelang. Van Gaal arbeitete außerdem stark mit jungen Kickern, sein 1995er-Team von Ajax Amsterdam ist das jüngste, das je die Champions League gewann. „Ich bin kein Trainer, der einfach kauft. Ich bin ein Trainer, der die Spieler verbessern will – und das kann." Beim FCB stellte er die Talente Holger Badstuber, Thomas Müller und David Alaba in der Startelf auf. „Müller spielt immer", wurde zum Grundsatz.

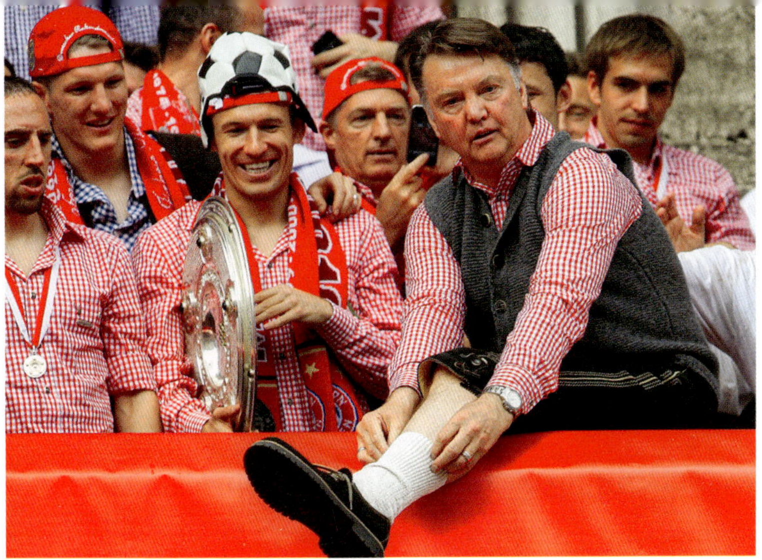

Nein, er springt nicht: Louis van Gaal zeigt nur sein Bein auf dem Rathausbalkon.

Van Gaal war aber nicht nur wegen der eingangs erzählten Szene ein gewöhnungsbedürftiger Coach. Nicht nur seine Spieler, sogar seine Kinder mussten ihn siezen. Zudem bestimmte er die Sitzordnung der Bayern beim Essen und zog Toni im Trainingslager vor dem Rest des Teams einmal an den Ohren, weil dieser „am Frühstückstisch herumlungerte" statt aufrecht zu sitzen, so etwas gehe in einer Mannschaft nicht. In den Niederlanden schlug er zuvor mal einem TV-Reporter die Kamera ins Gesicht. „Er war nicht mein schlechtester Trainer – aber einfach komplett verrückt", sagte Ex-FCB-Verteidiger Martín Demichelis der argentinischen Zeitung „La Nación". Genie und Wahnsinn lagen eng beisammen.

Tod oder Gladiolen? Van Gaal musste vorzeitig gehen

Dass van Gaal immer alles im Griff haben wollte, konnte er den Jungen vermitteln, die Älteren wollten sich nach der Zeit mit Ottmar Hitzfeld und Jürgen Klinsmann, die ihnen Freiraum gaben, nicht anpassen. Und so funktionierte der Verbund nur solange van Gaal Erfolg hatte. Er gewann das Double 2010, verlor jedoch das Finale der Champions League und war ein Jahr darauf im Begriff, die Teilnahme an der Königsklasse zu verpassen. Zudem rieb er sich in Disputen mit Uli Hoeneß auf. „Wir bekommen Gladiolen (Schwertblumen), oder wir sind tot", sagte van Gaal vor K.-o.-Spielen gerne. Er selbst bekam zum Abschied keine Blumen, sondern wurde im April 2011 vorzeitig entlassen.

Jupp Heynckes

30

Ein großer Trainer und Candos Herrchen

Zweimal bellte sein Hund Cando – „dann war das alles in trockenen Tüchern“, sagte der damals 72-jährige Josef „Jupp“ Heynckes, als er im Herbst 2017 zum vierten und letzten Mal die Stelle als Trainer des FC Bayern München antrat. Candos Herrchen startete seine Rettungsmission, die letztlich mit dem Gewinn der Meisterschaft und des DFB-Pokals 2018 endete. Zuvor war Carlo Ancelotti schwach in die Saison gestartet. Wie gerne hätte Präsident Uli Hoeneß danach noch einmal mit seinem Freund Heynckes verlängert, doch der beendete seine Trainerkarriere. Endgültig.

Bereits mit 34 Jahren wird er Trainer

Er hatte sie ja eigentlich schon einmal beendet – nach seinem größten Erfolg als Trainer überhaupt. Im Jahr 2013 führte er den FC Bayern als erstes deutsches Team zum Triple: Die Champions-League-Trophäe nach dem Finale gegen Borussia Dortmund garnierte die Meisterschaft mit 91 Punkten (Rekord!) und den Pokal. Dass ihn der FCB durch die vorzeitige Verpflichtung von Pep Guardiola im Sommer 2013 auch so ein bisschen in den Ruhestand schickte, schmeckte Heynckes nicht so recht. „Aber du hast es dann uns Bayern-Deppen gezeigt“, sagte Hoeneß später, er meinte den Triple-Erfolg. Heynckes zog sich danach auf seinen umgebauten Bauernhof in Fischeln/Nordrhein-Westfalen zurück. Die Spieler schenkten ihrem Trainer zum Abschied einen Koi-Karpfen, den er in seinen Teich setzte und den seine Frau Philippo nannte – nach Philipp Lahm, damals Kapitän. „Ich übergebe meinem Nachfolger wirklich eine perfekt funktionierende Mannschaft“, sagte Heynckes. „Es ist gut möglich, dass der Klub eine Ära in Europa bestimmen kann.“ Immerhin in Deutschland blieben die Münchner unangefochten.

Nachdem er als Fußballer in den 1970er-Jahren unter anderem Weltmeister, Europameister und zweimal Bundesliga-Torschützenkönig geworden war, begann Heynckes 1979 bereits mit 34 Jahren seine Trainerlaufbahn bei Borussia Mönchengladbach. Er förderte das Großtalent Lothar Matthäus früh. Auch später baute er junge Spieler auf – wie 2010 in Leverkusen etwa Toni Kroos oder Arturo Vidal, die er auch beim FC Bayern trainieren sollte. Seine Grundtugenden – Disziplin, Höflichkeit und Pünktlichkeit – verkörperte er nicht nur selbst, sondern impfte sie

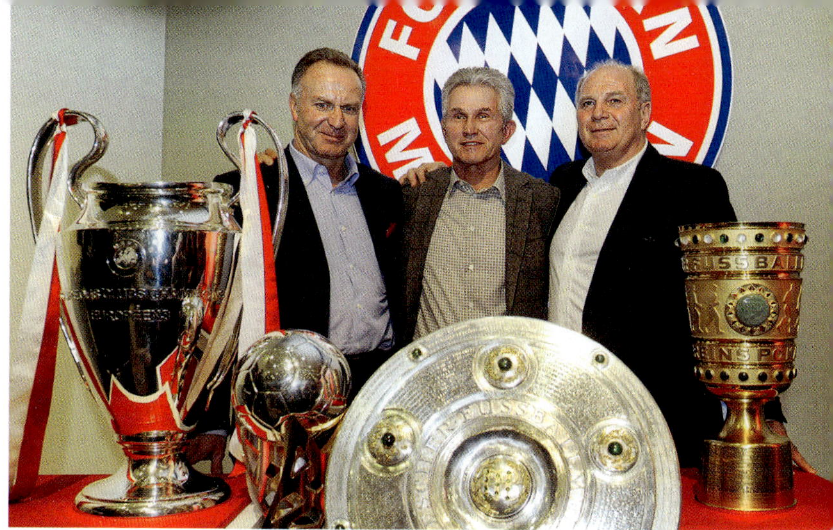

Triple-Gewinner Jupp Heynckes mit Karl-Heinz Rummenigge (l.) und Uli Hoeneß (r.).

seinen Mannschaften ein. In Leverkusen arbeitete er auch erstmals mit seinem Co-Trainer Peter Hermann zusammen, der ihm zweimal zu den Bayern folgen sollte. Die beiden etablierten an der Säbener Straße eine ideale Arbeitsteilung: Hermann führte das Training durch und Heynckes marschierte über den Rasen, schaute zu, analysierte und griff ein.

Reals Erlöser und Hoeneß' schwerster Fehler

Trotz seines Erfolgs erlebte Heynckes, geboren am Tag nach dem Ende des Zweiten Weltkriegs in Europa, auch kuriose Trennungen: Real Madrid führte er nach 32 Jahren zum Titel in Europas Königsklasse – und wurde acht Tage danach trotzdem entlassen. Ähnlich war es 1991 nach zuvor zwei Meistertiteln (1989 und 1990) in München. Hoeneß, damals Manager, bezeichnete die Entlassung später als schwersten Fehler seiner Karriere. Die Klubs merkten oft erst später, was sie an „Don Jupp", wie man ihn in Spanien nannte, hatten: „Ich bin sicher nicht der Verkäufer meiner selbst", sagte Heynckes einmal. „Aber was ich gemacht habe: dass ich hundert Prozent für die jeweiligen Klubs gegeben habe. Und darüber hinaus." Die weiteren drei Engagements in München, übrigens auch schon im Jahr 2009 als Retter einer misslungenen Saison, beendete Heynckes als Gewinner. Er verließ die Stadt durchs große Tor, Hoeneß wurde zum Freund. Zum 63. Geburtstag, den Hoeneß 2015 im Gefängnis verbringen musste, drehte Heynckes ein Überraschungsvideo zur Aufmunterung: „So etwas Emotionales habe ich noch nie gesehen", sagte Hoeneß.

Pep Guardiola

31

Drei Jahre Weltmann in München

Da saßen sie also in einem Münchner Restaurant und hantierten mit mehreren Salz- und Pfefferstreuern. Der frühere Mainzer Trainer Thomas Tuchel, gerade im Sabbatjahr ohne Job, besuchte Pep Guardiola, den Trainer des FC Bayern München. Und wie die zwei gewieften Taktiker so an diesem Abend über die Fußballtaktik ins Reden kamen, schnappten sie sich die Gewürze, um auch noch ein paar taktische Formationen anhand von Praxisbeispielen zu diskutieren. Sie stellten große Fußballschlachten nach und würzten sie mit ihren besten Ideen. Die beiden sind nun mal nicht nur Trainer, sie sind Tüftler und Perfektionisten. Guardiolas Biograf beschrieb den Katalanen beim Internetportal „Spox.com" einmal so: „Guardiola ist nicht gnadenlos, er wird auch nicht persönlich, es geht immer nur um drei Dinge: Fußball, Fußball, Fußball." Ähnlich ist es bei Tuchel. Da verwundert es nicht, dass sie zwei der begehrtesten Trainer der Welt sind.

Queso Manchego traf Tafelspitzsülze

Josep Guardiola i Sala war drei Jahre lang Trainer des FC Bayern. Schon seine Ankunft am 24. Juni 2013 in München nach einem Sabbatical in New York wurde zum Spektakel. „Guten Tag und Grüß Gott, meine Damen und Herren, verzeihen Sie mir mein Deutsch", sagte der Weltmann in vorzüglichem Deutsch. Mehr als 240 Journalisten kamen in den Pressebereich der Allianz Arena, so viele wie nie zuvor. Der Verein servierte spanische Tapas auf der einen Seite und bayerische Tapas auf der anderen Seite, Queso Manchego traf Tafelspitzsülze. „Der Heiland ist gekommen", schrieb die „Süddeutsche Zeitung". Sie titelte mit ironischem Unterton, aber wahrem Kern: „Und jetzt geh über Wasser!"

Das hat er zwar nie geschafft. Aber Guardiola hat in seinen drei Jahren in München einiges bewirkt, drei deutsche Meisterschaften gewonnen, dreimal das Halbfinale in der Champions League erreicht (und scheiterte dann dreimal an seinen spanischen Landsleuten). Kein Trainer hat in der Bundesliga eine bessere Siegquote als er (80,39 Prozent). Aber was noch mehr wog: Er hat den Fußballspielern des FCB seinen unverwechselbaren Spielstil der bedingungslosen Dominanz beigebracht, zudem wechselten seine Spieler oft mehrmals im Spielsystem hin und her, diese taktische Variabilität war eine Neuheit in der Bundesliga. Die Bayern kickten unter

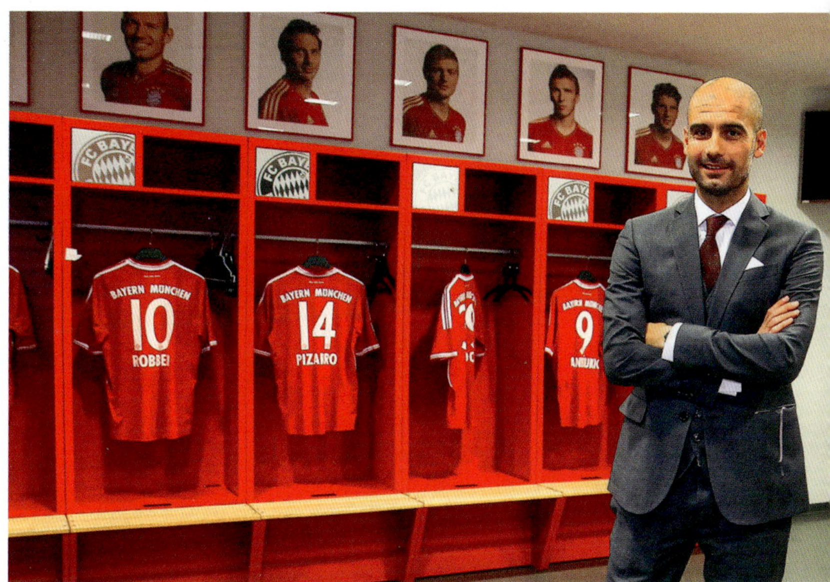

Pep Guardiola macht sich an seinem ersten Tag mit der Arena-Kabine vertraut.

Guardiola so dominant wie nie zuvor – das fleischgewordene „Mia san mia" also, oder besser „Mia san Pep". Mit überzeugenden Rekorden: Sein Team kassierte etwa die wenigsten Gegentore (17) in einer Bundesliga-Saison (2015/16) oder schaffte die meisten Siege in einer Spielzeit (2013/14), seine 19 Ligasiege in Serie sind zudem unerreicht.

Er verfeinerte Cruyffs Stil – und hasst „Tiki-Taka"

Als Wundertrainer ging er trotzdem nicht in die Bayern-Historie ein, als er sich 2016 zu Manchester City verabschiedete. Er übernahm den FCB nämlich auf dem Höhepunkt seiner Vereinsgeschichte, direkt nach dem Triple-Gewinn seines Vorgängers Jupp Heynckes, und scheiterte dann eben dreimal im Halbfinale der Königsklasse. Als Coach des FC Barcelona errang er 14 Titel in vier Jahren, in München sieben. Schon als Spieler brillierte er für Barcelona, wo er als „verlängerter Arm" des Trainers Johan Cruyff galt. Dessen Stil des Positionsspiels übernahm Guardiola als Trainer und verfeinerte ihn. Den Begriff „Tiki-Taka", wie die deutschen Medien seine Spielweise gerne nannten, hasst der Coach dagegen. Denn der bedeutet in Spanien reines Ballgeschiebe ohne Zweck. Guardiola sieht in den vielen Pässen jedoch den Sinn, einen Angriff einzuleiten, was seine Spieler auch beherzigten.

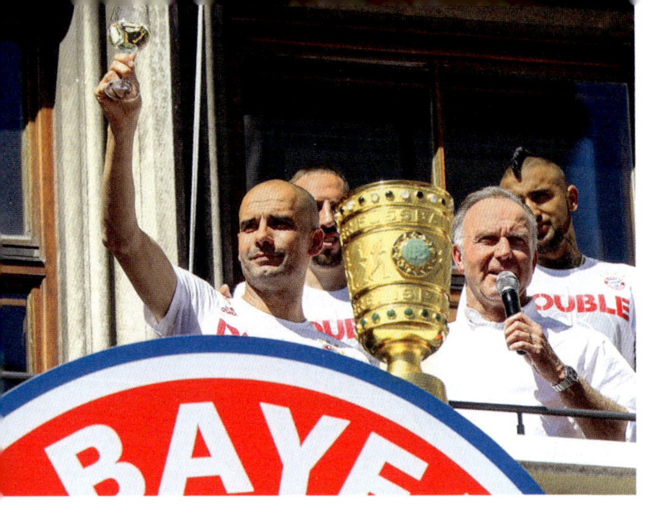

Abschied mit Wein: Trainer Pep Guardiola erhebt das Glas auf dem Marienplatz.

Obwohl er Uli Hoeneß während seiner damaligen Haft im Gefängnis besuchte, bei seiner letzten Meisterfeier ein Weinglas auf dem Rathausbalkon schwenkte und verkündete: „Ich liebe diese Stadt." So ganz angekommen wirkte Pep Guardiola in den drei Jahren trotzdem nicht in der bayerischen Landeshauptstadt, im Verein und bei dessen Anhängern. Das hatte vielleicht auch damit zu tun, dass er dem Volk nie ganz nahekam: Als erster Bundesliga-Trainer überhaupt gab er kein Exklusivinterview, das erschwerte den Journalisten die Deutung mancher Entscheidungen.

Der Streit mit Müller-Wohlfahrt kostet Kredit

Zudem kostete ihn der Streit mit dem jahrzehntelangen Mannschaftsarzt Hans-Wilhelm Müller-Wohlfahrt, der letztlich von seinem Amt zurücktrat, Kredit. Und auch sein anfangs vorzügliches Deutsch wurde in den drei Jahren schlechter. Manchmal rätselten die Reporter in der Pressekonferenz, was er ihnen genau mitteilen wollte. Die Zeitungen, die Guardiola 2013 als Heiland empfingen, begrüßten in dieser veränderten Atmosphäre drei Jahre danach in ihren Kommentaren die Trennung vom Katalanen. Dazu entschloss er sich mit Ablauf seines Vertrages selbst, der Verein wollte mit ihm verlängern. Die Münchner wussten schon noch, was sie an diesem Perfektionisten hatten, der sich tagelang an ihrer Säbener Straße einschloss, um über die Taktik für den nächsten Sieg zu brüten. Er hatte mit dieser Arbeitsweise zwar nicht mehr Titel gewonnen als Heynckes in der Glanzsaison 2012/13, doch er hatte den Fußball der Bayern auf ein neues Niveau gehoben. „Dieser Mann ist top-top-top", sagte Kapitän Philipp Lahm in der „SZ".

Erstmals Meister

32

Der Triumph in Nürnberg im Juni 1932

Als die Spieler des FC Bayern am 13. Juni 1932 heimkehrten, erlebte die Stadt München ihren ersten Meisterkorso. Mit der Siegestrophäe Victoria im Gepäck ging es in Pferdekutschen vom Hauptbahnhof zum Marienplatz, die Menschen jubelten ihren Helden zu. Denn die hatten Großartiges vollbracht: Noch nie zuvor war eine Münchner Mannschaft deutscher Fußball-Meister geworden, das feierten die Bayern später im „Löwenbräukeller". Am Vortag hatte sich der Klub 2:0 gegen Eintracht Frankfurt im Endspiel vor 55.000 Zuschauern in Nürnberg durchgesetzt. Nach 32 Jahren erreichte der FCB den lange ersehnten Titel, bereits zuvor wähnten sich die Münchner als Meistermannschaft und scheiterten, als es ernst wurde. Was heute undenkbar wäre: Nicht wenige sprachen von der „launischen Diva" FC Bayern.

Der Lederball soll aus Oberbayern gewesen sein

Doch der heiße Sonntagnachmittag in Franken sollte die Wende bringen. Für die Münchner stand dabei ein Team auf dem Rasen, das fast ausschließlich aus der eigenen Jugend stammte, gepaart mit formidablen Zugängen: Kapitän Konrad Heidkamp war gebürtiger Düsseldorfer, Torjäger Oskar Rohr Mannheimer. Es fällt auf, dass der

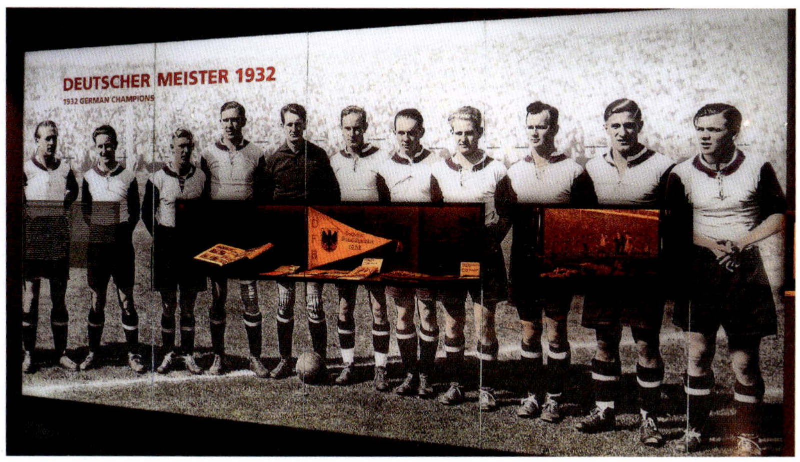

Deutscher Meister 1932: ein Bild des Bayern-Teams in der Erlebniswelt des Klubs.

Verein schon damals die zwei Säulen der Teamzusammenstellung beherzigte, auf die er auch in der Ära Beckenbauer, Müller und Maier baute und die er heute zumindest noch predigt. Allerdings rückten seit den 2010er-Jahren nur wenige Jugendspieler auf, den Großteil stellten „Zuagroaste" (Zugereiste).

1932 war für die Bayern angeblich selbst der Lederball ein gutes Omen. Er soll aus der Haut einer oberbayerischen Kuh hergestellt worden sein, schrieb die „Süddeutsche Zeitung" später. Zum zweiten Mal stand eine Mannschaft aus München im Endspiel, ein Jahr zuvor bereits der Lokalrivale TSV 1860, der unglücklich gegen Hertha BSC verlor. Die Bayern legten dagegen gleich forsch los und bekamen nach 35 Minuten einen Elfmeter, nachdem der Frankfurter Hans Stubb nur per Hand ein Tor verhindern konnte. Kapitän Heidkamp versagten die Nerven, er übertrug die Verantwortung dem 20-jährigen Rohr, der beim Schuss zwar so heftig in den Boden trat, dass der Kalk der Elfmeterpunkt-Markierung in die Höhe staubte, doch trotzdem traf.

Etwa 500 Menschen radeln als Begleiter mit

Die Partie blieb aber eng, auch die Frankfurter kamen zu Chancen, nur nutzten sie diese nicht. Anders als die Münchner: Wie 80 Jahre später der Niederländer Arjen Robben, sprintete Franz Krumm im Bayern-Trikot von rechts draußen nach innen und schoss im Strafraum mit seinem linken Fuß. Vom Pfosten knallte der Ball ins Tor. Nachschauen kann man das mittlerweile in einem vierminütigen Auszug des Finales. Der wurde vom früheren Radio-Reporter Günther Koch vertont, auf Initiative des Bayern-Podcasts „Erfolgsfans". Das Video ist auf der Internet-Plattform YouTube zu sehen.

Der Trainer Richard „Dombi" Kohn beschenkte die Spieler danach mit einer Taschenuhr. Doch das noch größere Geschenk waren die Menschen, die den Meisterspielern in München zujubelten. Ob die Radler schon dabei waren, darf bezweifelt werden. Etwa 500 Menschen begleiteten ihren Herzensverein mit dem Rad nach Nürnberg, sie waren nach der Wirtschaftskrise 1929 erwerbslos und bekamen ihre Karten sowie eine Übernachtung vom Klub geschenkt. Viele Beobachter prophezeiten dem FCB eine großartige Zukunft. Doch nur wenige Monate später sollte er zerfallen, nach der Machtergreifung der Nationalsozialisten, die Juden Dombi und Landauer waren weg. Und der Meisterschütze Rohr spielte in der Schweiz und später in Frankreich. In Deutschland ließ sich als Fußballer kein Geld verdienen.

Zlatko Čajkovski

33

Runder Aufstiegstrainer und Talenteförderer

Der „Tschik", so nannten die Menschen den Trainer Zlatko Čajkovski lange bevor er den FC Bayern München trainierte. Tschik (kroatisch Čik) hieß Čajkovski als Spieler in Jugoslawien, auf Deutsch heißt das Wort „Stummel". 1,64 Meter war der Fußballer groß, der 57-mal für sein Heimatland spielte – der Spitzname blieb ihm sein Leben lang und darüber hinaus, 1998 starb er in München. Um in Erinnerung zu bleiben, war ohnehin noch nie die Größe entscheidend. Gleich in seinem ersten Trainerjahr in Deutschland wurde er 1962 Meister mit dem 1. FC Köln. Ein Jahr später wechselte er zum FCB, der aber in der frisch gegründeten Bundesliga fehlte und in der Regionalliga spielte.

Spaßiger Kumpel statt „Drill Instructor"

Trotzdem sollte Čajkovski mit dem Wechsel in seine erfolgreichste Zeit als Trainer starten. Denn in München durfte er einen Haufen an großen Talenten fördern, was er wie nur wenige andere Trainer konnte. Im ersten Jahr scheiterten die Münchner noch in der Aufstiegsrunde, lange haderte Čajkovski nicht: „Ich habe ihnen immer wieder gesagt: Ihr seid gut, in der Bundesliga spielt man auch nicht besser und die Zukunft gehört euch." Schon in der Spielzeit danach glückte der Aufstieg – mit einer Mannschaft, die zum Saisonstart im Schnitt 21,8 Jahre alt war.

Die Neuen hatten keinen leichten Stand. Beckenbauer empfand der Coach als zu weich. Er wusste erst nicht, wohin mit dem 18-Jährigen, der sich dann zur Führungskraft entwickelte. Auf „kleines, dickes Müller", wie Čajkovski ihn nannte, verzichtete er erst ganz. „Was soll isch mit dieses Junge? Diese Figur, unmöglich", sagte er. Erst am zwölften Spieltag setzte er ihn doch ein. Der Torjäger traf 32-mal in 26 Spielen und überraschte so auch seinen Trainer. Der hatte übrigens über die Jahre selbst ein Bäuchlein bekommen, was er so kommentierte: „Ball rund, Stadion rund, ich rund."

In einer Zeit der knallharten Trainer war Čajkovski, wie man unschwer erkennen kann, viel mehr der spaßige Kumpel als der „Drill Instructor". Auch dank seiner menschlichen Art gewann er einmal den Europapokal der Pokalsieger und zweimal den DFB-Pokal mit den Bayern. Nur mit dem Hochdeutsch tat er sich in all den Jahren schwer, wofür er auch einen Kommentar übrighatte: „Bin ich nix Lehrer für Deutsch, sondern für Fußball."

Der erste Europapokalsieg

Ein Fußballer, den sie „Bulle“ nannten

34

Von einem Mittelfeldspieler in der dritten Liga zum Europapokalhelden ist der Weg manchmal gar nicht so weit. Franz Roth wechselte im Sommer 1966 als damals 20-Jähriger vom Drittligisten SpVgg Kaufbeuren zum deutschen Pokalsieger FC Bayern München. Als solcher durften die Bayern am Europapokal der Pokalsieger teilnehmen und der zuvor noch unterklassige Fußballer Roth war plötzlich dabei im zweitwichtigsten europäischen Wettbewerb. Dort mühten sich die Münchner, nach engen Partien gegen Tatran Prešov, die Shamrock Rovers, Rapid Wien und Standard Lüttich erreichten sie dennoch das Finale. Im 160 Kilometer entfernten Nürnberger Stadion, wo sie 1932 ihren ersten Meistertitel überhaupt feierten, hatten die Bayern dann ein halbes Heimspiel am 31. Mai 1967. Da der Finalgegner Glasgow Rangers jedoch den Pokalverteidiger Borussia Dortmund in der ersten Runde ausschaltete und zudem deutlich mehr Erfahrung in Europa vorzuweisen hatte, galt er als Favorit gegen die jungen Münchner.

Trainer Čajkovski: „Nur noch Mars-Meister“

Und dann war da auch noch Gerd Müllers Verletzung: Vier Wochen vor dem Endspiel hatte sich der Torjäger einen Unterarmbruch zugezogen. Er wollte mit einer Ledermanschette auflaufen. Doch das musste der italienische Schiedsrichter Concetto Lo Bello vor dem Finale erst noch genehmigen. Aufgrund der Verletzungsgefahr musste die Manschette etwas gekürzt werden, kurz vor dem Anpfiff bekam Müller die Freigabe. Und dann noch das Wetter: Dauerregen am Spieltag – ein entscheidender Vorteil für die Schotten?

Erst einmal nicht. Denn die Münchner hielten dank ihres starken Torhüters Sepp Maier, damals 23, und des Abwehrchefs Franz Beckenbauer, damals 21, das 0:0. Erst bis zur Pause. Und später bis zum Schlusspfiff. Entscheiden musste schließlich die Verlängerung über einen Sieger. In dieser waren die jungen Bayern frischer: Nach 108 Minuten flankte Rainer Ohlhauser den Ball in den Strafraum, wo Roth nun plötzlich am rechten Fleck stand. Im Fallen kam er an den Ball und hob ihn artistisch über Torwart Norrie Martin ins Tor. Roths Kunststück war das Siegtor für den FC Bayern. 1:0 in Nürnberg – der erste Europapokal-Triumph. Trainer Zlatko Čajkovski fand im Überschwang: „Jetzt wir alles gemacht. Wir auch

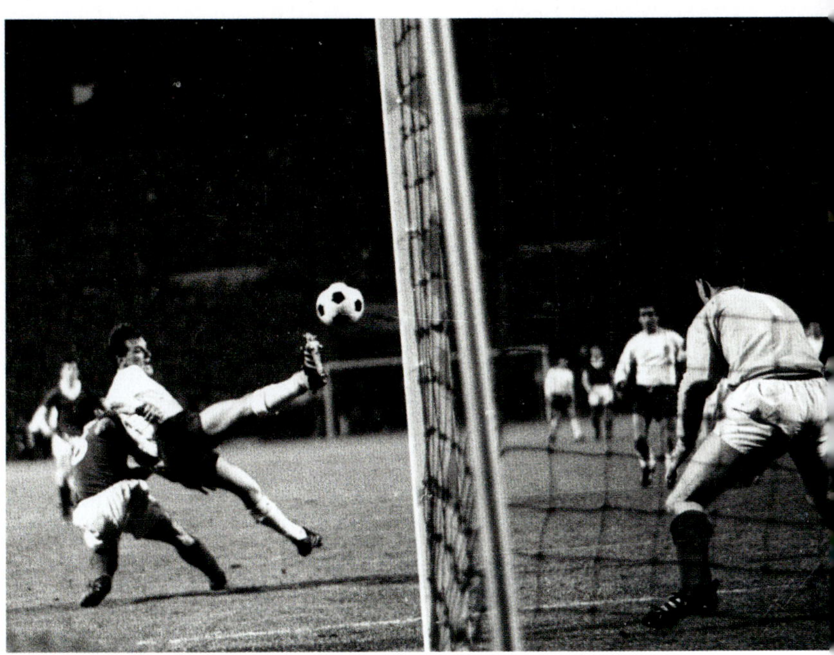

Ein Artist unter Torschützen: Franz Roth trifft im Fallen zum Sieg.

Europapokalsieger. Jetzt gibt's nur noch Mars-Meister." Der Finalball liegt mittlerweile im Bayern-Museum Erlebniswelt in der Allianz Arena – und Franz Roth durfte den Pokal über Nacht mit ins Bett nehmen.

Kraft wie Muh – und eine phänomenale Finalstatistik

Čajkovski sagte über ihn bereits nach den ersten Trainingseinheiten in der Vorbereitung: „Da ist einer, der hat Kraft wie Muh." Torhüter Maier korrigierte ihn: „Bei uns heißt das Tier Bulle und nicht Muh." Roth hatte seinen Spitznamen, der so etwas wie sein Vorname wurde. Nicht wenige redeten den Sohn eines Landwirts aus dem Allgäu eher mit „Bulle" als mit Franz an – oder auch mit „Mister Europapokal". Das Tor in Nürnberg war nämlich nur Roths erster Streich. Was weder Johan Cruyff noch Cristiano Ronaldo oder Lionel Messi schafften, hat er erreicht. In drei seiner vier europäischen Finalspiele schoss er das entscheidende Tor: später noch das 1:0 gegen Leeds United (1975, Endstand 2:0) und 1976 das goldene Tor gegen AS Saint-Étienne, jeweils im Europapokal der Landesmeister. Der Weg eines Mittelfeldspielers aus der dritten Liga zum Europapokalhelden kann auch mal ein kurzer sein.

Die Zigarre

35

Das alte Symbol des Sieges

Heute ist es nahezu unvorstellbar, dass sich der Torhüter Manuel Neuer oder der Dribbler Jamal Musiala während einer Titelfeier eine Zigarre anzünden. Dort geht es ja durchaus feucht-fröhlich zu, gerne tanzen die Spieler auch bis in die frühen Morgenstunden. Doch Nikotin ist für die Spieler zumindest öffentlich tabu. Im Sommer 2017 verbot der damalige Sportdirektor Hasan Salihamidžić auch den Betreuern das Rauchen im Profi-Trakt an der Säbener Straße. Zuvor waren der damalige Trainer Carlo Ancelotti und sein Fitness-Coach Giovanni Mauri mit einer Zigarette gesichtet worden.

Früher war das mit dem Nikotin beim FC Bayern anders. Mancher Fußballer galt ohnehin als Raucher, andere Kollegen griffen zumindest im Erfolg zu einer Fluppe. Und wenn eine Mannschaft so viele Titel feiert wie der FC Bayern, dann wird daraus ein Ritual. Oder besser: Die Zigarren wurden beim FC Bayern zum Symbol des Sieges.

Handgemacht aus der Dominikanischen Republik

Schon der bayerische Schriftsteller Ludwig Thoma beschrieb in seinen Lausbubengeschichten, welch' Aura von einer Zigarre ausgeht. Und daran nahmen sich die Bayern-Fußballer ein Beispiel. Eine Schachtel Zigarren lag während der Feier nach dem DFB-Pokalsieg gegen den FC Schalke 04 (2:1) 2005 in Berlin auf einem Tisch aus. Auf der Deckel-Innenseite war die Deutschland-Flagge abgebildet, darauf stand: „DFB-Pokalsieger 2005 FC Bayern". Darunter war das Herkunftsland Dominikanische Republik angegeben – und der Hinweis, dass die Zigarren handgemacht waren. Doch auch da rauchten fast nur die Kluboberen Uli Hoeneß und Karl-Heinz Rummenigge, die den Qualm schon von den Partys ihrer Spielerzeit kannten.

So wie Mario Basler, der sich zeit seiner Karriere zum Rauchen bekannte. Basler griff etwa bei der Meisterfeier 1997 zur Zigarre, drei Jahre zuvor genossen neben dem Kapitän Lothar Matthäus auch Michael Sternkopf und Oliver Kreuzer ein paar Züge. Sie haben ja auch berühmte Vorgänger: Bereits 1967 dinierte Franz Beckenbauer wie die Kollegen Sepp Maier, Rudolf Nafziger oder Dieter Koulmann stilecht mit Zigarre und sorgte für einträchtige Bilder im Hotel Bachmair am Tegernsee: Denn nicht nur die Spieler pafften, sondern auch der Klubmanager Robert Schwan und der Trainer Zlatko Čajkovski. Sie zelebrierten eben den ersten Europapokalsieg der Vereinsgeschichte.

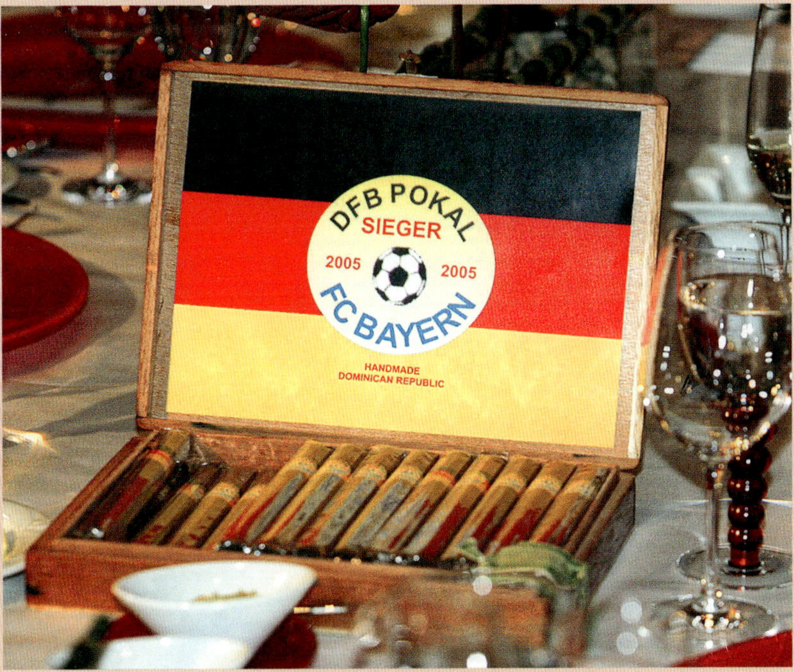

Die Schatulle der Sieger nach dem DFB-Pokalfinale 2005.

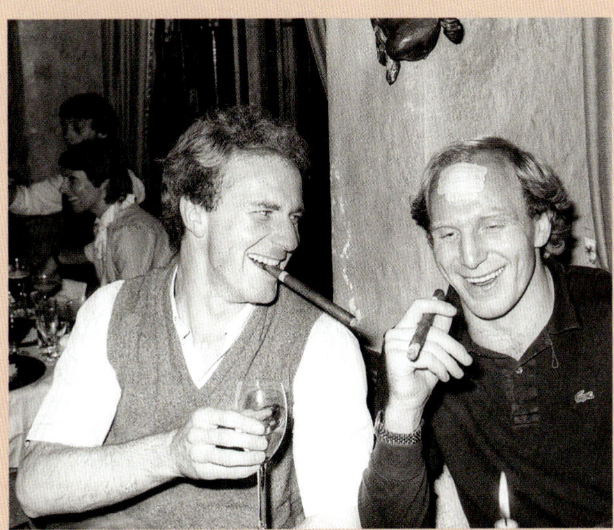

Hier rauchen zwei Pokalsieger: Karl-Heinz Rummenigge (l.) und Dieter Hoeneß im Jahr 1982.

Eine Nacht in Prag

Endlich ist der Trophäenschrank voll

36

„Wer hat schon gewonnen, was es jemals zu gewinnen gab?“ Es ist nur eine von einigen Liedzeilen des bekanntesten FC-Bayern-Vereinslieds „Stern des Südens“, das der ewige FCB-Stadionsprecher Stephan Lehmann und der Musiker Willy Astor 1998 dichteten und Claus Lessmann, Sänger der Band Bonfire, sang. Millionen grölten den Song über die Jahre mit, aber ein Teil der Fans wunderte sich immer über diese Liedzeile. Denn sie war jahrelang falsch: Der FC Bayern hatte gar nicht alles gewonnen. Es fehlte einer der wichtigsten Pokale auf europäischer Ebene: der UEFA Super Cup. Diesen spielen der Sieger der Champions League und der Sieger der Europa League aus. Und Bayern verlor 1974 gegen Kiew, 1975 gegen Anderlecht, 2001 gegen Liverpool. Das kratzt an der Ehre eines so stolzen Vereins.

Doch dann kam der 30. August 2013, eine Nacht in Prag. Es war eine Partie voller Dramatik, voller Wendungen und Überraschungen in der tschechischen Hauptstadt. Als Champions-League-Sieger traf der FCB auf den FC Chelsea, der 2013 die Europa League gewann. Im Jahr zuvor waren die Münchner noch im „Finale dahoam“ der Champions League die Unterlegenen gegen Chelsea im Elfmeterschießen, sie sinnten auf die Revanche.

Über dem Shopping-Center hängt ein Messi-Plakat

Die Jungen und Junggebliebenen hatten schon am Nachmittag ihren Spaß an den Torwänden und den Spielkonsolen des UEFA-Sponsors vor der Arena. Ältere Fans sah man beim Pizzaessen oder Frozen-Yogurt-Trinken im Eden Shopping Centre neben der Arena, an dessen Wand auf einem riesigen Plakat Lionel Messi zu sehen war. Europas Fußballer des Jahres wurde am Vortag allerdings der Münchner Franck Ribéry vor dem Star des FC Barcelona. Das Plakat ist daher schon eine kuriose Randnotiz an diesem Abend am Stadion Eden, das auch als Hotel firmiert. Aus einigen Zimmern kann man auf das Fußballfeld blicken. Nicht unwichtig für Kartenjäger, da sonst lediglich 19.370 Zuschauer hineinpassen.

Als die Sonne an diesem Augustabend um 20.30 Uhr dann schon etwas tiefer stand, füllte sich die Arena. „Oana basst no nei“ (einer passt noch rein) stand auf der Choreographie, die die FCB-Fans über die Tribüne rollten – eine Anspielung auf den fehlenden Titel im Trophäenschrank.

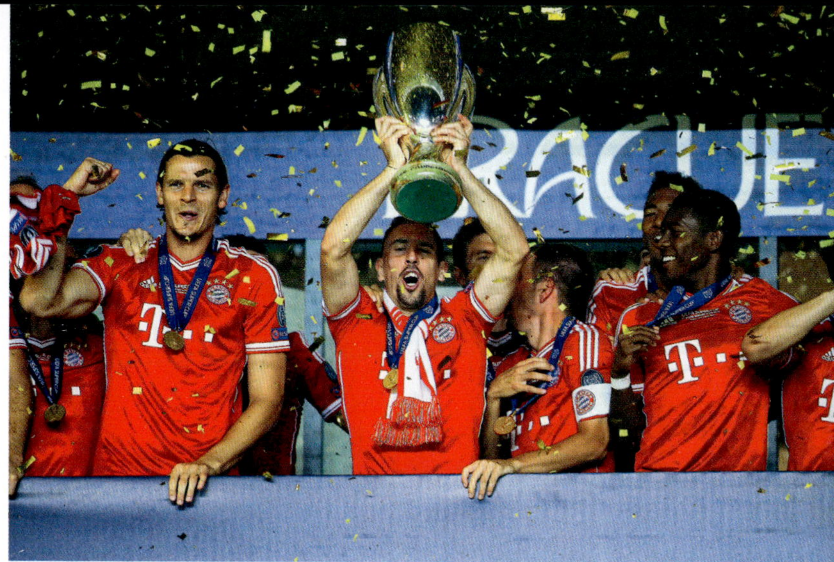

Ganz oben: Franck Ribéry jubelt mit dem UEFA Super Cup.

Ihre Hoffnung ruhte auf Pep Guardiola. Der Katalane trainierte die Bayern kurz nach seinem Amtsantritt schon in seinem ersten Finale und traf auf den Intimfeind José Mourinho, mit dem er sich bereits enge Spiele mit Barcelona gegen Real Madrid geliefert hatte. Guardiola gegen Mourinho – oder etwas verdichtet: das schöne Spiel gegen das Zerstörerische.

Wieder ins Elfmeterschießen gegen Chelsea

Erst lachte Mourinho. Chelseas Stürmer Fernando Torres traf nach acht Minuten nach einer schönen Vorlage von André Schürrle. Ribéry glich kurz nach der Pause aus (47. Minute). Der Abend sollte sich ziehen. Erst sangen die Fans minuten-, dann stundenlang im Chor: „Ich geb' mein Herz für dich, für Bayern lebe ich, ich lass dich nie im Stich." Eden Hazard schoss Chelsea in der Verlängerung wieder in Führung (94.), doch im letzten Angriff des Spiels glich Bayerns Spanier Javi Martínez aus (120.+1). So sollte erneut das Elfmeterschießen direkt vor dem Münchner Anhang entscheiden. Neun Spieler trafen, bevor der damals 20 Jahre junge Chelsea-Angreifer Romelu Lukaku locker an den Elfmeterpunkt spazierte, schoss – und Bayern-Torwart Manuel Neuer hielt. Hinter ihm Jubel, um ihn herum die feiernden Spieler. Zuletzt lachte Guardiola. Und zum ersten Mal gewann eine deutsche Mannschaft den UEFA Super Cup. Womit 15 Jahre nach Erscheinen des Vereinslieds „Stern des Südens" schließlich der Text komplett stimmte.

12 Einsätze, 14 Titel

Die Erfolgsgeschichte des Tom Starke

37

Die beste Nachricht für die Gegner des FC Bayern dürfte im Jahr 2018 diese gewesen sein: „Tom Starke beendet zum zweiten Mal seine Karriere“. Der Ersatztorwart des FC Bayern hatte bereits im Sommer 2017 aufgehört und wurde Torwartkoordinator in der Jugend des FC Bayern. Doch dann fielen Manuel Neuer und die Nachwuchshoffnung Christian Früchtl verletzt aus, Starke räumte seinen Spind an der Säbener Straße wieder ein und wurde zum Ersatz von Neuer-Ersatz Sven Ulreich. Er machte tatsächlich noch einmal zwei Spiele in der Saison 2017/18 und stärkte so seinen Nimbus des Erfolgs. „Er sieht aus wie 50, spielt aber wie 28“, lobte ihn Teamkollege Javi Martínez damals.

„Das Triple war der Höhepunkt meiner Karriere“

Wenn Starke auf der Bank saß, konnte der FCB den Sekt und das Bier für die Meisterfeiern schon kalt stellen: In seinen sechs Jahren von 2012 bis 2018 wurde er als Ersatzmann immer Meister und stellte daher auch einen Rekord mit dem Klub auf. Noch nie hatte ein deutscher Verein mehr als drei Meisterschaften nacheinander geholt. Doch nicht nur den Meistertitel gewann er, insgesamt sogar 14 Titel bei nur 12 Einsätzen, beim 15. Pokal in dieser Zeit, dem DFL-Supercup 2017, war er noch nicht vom Fußball-Rentnerdasein reaktiviert. 2013 gewann er als Neuer-Stellvertreter Champions League, Meisterschaft und DFB-Pokal: „Das Triple war der Höhepunkt meiner Karriere“, sagte Starke zur „Süddeutschen Zeitung“. Ein Champions-League-Spiel hat er nie bestritten. Darum ging es ihm beim Wechsel aus Hoffenheim nach München gar nicht. „Ich habe schon als kleiner Junge davon geträumt, irgendwann mal die Schale hochzuheben“, sagte er zum Magazin „11Freunde“. „Letztlich habe ich mir meinen Kindheitstraum erfüllt.“

Weitere Höhepunkte gab es für ihn aber auch in seinen wenigen Einsätzen in München: Beim 4:0 gegen den 1. FC Nürnberg 2013 hielt er etwa einen Elfmeter von Timmy Simons mit seinem Kopf. Da er später auch einen Strafstoß von Hamit Altintop parierte und vom Elfmeterpunkt nur durch Timo Werner bezwungen wurde, hat er für den FC Bayern eine positive Strafstoß-Statistik in der Bundesliga. Er kann den jungen Bayern-Torhütern also auch nach wenigen Einsätzen einiges an Fachwissen weitergeben – und natürlich auch, wie man Feste feiert.

Feierplatz Rathausbalkon

38

Ein Kuss für „Mutti" und besinnliches Fest

Das selbsternannte „Feierbiest" war im Partymodus. „Ich habe gesehen: Viele Fraue sind hier. So auch viele Mutti. Ein dicker Kuss von der Trainer von der Meister", schrie Louis van Gaal im Jahr 2010 auf dem Münchner Rathausbalkon ins Mikrofon. Die Menge auf dem Marienplatz tobte. Van Gaal machte weiter: „Wer hat die beste Verteidigung? FC Bayern! FC Bayern! Wer hat die beste Angriff? FC Bayern!" Er fügte später an: „Wir sind die beste von Deutschland! Und …" Er hob den Zeigefinger: „Und vielleicht Europas!" Aber nur ganz vielleicht. Das Champions-League-Finale kurz nach der Meisterfeier ging verloren. Denkwürdig war sein Auftritt trotzdem. Genauso wie die Meisterfeier 2005: Damals mussten die Spieler auf einer eigens aufgebauten Bühne vor dem Rathaus jubeln, der Balkon wurde renoviert.

Ansonsten ist der Rathausbalkon aber ein jedes Jahr der Sehnsuchtsort der Bayern-Spieler. Er hat viel gesehen, aber nie solche vereinsinterne Eintracht wie in den Jahren 2015, 2016 und 2023, als die Männer und Frauen ihre Meisterschaften mit den Anhängern bejubelten. Ein traurigeres Jahr war 1983, da fiel die Sause aus, weil der Hamburger SV Meister wurde. Die Bayern marschierten letztlich doch die Stiegen hinauf – allerdings im Dezember. Gemeinsam mit dem Tölzer Knabenchor sang das Team Weihnachtslieder. Es tragen sich auf dem Rathausbalkon auch immer wieder neue Geschichten zu: Wie zum Beweis dafür trat der Katalane Pep Guardiola im Jahr 2016 als erster Feierknabe mit einem Glas Wein auf (während die Spieler Weißbier tranken). Und hinterließ bei so manchem Fan den Eindruck: So ganz hat er eben doch nicht in die bayerische Bierststadt gepasst.

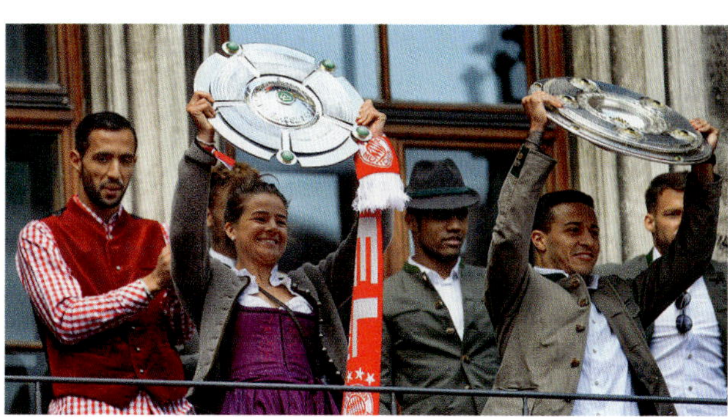

Wenn Männer und Frauen gemeinsam feiern: zwei Meister-Teams auf dem Rathausbalkon 2016.

FC Bayern Frauen

Vom Ausbilder zum Meister

39

Das Jahr 1976 war für den FC Bayern fußballerisch ein besonderes, nicht nur, weil die Münchner als erste deutsche Mannschaft zum dritten Mal nacheinander den Europapokal der Landesmeister gewannen. Sie wurden in diesem Jahr auch der erste Verein, der sowohl eine Männer- als auch eine Frauenmeisterschaft in Deutschland gewann. Denn die 1970 (nach Aufhebung des Frauenfußballverbots des DFB) gegründete Frauenfußball-Abteilung holte sich ihren ersten Meistertitel. 4:2 nach Verlängerung setzte sie sich im Finale gegen Tennis Borussia Berlin durch. Zuvor sicherte sie sich, wie im Übrigen in allen Jahren von 1972 bis 1990, die bayerische Frauen-Meisterschaft. Erfolg war für den FCB also auch bei den Frauen programmiert. Und 1990 schafften die etwas, was selbst die Männer nicht erreichten: Sie waren Gründungsmitglieder der neuen eingleisigen Bundesliga. Doch bereits zwei Jahre später folgte der Abstieg. Erst 2000 sollte die Rückkehr in die erste Liga gelingen. Auch dank Karin Danner, die 1995 die Leitung der Frauenfußball-Abteilung übernahm und sie danach wie einst Uli Hoeneß als Manager die Männer in allen Facetten Stück für Stück nach vorne brachte.

Die Überschriften: „Lewandowski zum FC Bayern“

Denn seit 2000 ist viel passiert. Die FC-Bayern-Frauen spielen mittlerweile am FC Bayern Campus und bei Highlight-Spielen auch in der Allianz Arena. Nachdem sie anfangs vor allem als Ausbildungsverein

Familie Wörle – im Dienst der FCB-Frauen

Die Fußballerin Tanja Wörle wechselte 2008 vom TSV Crailsheim zum FC Bayern – und mit ihr begann die Familiengeschichte Wörle beim FCB. Denn neben Tanja kam auch ihr Vater Günther, der die Bundesliga-Kickerinnen fortan trainierte. Nach zwei Spielzeiten übernahm Günther Wörles Sohn Thomas den Trainerposten. Er war kurz zuvor als Profi nach Engagements bei den Kickers Offenbach und der SpVgg Greuther Fürth verletzungsbedingt zurückgetreten. Neun Jahre lange führte er die Frauen erfolgreich – bis zum Sommer 2019, „einvernehmlich“ ende die Zeit, schrieb der Klub bereits 2018 über die Trennung. Bayern Campus.

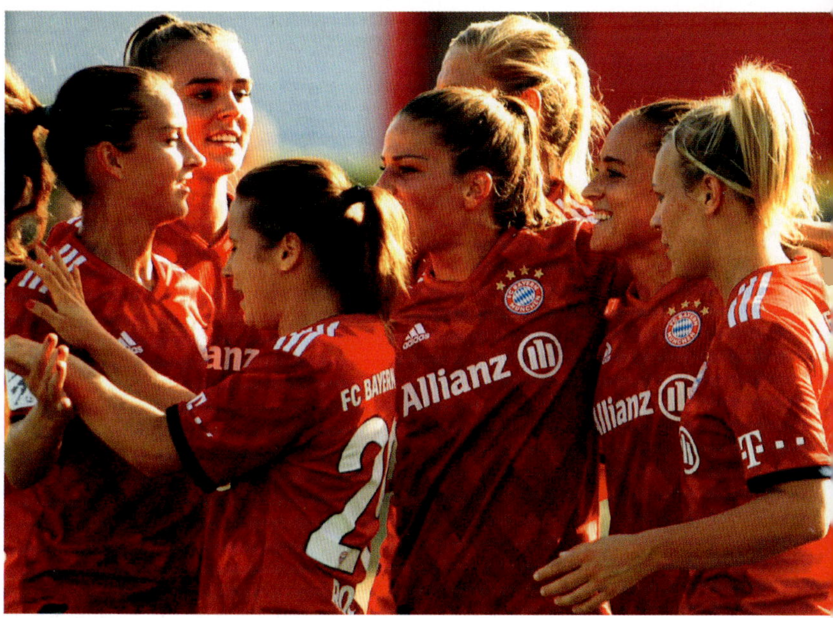

Ein mittlerweile gewohntes Bild: die jubelnden Bayern-Frauen.

dienten und späteren Nationalspielerinnen wie Simone Laudehr oder Nadine Angerer erste Erfahrungen ermöglichten, sind sie mittlerweile neben Wolfsburg bestimmend in Deutschland, 2015, 2016, 2021 und 2023 wurden sie Meister.

Beide Bayern-Teams vertrauten übrigens lange auf Spieler mit dem Namen Lewandowski: die Frauen auf die US-Amerikanerin Gina, die Männer auf den Polen Robert. Die beiden sind nicht verwandt oder verschwägert, sorgten aber für eine besondere Geschichte. Als Gina 2012 zum FC Bayern wechselte, titelten die Webseiten und Zeitungen „Lewandowski zum FC Bayern". Diese Artikel wurden zu den meistgelesenen überhaupt, weil viele Leser dachten, dass es sich um einen Transfer von BVB-Stürmer Robert handelte. Der geschah jedoch erst zwei Jahre später. Noch Jahre danach gleichen sich diese Muster bei den Überschriften in der Hoffnung auf Klickbringer im Internet: „Lewandowski verlängert beim FC Bayern", titelten am 15. November 2018 unter anderem „eurosport.de" und „dfb.de". Es handelte sich um die Vertragsverlängerung von Gina, die im Sommer 2019 dennoch ging, Robert verließ den FCB 2022. An die Vereinstreue von Carina Wenninger kommen beide Lewandowskis nicht heran: Die Österreicherin trug von 2007 bis 2022 das Bayern-Trikot.

FC Bayern Eishockey

Schlittschuh-Episode in Oberwiesenfeld

40

Der FC Bayern München hat auch eine Vergangenheit als Eishockey-Verein. Doch die währte nicht lange. Von 1966 bis 1969 versuchte der frisch in die Fußball-Bundesliga aufgestiegene Klub auch in einer anderen Sportart zu punkten. Und weil sich in der Nacht zum 7. Januar 1966 die Eishockeyabteilung des Münchner EV der Eishockeyabteilung des FCB anschloss, hatte der Klub auch gleich eine schlagkräftige Truppe in der zweithöchsten Spielklasse beisammen. Was der allgemeinen Eis-Begeisterung in der Stadt entgegenkam: Denn im Februar 1967 eröffneten die Bayern das neue Eisstadion am Oberwiesenfeld (später Olympia-Eisstadion) gegen den SC Riessersee; das Stadion war gleich ausverkauft. Trainer beim FCB war ein späterer Meistercoach des SC Riessersee, Jano Starší aus der Slowakei.

Augsburg kauft die Eishockey-Abteilung

Mit ihm stiegen die Bayern sogar in die Bundesliga auf, hielten 1968 die Klasse und kauften im Sommer die Eishockey-Abteilung des ESV Herrsching hinzu. Der FC Bayern schien auf dem Weg zu etwas Großem zu sein. Doch der Aufstieg wurde jäh gestoppt: 1969 stellte der FCB den Eishockey-Betrieb plötzlich ein. Einer der Jüngsten im Team, Helmut Pestinger, erinnerte sich später im „Münchner Merkur": „Nach einem Training in Bad Tölz kam Schwan (FCB-Manager Robert Schwan, Anm. d. Autors) zu uns, sagte nur kurz und knapp: ‚Wir haben 100.000 Mark Verlust eingefahren. Die Eishockey-Abteilung wird aufgelöst'. Dann stand er auf und verschwand." Der Klub verkaufte die Abteilung sowie die Ausrüstung für 135.000 Mark an den Augsburger EV, weil der kurze Hype nicht anhielt und die Zuschauerzahlen in Oberwiesenfeld über die Jahre zurückgingen. Noch war München nicht bereit für ein Eishockey-Erstligateam.

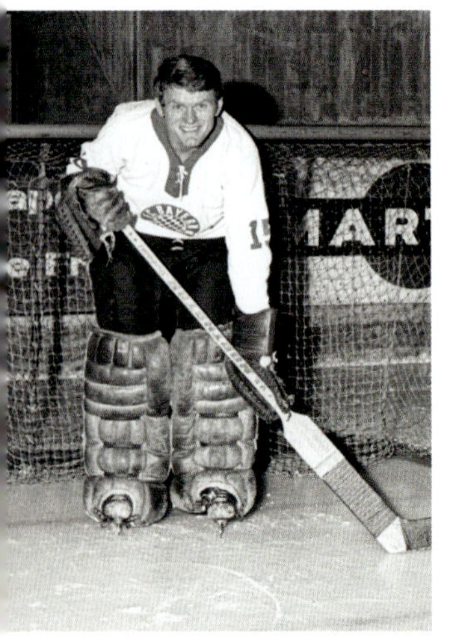

Im falschen Gehäuse: Fußballtorwart Sepp Maier

Noch mehr Sport

41

Ein Verein für den Breitensport

Manchmal wird es ob der großen Erfolge und Meisterschaften vielleicht vergessen, aber der FC Bayern ist nicht nur ein aufs Profitum beschränkter Verein. Er hat zwar weder Rhönrad noch Radball im Angebot, aber es gibt einige andere Abteilungen mit vielen Mitgliedern neben den Fußballern, Fußballerinnen und Basketballern. Der Klub verfügt etwa über die Handball-Abteilung, die von 1975 an immerhin sechs Jahre lang in der Bundesliga Süd mitspielte, nun allerdings einige Klassen weiter unten am FC Bayern Campus Breitensport betreibt. Oder auch die Sportkegel-Abteilung: Die kegelt direkt neben dem Trainingsgelände der Fußballer an der Säbener Straße 49. Etwa 50 Mitglieder hat die Abteilung aktuell, die 1983 aus dem SKC Real/Isaria hervorging. Auch der ehemalige FC-Bayern-Kicker Mehmet Scholl spielte einst mit: Am 30. November 2007 gelang mit ihm in Lohhof ein neuer Rekord für den Klub: 5713 Holz. In seiner Jugend war Scholl in Karlsruhe einmal zweiter deutscher Mannschaftsmeister geworden. Und auch eine Tischtennisabteilung hat der Klub. Die wurde 1946 gegründet und hat circa 300 Mitglieder.

Meister aller Klassen: von Baseball bis Schach

Einige Abteilungen kamen auch bereits zu Meisterehren, wie die Schachspieler des FCB, die in den 1980er- und 1990er-Jahren insgesamt neun deutsche Meistertitel und einen Europacupsieg errangen. Damals spielten renommierte Großmeister wie der Ungar Zoltán Ribli für den FC Bayern, der nun allerdings nicht mehr zu den Spitzenteams zählt. Eine Zeit lang gab es auch eine Rugby- und eine Baseball-Abteilung. Die Baseballer wurden 1962 und 1969 deutscher Meister, die 2014 aufgelöste Turner-Abteilung feierte in den 1980er-Jahren vier Mannschaftsmeistertitel. Die jüngste Abteilung ist übrigens neben den Fußballern die erfolgreichste: 2002 gründete der FCB eine Seniorenfußball-Sparte. Alle Mannschaften spielen in der höchsten Spielklasse und konnten zahlreiche Titel gewinnen. Der Verein erreicht damit sein Ziel. Er will Senioren die Möglichkeit bieten, hochklassigen Fußball zu betreiben – was auch ehemalige Bundesliga-Kicker anzieht: In der Ü32 spielen unter anderem die früheren Bayern-Spieler Zvjezdan Misimović und Frank Wiblishauser mit.

FC Bayern Basketball

42

Die Erweckung der alten Meister

Alles begann mit einem Brief des Vereins an seine Mitglieder. Der FC Bayern fragte damals an, ob sich die Mitglieder vorstellen könnten, die Basketball-Abteilung zu subventionieren, um dort ebenfalls zu einem Spitzenverein aufzusteigen. Präsident Uli Hoeneß warb in den Wochen vor der Befragung dafür, mit „Ja“ zu stimmen. Und wie es in der Geschichte des Vereins bisher so oft war, folgten die Mitglieder Hoeneß’ Wunsch mit überwältigender Mehrheit: 75 Prozent der Einsender stimmten für sein Herzensprojekt. In der Folge stieg das Zweitliga-Team mit dem ehemaligen Bundestrainer Dirk Bauermann und Nationalspielern wie Steffen Hamann und Demond Greene in die erste Liga auf, vorläufiger Höhepunkt war die deutsche Meisterschaft 2014 unter dem Trainer Svetislav Pešić und dessen Sohn Marko als Geschäftsführer.

Basketball-Gastspiel im Grünwalder Stadion

Was die meisten nicht wissen: Hoeneß hat den FC Bayern Basketball nur wiedererweckt. Einer der stärksten Vereine Deutschlands war er bereits Jahrzehnte zuvor. Seit 1946 gibt es die Basketball-Abteilung des FCB und bereits acht Jahre nach der Gründung gewann der Klub seinen ersten Meistertitel, den er 1955 verteidigte; 1968 gelang zudem der Gewinn des deutschen Pokals. 1956, also kurz nach den beiden Meisterschaften, waren die Münchner so basketballbegeistert, dass sie ein besonderes Gastspiel im Grünwalder Stadion erleben durf-

Bayern Ballers Gaming – die erste E-Sports-Abteilung

Neben den realen Basketballern gibt es auch virtuelle im Trikot des FC Bayern. Denn die Basketball-Abteilung setzte früh auf E-Sports. Sie gründete 2018 ein eigenes, professionelles Team mit dem Namen Bayern Ballers Gaming. Dazu suchten die Münchner in einer längeren Bewerbungsphase Spieler, die die Basketball-Simulation „NBA 2K“ auf der Konsole Playstation 4 spielten. Im Dezember 2019 starteten dann nach einer langjährigen Debatte auch die Fußballer im E-Sport-Bereich durch - mit einer Mannschaft im Spiel „Pro Evolution Soccer“ von Klubsponsor Konami.

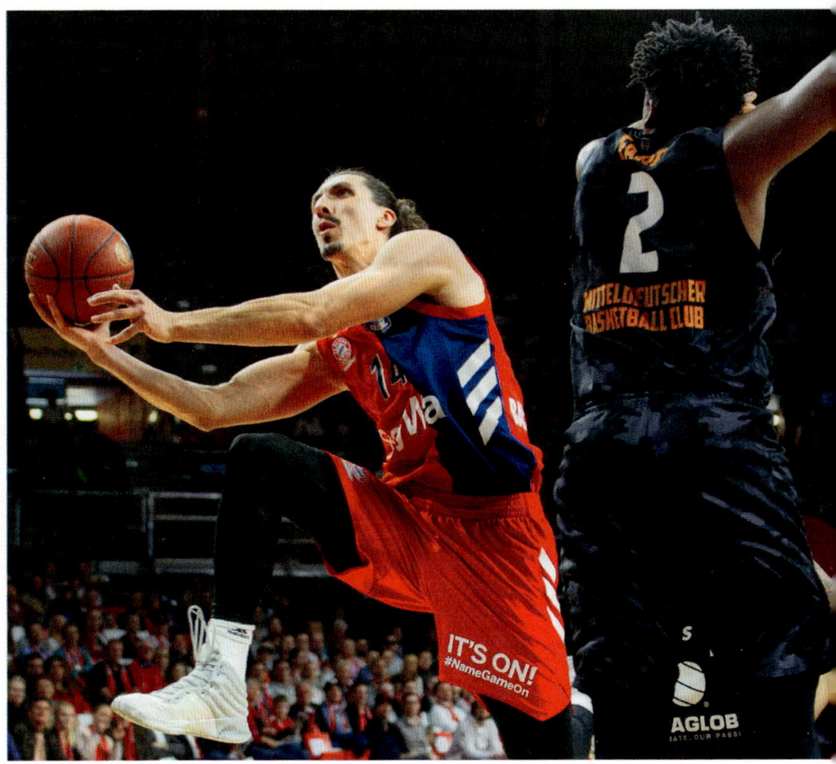

Erfolgreicher Bayern-Basketballer: Nihad Djedovic (l.) ist auf dem Weg zum Korb.

ten. Vor einem Fußballspiel des FCB gegen Budapest spielten die Basketballer des FC Bayern gegen Lancia Bolzano unter freiem Himmel und gewannen vor 28.000 Zuschauern 54:46. Auch auf Betreiben des damaligen Fußball-Managers Hoeneß hin stoppten die Bayern später in den 1980er-Jahren allerdings die Förderung für den Basketball, das Team stieg bis in die Regionalliga ab.

Die Zeiten sind freilich vergessen. Hoeneß ist Dauergast in der Basketballhalle und zieht auch mal ein FCBB-Spiel einem Fußballspiel vor. Den Verein will er langfristig im Spitzenniveau verankern. Die Voraussetzungen hat der Klub geschaffen: Er ist Teil der Euroleague, der stärksten Europapokal-Spielklasse, und zählt auch in der Meisterschaft Jahr für Jahr zu den Titelfavoriten. Erstaunlich, was so ein Brief im E-Mail-Zeitalter noch bewirken kann.

Der Berni und der Bazi

43

Die Maskottchen des FC Bayern

Es gibt in Bayern gute und böse Bären. Ein böser, das war der Bruno, den der damalige bayerische Ministerpräsident Edmund Stoiber im Jahr 2006 „Problembär“ nannte. Bruno (eigentlich hieß er JJ1) war aus der Region Trentino-Südtirol nach Bayern eingewandert, tötete dort Schafe und drang in Bienenstöcke und Hühnerställe ein. Am Morgen des 26. Juni 2006, zwei Tage nachdem Deutschland bei der Fußball-WM im eigenen Land in München das Viertelfinale erreicht hatte, wurde Bruno erschossen. Ein guter Bär dagegen, einer zum Gernhaben, das dürfte der Berni für das FCB-Aufsichtsratsmitglied Edmund Stoiber sein. Berni arbeitet seit dem 8. Mai 2004 offiziell als Maskottchen des FC Bayern, seit dem Geburtsjahr von Bruno also. Auch einen Streifzug über die Alpen wagte Berni, der ging allerdings deutlich glimpflicher aus: Im Jahr 2012 präsentierte er sich im Trainingslager des FCB in der Region Trentino-Südtirol. Heute stapft er immer noch quicklebendig in der Allianz Arena herum.

Inzwischen hat Berni zwei Einsatzorte

Die beiden, der JJ1 und der Berni, sind ohnehin grundverschiedene Typen: Berni streift sich vorzugsweise rote Trikots und Hosen des FC Bayern über; von einem solchen Hunger, dass er einmal Schafe gerissen hätte, ist nichts bekannt. Und statt sich zu lange alleine in der

Bernis Vorgänger als FC-Bayern-Maskottchen
Von 1993 an war Bazi bis zum 8. Mai 2004 das Maskottchen des FC Bayern. Anfangs trug Bazi eine viel zu große Lederhose über dem Bayern-Trikot, später jubelte er in Shorts sowie roten Stutzen und trat mit kleinen Kinder-Bazis auf. Sie müssten inzwischen auch schon groß sein. Im Mai 2004 verabschiedete ihn der FC Bayern mit Blumen und einer Urkunde in den Ruhestand. Seither ist Bazi, erkennbar am rot-weißen Käppi, an seinen roten Wangen und den Segelohren, das „Ehrenmaskottchen“ des FCB. Im Stadion lebt er weiter, weil sich einige Fanclubs von seinem Namen inspirieren lassen haben: etwa die Bayern-Bazis Härtsfeld, die Heuberg Bazis99 Heinstetten, die Hirschberg-Bazis oder die Ruhrpott-Bazis.

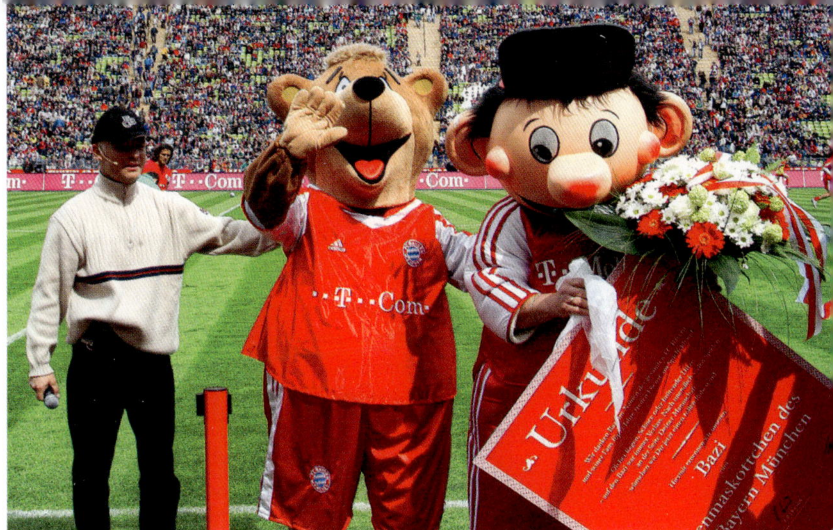

Berni (Mitte) löst Bazi (r.). Auch Stadionsprecher Stefan Lehmann freut sich.

Wildnis aufzuhalten, ist Berni ein Herdentier: Er schießt gerne Fotos an der Säbener Straße in München und lädt sie in den gängigen sozialen Netzwerken dieser Welt hoch. Ein Leben als Glücksbringer schien ihm anfangs allerdings nicht bevorzustehen. Am Tag seines ersten Einsatzes mit der Nummer 12 auf dem Rücken verlor der FC Bayern das Spitzenspiel gegen Werder Bremen 1:3 daheim im Olympiastadion. Es war die Entscheidung für Bremen im Meisterschaftskampf 2004. Erst ein Jahr später bejubelte Berni seinen ersten Meistertitel. Seit der Gründung der Basketball-Abteilung hat Berni neben der Allianz Arena in Fröttmaning einen weiteren Einsatzort als Maskottchen: den Audi Dome in Sendling. Dort erscheint er dem Anlass entsprechend mit kürzeren Trikotärmeln – und trägt die Nummer 99. Der viele Sport scheint Berni gut zu tun: Über die Jahre hat er deutlich abgenommen. Bei den Frauen animiert übrigens seit 2022 die Bärin Mia die Fans – in Anlehnung ans Klubmotto „Mia san mia“.

Die Auswahl des Tieres verlief übrigens nicht ganz ohne Hintergedanken: „Wenn Plüschtiere verkauft werden, dann weltweit zu 50 Prozent Bären“, sagte der damalige Vize-Präsident Karl-Heinz Rummenigge bei Bernis Vorstellung im Tierpark Hellabrunn. Der Verein hatte die Fans zuvor zur Namensfindung aufgerufen, mehr als 25.000 beteiligten sich. Neben dem Namen Berni, den sich die FC-Bayern-AG schützen ließ, war auch Franz unter den Vorschlägen. Genauso wie – man glaubt es aufgrund der späteren Ereignisse kaum – „Stoi-bär“.

Tiger in Bermudas

Ein kurioses Vorstellungsgespräch

44

Der bestangezogene Bewerber ist nicht unbedingt der beste, Schein und Sein stimmen nicht immer überein. Doch dass sich der Bewerber mit den Bermuda-Shorts und den Birkenstocks durchsetzt, passiert nicht so oft. Beim FC Bayern war das im Jahr 1990 der Fall. Hermann Gerland tauchte in diesem Outfit an der Säbener Straße auf, Jupp Heynckes war gerade Trainer der Profis und hatte den gebürtigen Bochumer Gerland zuvor für die Stelle als Amateurtrainer vorgeschlagen. Der Präsident Fritz Scherer war jedoch skeptisch nach dem Vorstellungsgespräch, erzählte Heynckes im Jahr 2018 bei einer Pressekonferenz. „Mein damaliger Präsident Professor Scherer hat mir gesagt: ‚Trainer, wen haben Sie mir da vorgestellt?'", berichtete Heynckes. „Ich habe gesagt: ‚Professorchen, seien Sie mal ganz ruhig. Das ist ein Top-Mann.' Und so ist es dann auch gewesen." Fünf Jahre lang trainierte der Bergmannssohn Gerland die Amateure, später noch einmal zehn Jahre ab 2001. Gerland hatte eine Gabe, Talente zu erkennen. Und so hat er viele Münchner auf ihrem Weg in die erste Mannschaft und zum Nationalspieler begleitet: etwa Bastian Schweinsteiger, Philipp Lahm, Thomas Müller oder David Alaba. Von 2009 an arbeitete der „Tiger" (Gerlands Spitzname) dann mit kurzen Unterbrechungen zwölf Jahre lang als Co-Trainer der ersten Mannschaft. Unter Louis van Gaal oder Pep Guardiola war Gerland der Mann „mit Stallgeruch" – ein Attribut, das sie beim FC Bayern schätzen. 2018 wechselte er auf die Stelle des sportlichen Leiters des Nachwuchsleistungszentrums und wurde dann doch wieder Co-Trainer. „Ruhe habe ich später, wenn ich tot bin, noch genug", hatte er einmal gesagt. Im Sommer 2021 hat er sich dann trotzdem vom Trainingsplatz an der Säbener Straße verabschiedet.

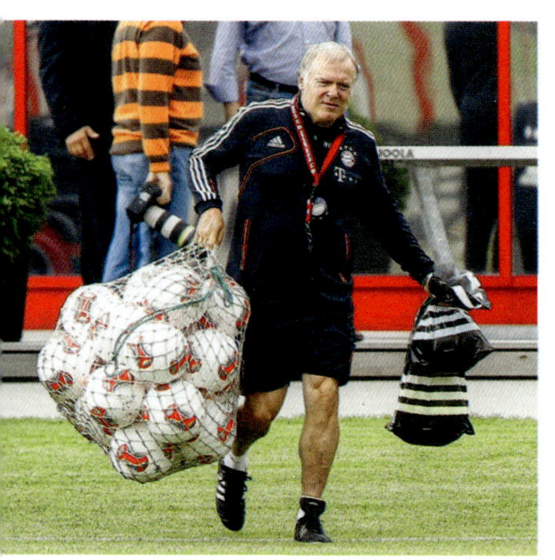

Überzeugte auch in kurzen Hosen: Hermann Gerland.

45

Stefan Effenberg

Der Mann für ganz besondere Rekorde

Seine Frisur war recht markant, doch war sie eigentlich nur das Ergebnis einer verlorenen Wette bei der Fernsehsendung „Wetten, dass..?“. Stefan Effenberg bekam den Spitznamen „Tiger“, weil er sich eben jenes Tier in die Haare schneiden und pinseln ließ. Rückblickend muss man festhalten: Effenberg als Tiger, das passte. Ruhig war der Fußballer nie. Und wenn es sein musste, brüllte er. Bei der WM 1994 in den USA warf ihn Bundestrainer Berti Vogts aus dem Team, weil er unzufriedenen Fans seinen Mittelfinger zeigte. Zweimal wechselte er von Borussia Mönchengladbach zum FC Bayern: 1990 als großes Talent und 1998 dann als gestandener Kicker, der drei Jahre später beim FC Bayern München UEFA Fußballer des Jahres werden sollte.

Erster Gelb-Rot-Sünder der Bundesliga

Es war die Zeit unter dem langjährigen Trainer Ottmar Hitzfeld. Der machte Effenberg zu seinem Kapitän und nordete ihn so ein: Aggressiver Führungsspieler war er vor allem auf dem Platz, denn er war selbstbewusst wie kein Zweiter in diesem Team. „An ihm orientieren sich viele“, sagte Hitzfeld. „Wo andere sich verstecken, da zeigt sich Effenberg.“ Dreimal führte er den FCB so zum Meistertitel (1999 bis 2001); 2001 gewann der Klub zudem die Champions League und den Weltpokal. Bisweilen gab es trotzdem noch den alten Stefan Effenberg in München zu sehen. Bei einer Pressekonferenz im Jahr 1999 störte er sich an der vorherigen Berichterstattung: „Es wird immer nur geschrieben: ‚Scheiß Effenberg, der spielt immer nur mit angezogener Handbremse‘, oder sowas. So ein Schmarrn.“ Bevor er im Furor anhob: „Da muss man aufpassen, mit dem, was man sagt, was man schreibt und wie man das rüberbringt. […] Ich bin einer, der lässt sich das nicht gefallen, Freunde der Sonne.“

Während seiner ersten zwei Jahre beim FCB sorgte er am 20. August 1991 in der Partie gegen den FC Schalke 04 (3:2) auch für ein Novum: Als erster Bundesliga-Spieler wurde er mit der frisch eingeführten gelb-roten Karte vom Platz gestellt. Seine 110 gelben Karten sind zudem Rekord in der höchsten deutschen Liga. Effenberg verstand die Verwarnungen als „Zeichen“ an Gegen- sowie Mitspieler. Dieser Stil hat sich verändert, sodass seiner Marke wohl allzu schnell keiner nahe kommt.

Trattoria da Fernando

Die „Pizza-Affäre" mit Basler und Scheuer

46

Der Physiotherapeut Klaus Eder gilt als einer der besten seines Faches. Da erschien es nur logisch, dass sich auch die beiden Bayern-Fußballer Mario Basler und Sven Scheuer im Oktober 1999 auf den Weg zu ihm nach Donaustauf machten, um sich behandeln zu lassen. Als die Maßnahme in der Oberpfalz beendet war, fuhren die beiden am 12. Oktober nicht auf direkter Strecke zurück nach München, sondern sie kehrten noch ein: in der Trattoria da Fernando in Regensburg. Basler kannte den Inhaber Fernando D'Amore, war öfter zu Gast. Doch an diesem Abend wäre es vermutlich besser gewesen, nicht in die Pizzeria zu gehen.

Das hatte weniger damit zu tun, dass eine geschlossene Gesellschaft Geburtstag feierte, wie D'Amore der „Mittelbayerischen Zeitung" erzählte, denn Basler und Scheuer durften mitfeiern. Es hatte damit zu tun, was folgte: Sven Scheuer und Mario Basler wurden nicht einmal eine Woche nach der denkwürdigen Nacht, die den Titel „Pizza-Affäre" bekommen sollte, vom FC Bayern suspendiert und mussten sich einen neuen Arbeitgeber suchen. Was genau passiert ist? Die Beteiligten schildern die Vorkommnisse so: Beide Fußballer feierten mit den Geburtstagsgästen bis nach 3 Uhr früh, als eine alarmierte Polizei eintraf. Ein Gast, der sich nach Angaben des Wirts auf die Feier schmuggelte, provozierte zuvor Basler. Der Münchner Torschütze beim verlorenen Champions-League-Finale gegen Manchester United 1999 (1:2) berichtete gegenüber „Spiegel Online": „Der Mann hat mich angepöbelt und wurde daraufhin vom Lokalchef rausgeworfen." Später verließen Scheuer und Basler

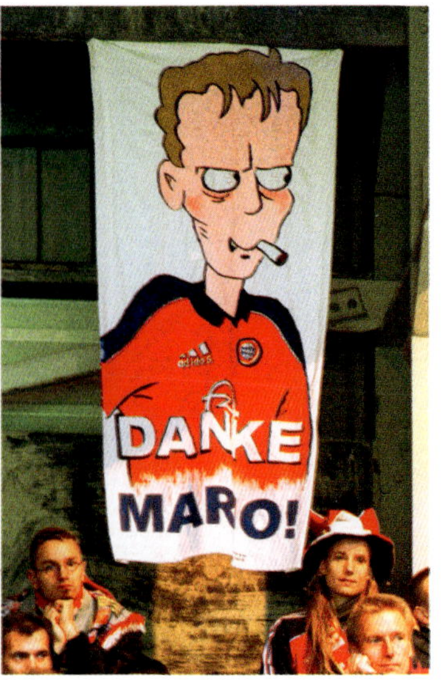

Die Fans bedanken sich mit einem Plakat bei Mario Basler.

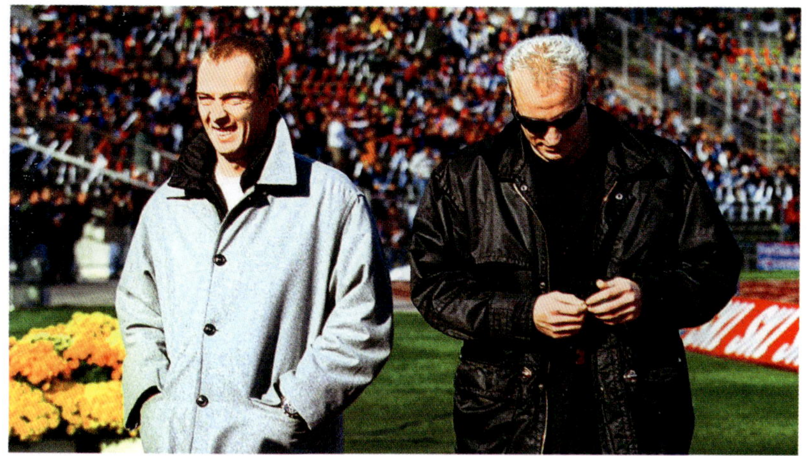

Mario Basler (l.) und Sven Scheuer im Olympiastadion nach dem Abend in Regensburg.

das Restaurant, da „kam er erneut auf mich zu und pöbelte weiter. Als er die Hand erhob, hat ihm Sven Scheuer eine Ohrfeige verpasst“. Basler selbst, so teilte auch die Polizei mit, sei nicht als Unruhestifter aufgefallen, lediglich ein Weinglas habe er in der Hand gehalten. Und auch die Ermittlungen gegen den Torwart Scheuer wurden eingestellt. „Ich kann das nicht nachvollziehen. Uns ist nicht geglaubt worden, dabei liegt keine Anzeige vor und die Polizei ermittelt auch nicht“, sagte Scheuer.

Vorfall in Regensburg nur „die Spitze des Eisbergs“

Zum nächsten Spiel gegen Hertha BSC (3:1) erschienen die beiden im Olympiastadion, wo der Verein ihnen und den Fans auf den Rängen mitteilte, dass er die beiden Nachtschwärmer suspendiert. Manager Uli Hoeneß sagte, dass der Vorfall nur „die Spitze des Eisbergs“ gewesen sei, Basler habe sein “Privatleben überhaupt nicht im Griff“. Der Mittelfeldspieler und Scheuer hatten tatsächlich zuvor schon über die Stränge geschlagen, Basler überzog mal den Zapfenstreich, Scheuer wurde wegen Trunkenheit am Steuer verurteilt. Doch das Vorgehen des Klubs, Baslers Abendgestaltung zeitweise von einem Privatdetektiv überwachen zu lassen, war auch nicht unbedingt eine Lösung der feinen Art.

Die Zeit in München endete nach dem Vorfall für beide Spieler: Mario Basler wechselte nur kurze Zeit darauf zu seinem Jugendklub 1. FC Kaiserslautern, bei dem er ohnehin seine Karriere ausklingen lassen wollte, wenn auch eigentlich erst etwas später. Sven Scheuer ging in die Türkei zu Adanaspor.

Steins Faust trifft Kobra

47 Entlassung nach dem Supercup-Debüt

Kobra nannten die Medien den Angreifer Jürgen Wegmann. Was seinen Grund hatte: „Ich bin giftiger als die giftigste Schlange", sagte Wegmann selbst von sich. Als Stürmer biss er in Sachen Toren in den 1980er-Jahren regelmäßig zu, erst für Borussia Dortmund, dann für den FC Schalke 04 und ab 1987 schließlich auch für den FC Bayern München. Gleich in seinem ersten Pflichtspiel traf er zweimal für die Münchner. Nach einem 0:1-Rückstand drehte er das Finale um den ersten DFB-Supercup überhaupt. Gegen den DFB-Pokalsieger Hamburger SV schoss Wegmann erst in der 60. Minute den Ausgleich und in der 87. Minute den Siegtreffer. Richtig jubeln konnte er jedoch nicht darüber, denn erst stolperte er über den am Boden liegenden HSV-Torhüter Uli Stein, nachdem er sein Abstaubertor erzielt hatte.

Und dann kam es zu Steins Blackout: Mit seiner Faust schlug er dem Torschützen ins Gesicht. „Ich kann mich daran überhaupt nicht erinnern, es ist wie ein Filmriss", sagte er später zu „Spiegel Online". „Obwohl ich es mir ein paar Mal im Fernsehen angeschaut habe, kann ich mir bis heute nicht erklären, warum ich das getan habe. Jedenfalls hatte ich keinen Hass auf Wegmann, und provoziert hat er mich auch nicht." Stein sah für den Faustschlag die rote Karte, zudem wurde der Torwart, der sich gleich bei Wegmann entschuldigte, zehn Wochen lang gesperrt. Nach sieben Jahren im Klub entließen ihn die Hamburger, mit denen er unter anderem den Europapokal der Landesmeister 1983 gewann. Den seither traditionell ersten offiziellen Titel in der Saison feierten 1987 die Bayern um ihre Angreifer Wegmann und Roland Wohlfahrt, der später nicht nur durch seine Tore, sondern auch durch ein Zitat in Erinnerung blieb: „Zwei Chancen, ein Tor – das nenne ich hundertprozentige Chancenauswertung."

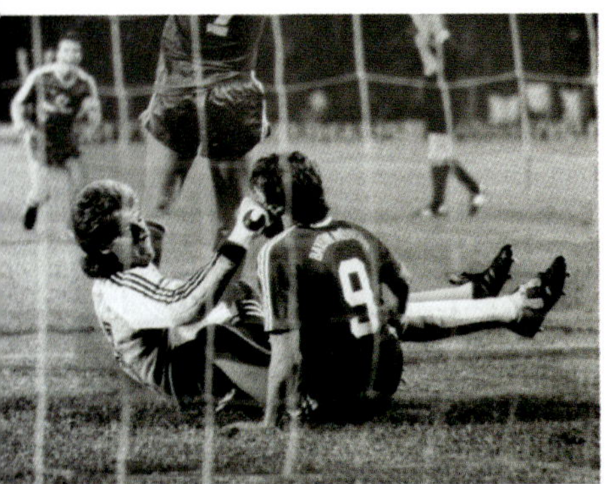

Der sitzt: HSV-Torwart Uli Stein sieht nach dem Faustschlag die rote Karte.

Nur berührt

48

Das Eigentor von Jean-Marie Pfaff

Viel schlimmer als Jean-Marie Pfaff kann man sich bei seinem neuen Arbeitgeber nicht vorstellen: Am ersten Spieltag der Saison 1982/83, seiner ersten Partie, unterlief dem belgischen Nationaltorwart ein entscheidendes Eigentor. 43 Minuten waren im Bremer Weserstadion gespielt, als sich der Werder-Stürmer Uwe Reinders den Ball für einen Einwurf schnappte. Reinders war zu dieser Zeit in der Bundesliga gefürchtet für seine weiten Einwürfe, nur der aus Belgien nach Bayern gewechselte Pfaff schien davon nichts mitbekommen zu haben. Er postierte sich trotzdem einige Meter seitlich seines Tores, um den Ball schnell abzufangen.

Die Bayern feiern Pfaff als einen der besten Einkäufe

Reinders lief also an, flankte den Ball aus seinen Händen gewissermaßen in den Strafraum, wo er über alle Spielerköpfe hinweg flog. Auch den einen Meter vor seinem Tor im Getümmel stehenden Pfaff, der den Wurf tatsächlich unterschätzt hatte, hätte er überflogen. Doch als Torhüter durfte er ja nach dem Ball greifen, auf den TV-Bildern tauchen plötzlich Torwarthandschuhe aus dem Gewühl auf. Pfaff versuchte sich die Kugel zu schnappen, was ihm jedoch nicht gelang. Er kam nur mit seinem Daumen an sie und lenkte sie so ab ins eigene Tor. Hätte er nicht eingegriffen, hätte der Treffer nicht gezählt. Einwürfe dürfen nicht direkt ins Tor geworfen werden. Spätestens nach seinem missglückten Abwehrversuch kannte auch Pfaff diese Regel. Mit etwas Galgenhumor sagte er später: „Das Tor war positiv für mich. Ich war sofort überall bekannt, vom Fernsehen wurde es zehnmal wiederholt."

Wenngleich ihn das Gegentor immer noch wurmt: „Hätte ich einen Fehler gemacht, würde ich das sagen, aber es war nicht so! Ich bin raus, und dann bin ich mit meinem linken Ellenbogen gegen den rechten Ellenbogen von Klaus Augenthaler gestoßen. Nur deshalb ist der Ball an meinen Daumen und von da ins Tor", sagte er 2018 zur „Süddeutschen Zeitung". Es war das 1:0 für Bremen – und so lautete auch der Endstand. Anders als es manche erwarteten, steigerte sich Pfaff jedoch von Woche zu Woche und war wegen seiner starken Paraden letztlich ähnlich gefürchtet wie der Einwerfer Reinders. Am Saisonende feierten ihn die Münchner als einen der besten Einkäufe der vergangenen Jahre. Pfaff wurde – mit etwas Verspätung – der würdige Nachfolger Sepp Maiers.

Das Phantomtor

49

Thomas Helmer trifft. Oder doch nicht?

Technische Hilfsmittel gab es am 23. April 1994 noch nicht fü die Schiedsrichter und ihre Linienrichter in der Fußball-Bundes liga. Doch kleine Helfer hätten vermutlich verhindert, was sich a diesem Tag und in den Wochen danach abspielte. Sie hätten di Kettenreaktion, die dieses Tor, das keines war, im deutschen Fußba auslöste, im Keim erstickt. Und eine der kuriosesten Geschichten de Bundesliga wäre so nie erzählt worden: die des Phantomtors von Thoma Helmer.

Der Linienrichter guckt in die Sonne – und gibt das Tor

Der Bayern-Verteidiger erzielte in der 26. Minute das 1:0 für se nen Verein gegen den vom Abstieg bedrohten 1. FC Nürnberg. Ode doch nicht? Nach einer Ecke von Marcel Witeczek wurde der Ball zumin dest zu Helmer verlängert, der stocherte nach der Kugel – und so spran sie von seinem rechten ans linke Bein und wieder zurück ans rechte, vo wo aus sie letztlich die Torlinie überquerte. Der Linienrichter Jörg Jab lonski hob seine Fahne, zeigte ein Tor an und lief sofort zur Mittellini zurück. „Ich stehe genau an der Eckfahne und gucke in die Sonne. De Spieler Helmer steht am hinteren Pfosten vor der Torlinie. Ich sehe, w Köpke (Torwart Andreas Köpke, Anm. d. Autors) auf den Ball zustür und wie Helmer den Ball über die Linie bringt. Ich war hundertprozenti der Überzeugung, dass der Ball hinter der Linie war", sagte Jablonski nac dem Spiel zur Zeitschrift „Kicker". „Erste Zweifel kamen mir aber schon als der Ball neben dem Tor lag. Zumal Köpke und einige Club-Spieler au mich zustürmten."

Helmer ist erst traurig über die vergebene Großchance

Tatsächlich war auch Helmer nicht zum Jubeln zumute. Er hing trau rig, ja sogar etwas verdattert am Torpfosten, weil er diese große Chanc vergeben hatte. Der Ball überquerte die Torlinie nämlich links neben dem Tor. Erst als die Mitspieler zu ihm marschierten, ihn umarmten, registriert er, dass der Schiedsrichter Hans-Joachim Osmers auf Tor entschieden hatt Weil sich der vermeintliche Torschütze, der anfangs so sichere Jablonski un Osmers nicht absprachen, blieb es bei der Entscheidung. Der FC Bayern ge wann durch das sogenannte Phantomtor und einen zweiten Treffer Helme

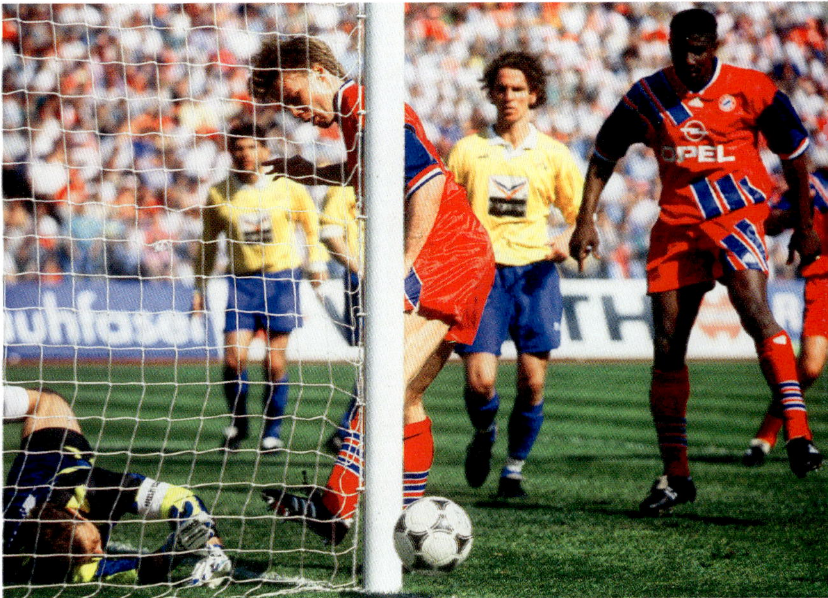

Ein Tor, das keines war: Thomas Helmer stochert den Ball neben das Gehäuse.

am Ende 2:1. Die Kettenreaktion durfte also starten, da es wie heutzutage die Torlinientechnologie oder den Video Assistant Referee (den Videobeweis) damals noch nicht gab.

Die Bayern werden Meister, Nürnberg steigt ab

So blieben letztlich einige Verlierer nach diesem sonnigen Samstag im Münchner Olympiastadion zurück: Jablonski erhielt bald nach der Partie Morddrohungen, der FCN legte Protest ein. Es kam wenige Tage danach zu einer Sportgerichtsverhandlung in Frankfurt, in der der Deutsche Fußball-Bund entschied, die Partie wiederholen zu lassen. Diese gewann der FC Bayern 5:0. Er wurde deutscher Meister, die Nürnberger stiegen aufgrund des schlechteren Torverhältnisses als Freiburg ab. Thomas Helmer bekommt mehr als 20 Jahre später noch böse Sprüche zu hören, wenn er sich in Nürnberg zeigt. Und während Hans-Joachim Osmers weiter Bundesliga-Schiedsrichter blieb, hörte Jörg Jablonski bald nach dem Phantomtor auf und wurde in Bremen Schiedsrichter-Obmann, sein Sohn Sven pfeift mittlerweile als Schiedsrichter Bundesliga-Partien.

Das Tor-Phantom

Roy Makaays CL-Rekordtreffer

50

Die Pfiffe in der Allianz Arena begannen an diesem 7. März 2007 ohrenbetäubend laut zu werden, als der Argentinier Fernando Gago den Ball annahm, sich damit umdrehte und ihn direkt zu Roberto Carlos weiterleitete. Noch lauter wurden die Pfiffe, als der Brasilianer Roberto Carlos eine Sekunde später den Ball nicht richtig stoppen konnte, ihn sich zu weit vorlegte. Erst als sich der Bayern-Spieler Hasan Salihamidžić wieder eine Sekunde später die freie Kugel schnappte, verstummten die Pfiffe. Es begann ein Jubel unter den Bayern-Anhängern, der beim flinken Solo Salihamidžić' auf der rechten Seite anschwoll, noch lauter wurde, als der Bosnier den plötzlich allein im Strafraum wandelnden Roy Makaay erblickte und ihm den Ball zupasste. Mit seinem ersten Ballkontakt im Achtelfinal-Rückspiel des FC Bayern gegen Real Madrid erzielte Makaay das 1:0. Die Allianz Arena, der man manchmal die Ruhe eines Operettensaals nachsagt, war zum Hexenkessel mutiert. Makaay hatte nach 10,12 Sekunden das schnellste Tor der Champions-League-Geschichte geschossen und die Basis für das Weiterkommen geschaffen. Am Ende setzten sich die Münchner gegen Real durch.

Viermal trifft Makaay gegen den FC Bayern

Das Tor-Phantom, wie der Niederländer in Deutschland mittlerweile genannt wurde, hatte also wieder zugeschlagen. „Phantom" – diesen Namen muss sich ein Stürmer ja erst verdienen. Und zu Makaay, der oft ein ganzes Spiel lang nicht zu sehen war, fernab der Kameras und der Augen der Mit- und Gegenspieler über das Feld tapste, dann aber plötzlich im entscheidenden Moment am rechten Fleck im Strafraum stand und den Ball ins Tor schoss, passte das Prädikat wie zu keinem anderen. Für den FCB erzielte er in 183 Pflichtspielen 103 Tore.

Zuvor hatte er bereits viermal gegen die Bayern getroffen – in der Champions League mit Deportivo La Coruña. Und damals galt im deutschen Fußball das eherne Gesetz: Wer den FC Bayern ärgert, der wird von ihm verpflichtet. So wurde auch Makaay interessant. Nur galt das eherne deutsche Gesetz in Spanien nicht so. Denn Rudolphus Antonius Makaay, wie er mit vollem Namen heißt, bekam lange nicht die Freigabe für einen Wechsel nach München.

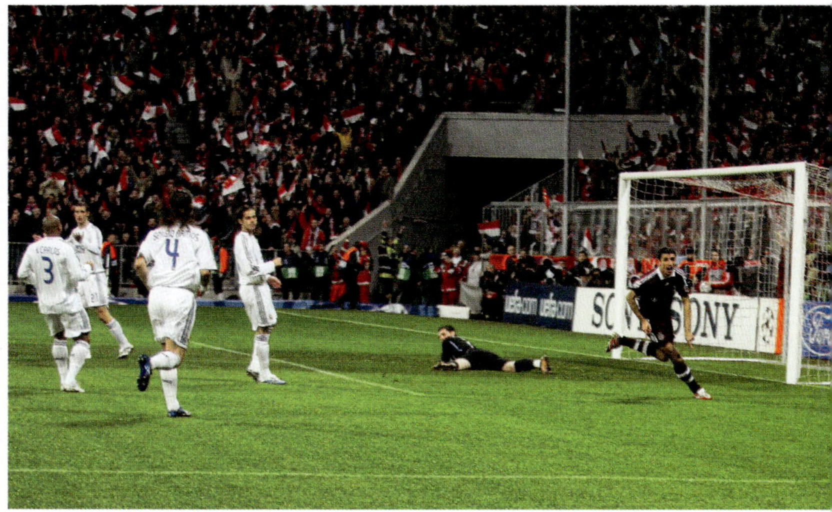

Mischung aus Jubel und Staunen: Roy Makaay nach seinem flinken Tor.

Als die Konkurrenz zu groß wird, geht das Phantom

Im Sommer 2003 verhandelten Bayern und Makaays Klub Deportivo wochenlang, immer wieder gab es Unstimmigkeiten. „Eigentlich war schon alles geregelt. Die Klubs hatten sich auf eine Ablösesumme geeinigt, ich hatte die Koffer gepackt. Dann hieß es plötzlich, ich müsste zum Training bei Depor erscheinen", sagte Makaay später der Zeitschrift „11Freunde". Der Klub wollte noch ein bisschen mehr verdienen. Trotzdem flog Makaay nach München, verzichtete letztlich auf etwas Gehalt und machte so den Weg frei: 18,75 Millionen Euro hatte er gekostet, so viel wie kein Münchner zuvor. Der erste Euro-Großtransfer des FCB hat sich gelohnt: In allen vier Saisons in München war Makaay der treffsicherste Münchner Stürmer, führte den Klub zu zwei Meisterschaften und zwei DFB-Pokalsiegen. „Rheuma-Kai", wie ihn ein Münchner Stadtmagazin zur Begrüßung etwas despektierlich nannte, fiel auch nie mit einer schweren Verletzung aus. Erst als die Bayern 2007 in Miroslav Klose und Luca Toni zwei potenzielle Konkurrenten verpflichteten, wechselte der mittlerweile 32-Jährige zurück in die Heimat zu Feyenoord Rotterdam. Das Phantom hatte sich so plötzlich wieder von der Weltbühne im Fußball verabschiedet, wie es am 7. März 2007 im Strafraum von Real Madrid aufgetaucht war.

Philipp Lahm

Der clevere Kapitän

51

Nachdem er seinen größten Erfolg als Fußballer gefeiert hatte, trat er zurück. Das sprichwörtliche „Aufhören, wenn es am schönsten ist", das gelingt nicht vielen Fußballern. Eigentlich ja gar keinem – außer eben Philipp Lahm. Der setzte sich am Morgen nach dem Gewinn des WM-Titels 2014 in Rio de Janeiro in Brasilien an den Frühstückstisch zu Bundestrainer Joachim Löw und teilte ihm mit, dass er sich von nun an nur noch auf den Vereinsfußball konzentrieren werde, der Kapitän der deutschen Nationalmannschaft trat überraschend ab. Löw dürfte das Butterbrot aus der Hand gefallen sein. Die Entscheidung dazu reifte freilich schon weit vor dem Titel, solch einen runden Abschluss bekommen dann aber nur wenige hin.

Guardiola: „Eine Riesenehre, sein Trainer zu sein"

Es passt zur Fußballerkarriere des Außenverteidigers Philipp Lahm, die fast ohne Schnörkel, ohne Fehler ablief. Gerade deshalb fielen ja im Umkehrschluss die wenigen Aussetzer auf: 2008 im EM-Finale etwa hat er den Spanier Fernando Torres beim Siegtreffer nicht stoppen können. Aber sonst hielt er sich mit Fehlern zurück: keine Frauengeschichten in der Münchner Disco P1, keine Watschn auf dem Fußballplatz – ohnehin erhielt er nie einen Platzverweis. Nur einmal musste der 113-malige Nationalspieler beim FC Bayern gelbgesperrt zusehen. „Sobald er den Ball hatte, hat er ihn weitergepasst. Er war nie einer, der das Spiel an sich reißt. Er hat das Spiel gelesen, analysiert. Er wusste, wo er den Ball hinspielt, bevor er ihn bekommen hat", beschrieb sein Berater Roman Grill Lahms Fähigkeiten im Magazin der „Süddeutschen Zeitung".

Lahm las das Spiel so intelligent, dass der ehemalige Bayern-Trainer Pep Guardiola in ihm einen Wiedergänger erkannte und ihn zeitweise vom Rechtsverteidiger zum defensiven Mittelfeldspieler umfunktionierte (was Löw kopierte). Lahm zog nun das Spiel auf – in Guardiolas Sinne: Der erzählte immer wieder, wie fachkundig er sich mit Lahm über Fußball unterhalten konnte. Oft hatten sie die gleiche Meinung vom Spiel. Auch deshalb steht der Kapitän stellvertretend für den stärksten FC Bayern der jüngeren Geschichte. Einen Monat vor seinem Abschied 2016 erklärte Guardiola in einer Pressekonferenz: „Die Leute können nicht verstehen, wie glücklich Pep war, Philipp Lahm als Fußballer zu haben. Es war eine Riesenehre, sein Trainer zu sein."

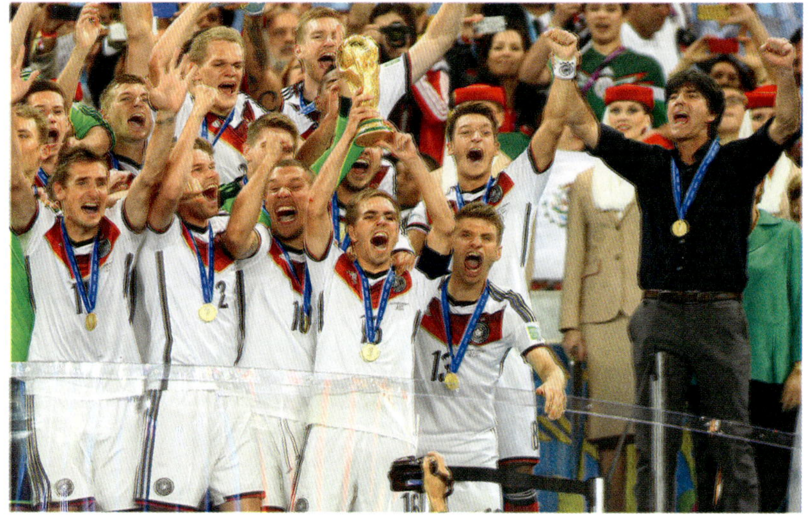

Der Kapitän geht auch beim Jubeln voran: Philipp Lahm als Weltmeister 2014.

Ehrenbürger der Stadt München – als erster Sportler

Lahm ist als Mensch ähnlich verwurzelt wie der stolze Katalane Guardiola. Er war einer der mittlerweile so wenigen gebürtigen Münchner, die das Bayern-Trikot zuletzt tragen durften. Wegen seiner Verdienste für die Landeshauptstadt wurde Lahm Anfang 2019 Ehrenbürger der Stadt, als erster Sportler überhaupt. Beim FT Gern begann seine Weltkarriere, mit zwölf Jahren wechselte er zum FC Bayern, wo später der Amateur-Trainer Hermann Gerland zu seinem großen Förderer wurde. Ein Angebot des damals deutlich erfolgreicheren und von Guardiola trainierten FC Barcelona lehnte Lahm 2009 ab, weil er mit den Bayern die Champions League gewinnen wollte. Was ihm dann 2013 als Kapitän gelang.

Zeit seiner Karriere galt er als zurückhaltender, fast biederer Charakter, doch wenn ihm etwas nicht gepasst hat, äußerte er sich auch öffentlich. Legendär wurde sein Interview mit der „SZ" im Jahr 2009, als er den Verantwortlichen vorwarf, hinter ihren Personalplanungen stecke kein Konzept. 50.000 Euro Strafe brummte ihm der Verein auf. Und doch traf er einen Nerv – auch wegen zielgerichteter Verstärkungen wurde der FCB wieder zu einem Spitzenteam in Europa, wo Lahm mit 112 Champions-League-Partien deutscher Rekordspieler war, bis ihn Thomas Müller im Sommer 2020 überholte. Weil Lahm dabei nie traf, ist er der Feldspieler mit den meisten Partien ohne Tor in der Königsklasse.

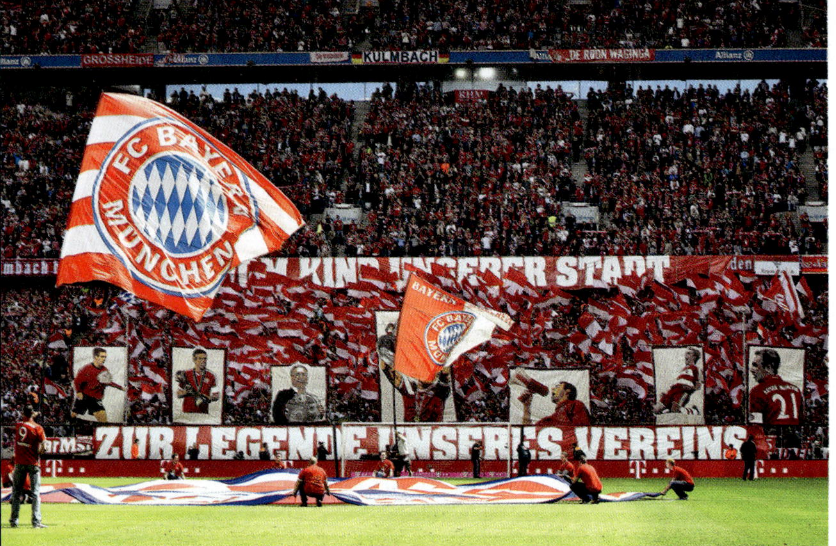

„Vom Kind unserer Stadt zur Legende unseres Vereins": Lahm-Episoden zum Abschied.

Lahm überrascht den FCB – und einen Flugkapitän

2017 hörte er als Spieler beim FC Bayern ähnlich überraschend und blitzartig wie im DFB-Team auf. Er wollte nicht als Kicker in Erinnerung sein, der zum Ende hin Fehler macht, also trat er auch im Klub auf Weltklasse-Niveau ab – und machte nicht, wie von den Verantwortlichen Uli Hoeneß und Karl-Heinz Rummenigge gewünscht, als Sportdirektor weiter. Zu sehr fühlte er sich vom noch immer tatkräftigen Präsidenten Hoeneß eingeschränkt. Stattdessen fokussierte er sich auf seine Tätigkeit als Unternehmer. Lahm ist etwa Inhaber der Sixtus Werke, die Pflegeprodukte herstellen, und Mehrheitseigentümer beim Lebensmittelunternehmen Schneekoppe. Und doch scheint ein Einstieg bei seinem Herzensverein eher aufgeschoben als aufgehoben.

Er überrascht schließlich gerne – und immer wieder: Beim Rückflug nach der WM 2014, kurz nachdem er aus dem DFB-Team zurücktrat, besuchte der Kapitän im „Siegerflieger" der Lufthansa das Cockpit des Flugkapitäns Uwe Strohdeicher. „Lahm hat sich sehr interessiert an der Fliegerei gezeigt", sagte Strohdeicher anerkennend. Dieses Interesse, sich Neuem auch nach einem großen Erfolg nie zu verschließen, hat ihn als Fußballer schon ausgezeichnet. Es wird ihm auch bei seiner nächsten großen Aufgabe helfen: Es hilft ihm auch bei seiner nächsten großen Aufgabe: Philipp Lahm hat die Leitung des Organisationskomitees der Fußball-EM 2024 in Deutschland übernommen.

Franck Ribéry

52

Teil eins der Flügelzange

Die Menge unten am Marienplatz jubelte wie über einen Europapokalsieg. Das war nicht sonderlich überraschend am Tag nach dem Champions-League-Finale 2010. Überraschender war, dass die Bayern-Fans jubilierten, obwohl sie tags zuvor eine Niederlage ihres Herzensvereins gegen Inter Mailand erlebt hatten. Der Grund des freudigen Ausdrucks war ein ganz anderer: ein kleiner Satz, sechs Worte, ausgesprochen vom Franzosen Franck Ribéry: „Isch 'abe gemacht fünf Jahre mehr." Ribéry verlängerte den Vertrag in München – trotz Lockrufen von Real Madrid oder vom FC Chelsea.

Ribéry nächtigt mit dem Champions-League-Pokal

Der große Jubel darüber war auch am Tag der Trauer durchaus angebracht. Ribéry, seit 2007 im Klub, war Teil eins der Flügelzange, die nach dem Transfer von Arjen Robben zu diesem Zeitpunkt bereits ein Jahr bestand. Die Entscheidung des Franzosen war wegweisend: Die Zange sollte den europäischen Fußball ein Jahrzehnt lang verzücken – und die Identität des FC Bayern prägen. Auch wenn sich Robben und Ribéry nicht immer ganz grün waren, jeder für sich wollte halt schon gerne im

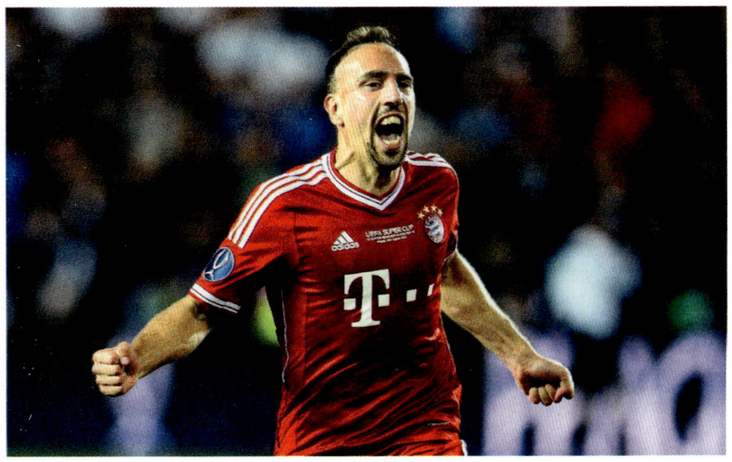

Die pure Freude: Franck Ribéry hatte als Bayern-Spieler oft seinen Spaß.

Rampenlicht stehen: Im April 2012 etwa verpasste der Franzose dem Niederländer eine Ohrfeige in der Halbzeit des Spiels gegen Real. „Ich dachte anfangs, das geht nicht, ich kann nicht mehr mit ihm spielen", sagte Robben zur „Bild"-Zeitung. Dann vergab er ihm. Die beiden rauften sich zusammen und fanden ihre Nischen, um zu überzeugen: Ribéry auf der linken Seite als Vorlagengeber, Rechtsaußen Robben schoss die Tore. Den Glanzpunkt bildete ein Treffer gegen Manchester United 2012, als Ribéry eine Ecke auf Robben flankte, der den Ball von der Strafraumkante volley ins Tor schoss. Noch ertragreicher war die Kooperation beim Siegtor im Champions-League-Finale 2013 (siehe Arjen Robben). Ribéry nahm damals den Siegerpokal über Nacht mit aufs Zimmer.

Podolski schmierte er Zahnpasta auf die Türklinke

Ribéry, so wirkte es, war dem Anhang stets etwas näher als Robben, die Südtribüne skandierte mehrfach hintereinander seinen Namen. Vielleicht, weil er länger da war, vielleicht aber auch, weil er, ganz Filou, immer für einen Spaß zu haben war. Lukas Podolski schmierte er mal Zahnpasta auf die Türklinke, anderen Mitspielern schüttete er Salz ins Wasserglas. Ribéry bewahrte sich eine kindliche Freude. Zuvor wuchs er in Boulogne-sur-Mer in schwierigen Verhältnissen auf, hielt sich zu Beginn seiner Fußballkarriere durch Jobs beim Straßenbau über Wasser und dribbelte sich nach oben. Über Olympique Marseille landete er 2007 für 25 Millionen Euro beim FCB. Doch es ging wahrlich nicht nur aufwärts in seinem Leben: Als Zweijähriger erlebte er einen Autounfall, die Narbe davon zieht sich über seine rechte Gesichtshälfte, andere Kinder nannten ihn „Frankenstein". In der Nationalmannschaft zettelte er bei der WM 2010 einen Aufstand an, zu der Zeit wurde er wie auch ein Schwager und der damalige Real-Angreifer Karim Benzema angeklagt, weil er Sex mit einer minderjährigen Prostituierten hatte. 2014 wurden alle drei freigesprochen, weil keinem nachzuweisen war, von der Minderjährigkeit gewusst zu haben. Auch auf dem Platz leistete er sich immer wieder unbedachte Fehltritte und Aussetzer.

Doch mit eben jenem Hang zu unvorhersehbaren Handlungen begeisterte Ribéry die Fans und Uli Hoeneß, seinen Förderer in München, halt auch wieder. Nur wenige tricksten sich so leichtfüßig durch die Abwehrreihen, keiner narrte so viele Bundesliga-Spieler in den 2010er-Jahren. Probleme bekamen die Bayern in dieser Zeit meist nur, wenn Ribéry und Robben fehlten. Ihre Sololäufe prägten den Verein und sein Auftreten in Europa. Nach dem Champions-League-Sieg 2013 wurde Ribéry Europas Fußballer des Jahres – das hatten er und die jubelnden Anhänger sich längst verdient.

Arjen Robben

53

Teil zwei der Flügelzange

Irgendwann hat er es dann auch mal selbst gesungen: „Ich hab' geträumt von dir, von unsrer Wembley-Nacht. Wir ham' den Cup gewonnen, den Thron erklommen, der Arjen hat's gemacht." Ein Lied ihm zu Ehren, das hat ihm schon gefallen. Selbst als er auf dem Platz für den FC Bayern München auflief, sang er innerlich mit, wenn die Südkurve den Jubelgesang wieder einmal anstimmte. Dieses Lied ist ja auf ewig mit seinem größten Moment verbunden: Arjen Robben hat's gemacht. Tatsächlich. 2013. Beim Champions-League-Finale im Wembley-Stadion in London. Gegen Borussia Dortmund. Da sprintete er kurz vor dem Strafraum los, schnappte sich den von Franck Ribéry vorgelegten Ball, wich dem grätschenden Dortmunder Mats Hummels aus und streichelte den Ball an BVB-Torwart Roman Weidenfeller vorbei ins Tor. Er drehte sich weg, rannte los, schrie und breitete die Arme beim Jubellauf in Richtung der Bayern-Fans aus. Erst lief er, dann rutschte er auf den Knien, dann stand er wieder auf. Und hätte dieses Stadion keine Begrenzungen an den Seiten gehabt, dann wäre er vermutlich weitergelaufen. Vom Glück geküsst durch ganz London. Und voller Ungläubigkeit im Blick – er konnte dieses Tor selbst nicht fassen.

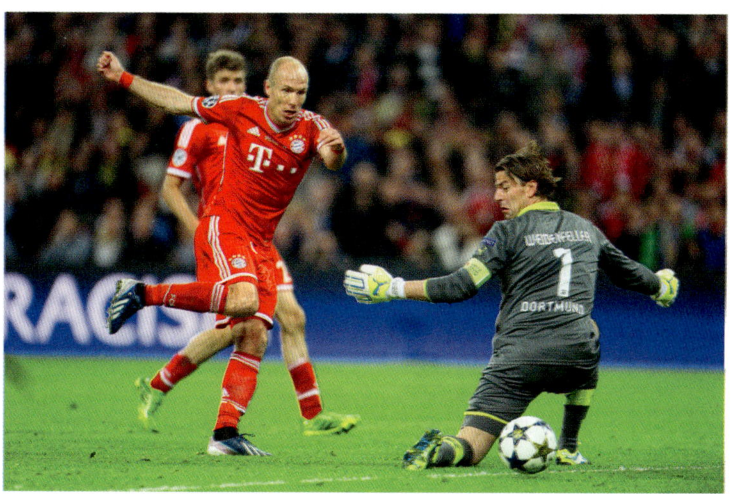

Arjen Robben streichelt den Ball im Champions-League-Finale 2013 ins Tor.

Die stärksten Gegner verzweifeln am Robben-Trick

Er, Arjen Robben, der das WM-Finale 2010 unglücklich verloren hatte mit den Niederlanden, auch weil er alleine vor dem spanischen Torwart Iker Casillas scheiterte. Der 2010 und 2012 mit den Bayern im Champions-League-Finale verlor – bei Letzterem in München vor allem deswegen, weil er in der Verlängerung einen Elfmeter verschoss. Ja, er hatte nun dieses deutsche Endspiel entschieden. Mit seinem starken, streichelnden linken Fuß. In der 89. Minute. Beim Feiern küsste er den Henkelpott und sicherte sich ein Stück des Tornetzes.

Spätestens da hatte sich die Investition des FC Bayern knapp vier Jahre zuvor vollends ausgezahlt. Für 25 Millionen Euro kam Robben 2009 von Real Madrid zum FC Bayern. Er blieb bis zum Sommer 2019. Nicht oft hat der FCB sein Geld so gut angelegt wie für den Flügelflitzer, der eine Vorliebe für unfassbar enge Trikots hatte und die bald so gefürchtete Flügelzange der 2010er-Bayern komplettierte. Über ihn und Ribéry, wahlweise Rib & Rob oder Robbery genannt, spielte sich damals beim Rekordmeister fast alles in der Offensive ab. Unvergessen bleibt auch Robbens Treffer im Pokal-Halbfinale 2010 beim FC Schalke 04, als er in der 112. Minute immer noch frisch der gesamten Schalker Abwehr davonsprintete, von rechts draußen nach innen zog und mit links eiskalt zum Sieg traf. Es war ein typisches Robben-Tor, bald kannte jedes Kind den Trick – und doch konnten den Niederländer selbst die stärksten Verteidiger der Welt nicht aufhalten, zu sehr kam er in Fahrt. Auch wenn er den Trick nicht so oft zeigen durfte, wie er es sich wünschte. Robben begleitete eine gewisse Verletzungsanfälligkeit durch die Karriere, beim FCB bekam er sie allerdings zeitweise einigermaßen in den Griff. Damit wurde er noch einmal gefährlicher.

Seine ureigene Kraft kuriert auch Rückschläge

Einen so sehr auf den Erfolg fokussierten Profi wie ihn gibt es ohnehin nicht oft: „Dass in Arjen eine Kraft arbeitet, die ihn immer vorantreibt“, sagte Hans Robben, sein Vater und Berater, der „Süddeutschen Zeitung“ einmal, „war nicht mehr zu übersehen, als er acht, neun Jahre alt war.“ Diese Kraft ließ ihn später auch die Rückschläge überstehen. 2012 etwa, nach dem verlorenen „Finale dahoam“, pfiffen ihn die Fans eine Woche darauf beim Testspiel der Niederlande gegen die Bayern in der Münchner Arena aus, raunten vom „Alleinikow“ Robben. Ein Jahr darauf entwickelte der sich jedoch schnell vom „Finaldeppen zum Finalhelden“ („Welt“). Und lief mit seinen ausgebreiteten Armen und schreiend los in Richtung der Fans. Denen dieser Jubel bald ein Lied wert war.

Bastian Schweinsteiger

54

Der Titelsammler aus Oberaudorf

Als sich dieser Blondie mit Pickeln und Pusteln, den sie am 13. November 2002 in ein viel zu großes Trikot mit der Rückennummer 31 gesteckt hatten, am Spielfeldrand warmmachte und später sogar für Mehmet Scholl eingewechselt wurde, konnte es noch keiner ahnen. Keiner konnte ahnen, dass daraus ein Fußballspieler werden sollte, dessen Porträt die „Süddeutsche Zeitung" so titeln würde: „Der bayerische Weltmann". Keiner konnte auch ahnen, dass dieser Spieler später nur noch als „Fußballgott" firmierte unter den Fans des FC Bayern. Und keiner konnte ahnen, dass einmal 75.000 Menschen in die Allianz Arena strömen sollten, um ihm ein lautes „Servus Basti" entgegenzurufen, beim Abschiedsspiel von Bastian Schweinsteiger im August 2018.

17 Jahre, 500 Pflichtspiele und ein Tor zum Abschied

Vermutlich gerade weil diese Entwicklung des Jungen aus Oberaudorf, der von den Bayern als 13-Jähriger entdeckt wurde, nicht vorauszuahnen war, gab ihm der Verein noch einmal die ganz große Bühne: Er schaltete das Licht in der Arena in Fröttmaning fast vollständig aus und erleuchtete nur den alleine einmarschierenden Schweinsteiger und seine Pokalsammlung vor dem Anpfiff. Mit ihm auf dem Rasen stand eine beachtliche Trophäenreihe: achtmal die deutsche Meisterschale, siebenmal der DFB-Pokal, einmal der Weltpokal, einmal der

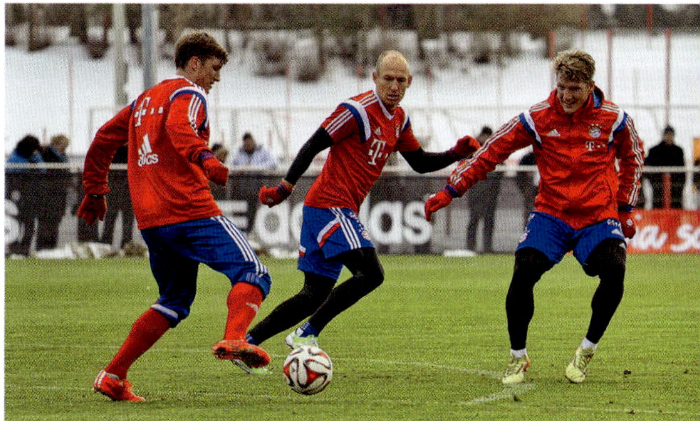

Zwei Brüder im Duell: Tobias Schweinsteiger (l.) gegen Bastian (r.), Arjen Robben wartet auf den Pass.

Champions-League-Henkelpott und einmal der Europäische Supercup. Noch einmal lief Schweinsteiger an diesem Abend auch im Bayern-Trikot auf. Er machte sich auf den Weg in den gegnerischen Strafraum und erzielte das letzte Tor beim 4:0 des FC Bayern gegen den Verein Chicago Fire, bei dem Schweinsteiger nun spielte. Die Arena feierte.

Schließlich kickte Schweinsteiger 17 Jahre lang für den FCB, genau 500 Pflichtspiele absolvierte er dabei. Und das, obwohl er anfangs auch mal über die Stränge schlug: 2003 erwischte ihn das Sicherheitspersonal auf dem Bayern-Gelände mit einer jungen Frau im Whirlpool um zwei Uhr morgens, er fuhr auch mal deutlich zu schnell oder wurde spät in einer Diskothek gesichtet. Schweinsteiger zahlte eine Geldstrafe – der Verein verzieh.

Deutscher Held im WM-Finale 2014 in Brasilien

Er war nie der Leichtfüßigste unter den Fußballern, er arbeitete stattdessen, kämpfte, biss sich ab 2009 in seiner Paraderolle als zentraler Mittelfeldspieler an den Gegenspielern fest. Doch dieser Fußball forderte seinen Tribut. Als er den 30 Jahren nahe kam, war Schweinsteiger beim FC Bayern öfter verletzt. Seinen Status als Fußballgott hat er sich trotzdem bewahrt. Vielleicht auch, weil er erst einen riesigen Rückschlag hinnehmen musste, bevor er seine großen Erfolge feiern durfte: Im „Finale dahoam" in der Champions League 2012 verschoss er im Elfmeterschießen entscheidend. Nicht wenige glaubten, dass die Generation Schweinsteiger und Lahm nie einen großen Titel gewinnen würde. Doch ein Jahr

Tobias Schweinsteiger – die andere Bayern-Karriere

Er war zwar der große Bruder, doch in der öffentlichen Wahrnehmung blieb er eher der kleine: Tobias Schweinsteiger, knapp zweieinhalb Jahre älter als Bastian und ebenso Profifußballer. Auch er spielte für den FC Bayern München, allerdings für die zweite Mannschaft. Von 2012 bis 2015 stand er dort unter Vertrag und erzielte immerhin 27 Tore in 72 Spielen. Im Anschluss daran arbeitete er als Co-Trainer von Tim Walter im Juniorenbereich des Klubs und bei der zweiten Mannschaft. Zudem machte Schweinsteiger in der Zeit die A-Lizenz als Trainer. Im Sommer 2018 stellte ihn der FCB jedoch frei. Danach arbeitete er unter anderem beim Linzer Klub FC Juniors OÖ sowie als Co-Trainer beim 1. FC Nürnberg. Er gilt als hoch talentierter Trainer, auf dieser Position ist er also vielleicht auch talentierter als sein kleiner Bruder.

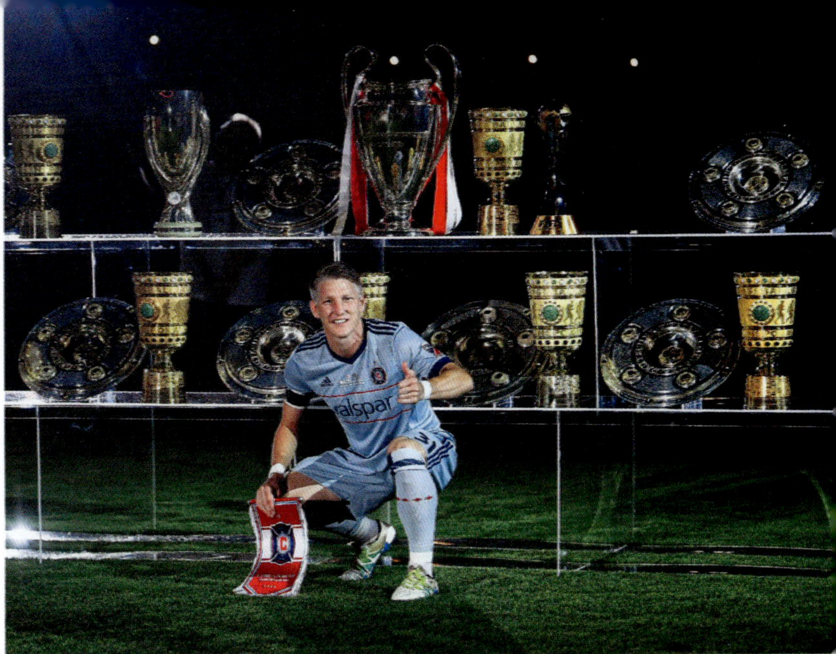

Abschiedsfoto vor der Trophäensammlung: Bastian Schweinsteiger und seine Pokale

darauf waren beide dann prägende Figuren beim Champions-League-Sieg in London. Und ein weiteres Jahr später erschufen sie ihren jeweiligen Legendenstatus: besonders Schweinsteiger, der im WM-Finale in Rio de Janeiro nach einem Ellbogencheck des Argentiniers Sergio Agüero heftig unter dem Auge blutete. Doch nachdem sein Cut geflickt war, trat er heldenhaft – wie ein Gladiator im Alten Rom – unter dem Applaus der Fans zurück aufs Feld und führte die deutsche Auswahl zum Sieg.

„Ich werde immer einer von euch bleiben"

Spätestens da war er dem „Schweini", als der er 2004 erstmals in der Nationalelf auftrat, längst entwachsen und zum Weltmann geworden. 2015 wechselte er nach Manchester, 2016 heiratete er die serbische Tennisspielerin Ana Ivanovic, 2017 zog das Paar in die USA um, 2018 bekam es einen Sohn. Mit grauen Haaren, einem breiten Lächeln sowie im an seinem Körper anliegenden Trikot und ohne Pickel verabschiedete sich Bastian Schweinsteiger im August 2018 vom FC Bayern München. „Ich bin einer von euch. Und ich werde immer einer von euch bleiben", sagte er zu seinen Fans. Man kann so etwas nur erahnen: Aber es wird kein Abschied auf ewig gewesen sein.

In 8:59 Minuten

Robert Lewandowski schreibt Geschichte

55

Erst einmal muss man erwähnen, dass an dem Dienstagabend, der ein historischer werden sollte, München bereits im Feierzustand war. Der 22. September 2015 war ein Oktoberfest-Tag, und wie so oft schunkelten die Münchner in den Zelten. Manche allerdings nur bis 19 Uhr. Denn eine Stunde später begann in der Allianz Arena ein Fußballspiel des FC Bayern gegen Wolfsburg, das einige Menschen noch leicht weiterschunkelnd in ihren Dirndln und Lederhosen besuchten. Sie sollten den späten Ortswechsel nicht bereuen. Der Höhepunkt der Münchner Feierei ereignete sich an diesem Abend nämlich fernab der Theresienwiese im Münchner Norden.

Der Angreifer Robert Lewandowski brach vier Rekorde, die so schnell nicht unterboten werden dürften. Er erzielte den schnellsten Hattrick (3:22 Minuten), den schnellsten Viererpack (5:42 Minuten) und den schnellsten Fünferpack der Bundesliga-Geschichte. Gerade einmal 8:59 Minuten benötigte er für die fünf Tore. Zudem war er der erste Einwechselspieler, dem fünf Treffer gelangen. „Ich verstehe das nicht. Ich habe noch nie so eine Situation erlebt, weder als Trainer noch als Spieler. Und ich denke, das werde ich auch nicht noch einmal erleben", sagte der Trainer Pep Guardiola, der schon viel gesehen hat, unter anderem Lionel Messi als Coach des FC Barcelona. „Fußball ist manchmal verrückt." Schon während des Spieles zeigte er ein Gesicht, für das das Wort „Wow" erfunden sein worden muss: Er lächelte perplex und fasste sich dabei mit beiden Händen auf seine Glatze.

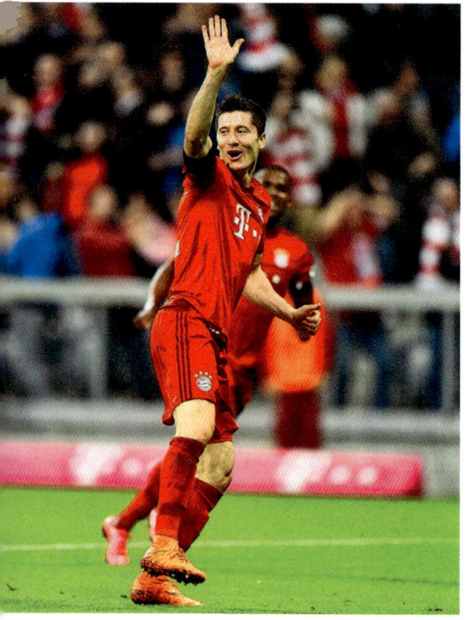

Gib mir fünf! Robert Lewandowski bejubelt seine Tore.

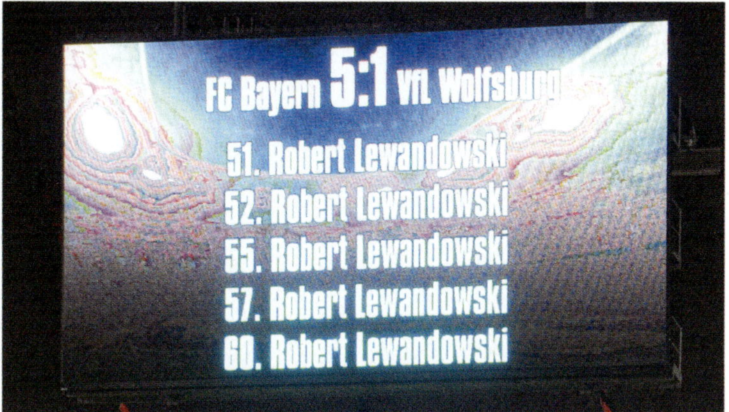

Die Anzeigetafel zum Einrahmen für Robert Lewandowski.

Der Abend beginnt nicht zufriedenstellend

Doch von vorne: Eigentlich begann der Abend für Robert Lewandowski nämlich gar nicht zufriedenstellend. Er saß nach Sprunggelenksproblemen erst nur auf der Bank. So etwas wurmt den Polen. Noch mehr wurmte es ihn, dass die Bayern in Rückstand gerieten, 0:1 stand es zur Halbzeit. Guardiola schickte Lewandowski zum Warmmachen und wechselte ihn ein. Nach nicht einmal sechs Minuten traf Lewandowski in der 51. Minute zum ersten Mal. Drei Minuten und 22 Sekunden später bejubelte er schon seinen Hattrick, wiederum zwei Minuten und 20 Sekunden später klingelte es erneut im Tor von Diego Benaglio, nach weiteren drei Minuten und 17 Sekunden folgte der Schlusspunkt. Zack, zack, zack, zack, zack: per Abstauber, per Distanzschuss, im Nachschuss, mit einer Volley-Direktabnahme und zur Krönung gar per Seitfallzieher. So erzielte Lewandowski seine Tore, er jubelte mit einer ausgestreckten Hand – „gib mir fünf". Der Rest war Staunen, Jubeln und Schunkeln auf der Tribüne, ob mit oder ohne Lederhose. Lediglich der Sportvorstand und Mahner in Personalunion zeigte sich humorlos: „Laufbahn beenden oder weiterarbeiten", seien die zwei Optionen, die der Stürmer nun habe, fand Matthias Sammer.

Lewandowski selbst sagte später gegenüber der Vereinswebseite über seine wilden neun Minuten: „Ich hatte nicht so viel Zeit, zu überlegen, was ich gerade gemacht habe. Auch nach dem Spiel nicht. Meine Frau, meine Familie, meine Freunde waren zufriedener als ich. Ich habe nicht gemerkt, was passiert ist." Immerhin an den Spielball hatte er nach dem Schlusspfiff gedacht. Er nahm ihn als Andenken mit nach Hause.

Oliver Kahn

56

Auch von einem Golfball nicht aufzuhalten

Bananen flogen öfter von den Zuschauerrängen in den Strafraum von Oliver Kahn. Der Torhüter war es also gewohnt, dass auch am 12. April 2000 wieder mal ein paar Freiburger Fans auf die Idee kommen würden, Gegenstände in sein Hoheitsgebiet zu schmeißen. Doch einer dieser Gegenstände überwältigte letztlich auch Kahn. Schließlich handelte es sich statt Bananen oder Bierbechern dieses Mal um einen Golfball, der Kahn traf. Am Kopf wohlgemerkt. Blut strömte ihm übers Gesicht. Nach einer Behandlungspause spielte er die Partie mit einem blutigen Torwarttrikot zu Ende. Ein Kahn kennt keinen Schmerz. Den schon halb in einem Torwarttrikot steckenden Mitspieler Stefan Effenberg schickte Kahn weg. Der FCB gewann, der SCF wurde zu einer Geldstrafe verurteilt. Und der Werfer, ein Schüler, musste 30 Stunden gemeinnützige Arbeit leisten.

Eine Karriere zwischen „Kahnsinn" und „Vul-Kahn"

Es ist eine Szene, die für dieses Kahn-Mantra „Immer weiter, immer weiter" steht. Nie aufgeben, es geht immer bis zum Schlusspfiff. Stilisiert wurde das beim 1:1 in Hamburg ein Jahr später, als Kahn seine Mitspieler wie wild antrieb und sich der FC Bayern mit dem letzten Schuss der Saison doch noch zum Meister krönte und dem Kontrahenten Schalke die Schale entriss. Kahn feierte diesen Moment mit der Eckfahne: Er schrie sie an, hob sie aus ihrer Verankerung, warf sich mit ihr aufs Gras und wedelte sie durch die Luft, bevor er sie weglegte.

Neben seinen unzähligen Paraden, mit denen er den FC Bayern und die deutsche Nationalmannschaft rettete, bleiben vor allem diese Momente von ihm in Erinnerung, in denen der „Druck", kein Mensch liebte das Wort so sehr wie Kahn, dann von ihm abfiel. Es sind die Momente, die das Wort „Kahnsinn" schöpften – wie eben auch die drei gehaltenen Elfmeter im Champions-League-Finale 2001, die dem FC Bayern den ersten Königsklassentitel seit 25 Jahren sicherten. Einmal sagte er: „Das ganze Stadion wird gegen uns sein. Was Schöneres gibt es nicht." Was auch die Musikgruppe „Die Prinzen" beeindruckte. Sie widmete ihm ein Lied: „Dieser Kahn ist nicht zu stoppen, er hat an den Füßen Noppen. Er ist der Kapitän an Deck. Er schmeißt sich für uns in' Dreck. Dieser Kahn kann manchmal fliegen. Nur ganz selten bleibt er liegen", lautet der Refrain.

In den gegnerischen Fan-Rängen hinter ihm war Oliver Kahn nie sonderlich beliebt. Was schon auch mit dem anderen Kahn zusammenhing, dem „Vul-Kahn", der immer mal wieder ausbrach auf dem Feld. Heiko Herrlich kam er sehr nahe, Stéphane Chapuisat sprang er mit einem Kung-Fu-Tritt entgegen, Thomas Brdarić packte er im Nacken, Miroslav Klose bohrte er mit einem Finger an der Nase herum. Erst im Alter wurde er ruhiger. Noch immer ist er der Bundesliga-Torhüter mit den meisten Einsätzen (557 für den Karlsruher SC und Bayern München). Von 2020 bis 2023 zählte er zum FCB-Vorstand. Diese Episode war jedoch nicht so erfolgreich wie die Fußballerzeit.

Auf dem Feld entwickelte Kahn eine Phobie gegen „il Fenomeno" (das Phänomen). Gemeint ist der Brasilianer Ronaldo, der zweimal im WM-Finale gegen ihn traf und später im Real-Trikot Kahn so irritierte, dass er einen 30-Meter-Freistoß von Roberto Carlos durchrutschen ließ. „Manchmal will er nicht so sein", singen „Die Prinzen". „Und dann lässt er einen rein."

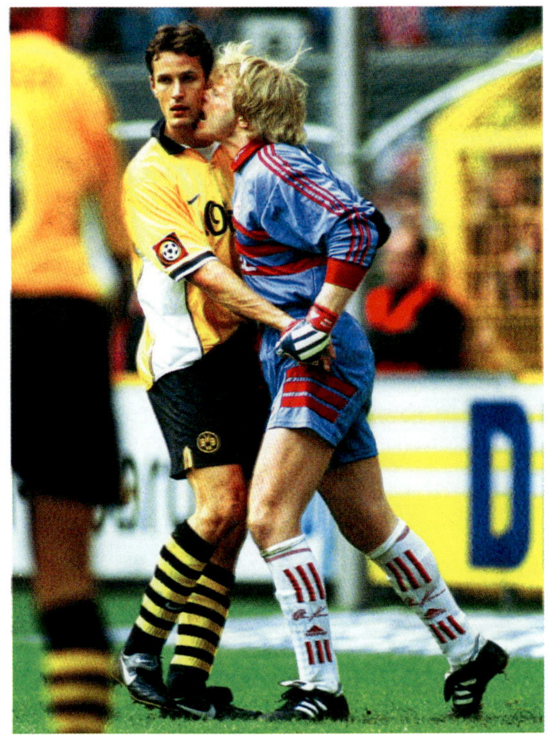

Weiß nicht so recht, wie ihm geschieht: Heiko Herrlich (l.) neben dem aufgebrachten Oliver Kahn.

Anderssons Hammer

57

Wie Schalke zum Meister der Herzen wurde

Wenn alles wie vorgegeben gelaufen wäre an diesem 19. Mai 2001, dann wäre es heute vielleicht einer der traurigsten Tage in der Geschichte des FC Bayern. Denn eigentlich sollte Stefan Effenberg die Freistöße schießen. Doch da das an diesem Samstagnachmittag nicht so funktionierte wie geplant, dachte er gerade noch pünktlich um: und zwar in der Nachspielzeit. Der FC Bayern stand an diesem 34. Spieltag in Hamburg mit dem Rücken zur Wand. Nur ein Remis würde den Titelverteidiger im Fernduell mit Schalke 04 zum Meister machen, das war zu diesem Zeitpunkt bereits klar, doch er lag 0:1 zurück nach einem Tor von Sergej Barbarez (90.). Die Münchner bekamen noch einmal die Chance, durch einen indirekten Freistoß wenige Meter vor dem Tor des HSV auszugleichen. Torwart Oliver Kahn brachte sich als Schütze ins Gespräch. Effenberg schickte ihn jedoch weg und verzichtete selbst. Weil er wusste, es brauchte einen Schützen, der den Ball mit voller Wucht aufs Tor dreschen kann. Bei Bayern war das der Verteidiger Patrik Andersson. Effenberg stupste den Ball in der vierten Minute der Nachspielzeit an, Andersson schoss. Und er traf – nicht nur ins Hamburger Tor, sondern auch mitten ins Herz der Schalker, die daheim im Parkstadion schon ihren Titel feierten, samt Platzsturm und Freudentränen, die sich abrupt zu Tränen des Schmerzes wandelten.

Plötzlich ist eine Videosequenz zu sehen

Viereinhalb Minuten zuvor machte dort nämlich die Falschmeldung die Runde, das HSV-Spiel sei abgepfiffen. Der Jubel kannte keine Grenzen, schließlich war Schalke zuletzt 1958 deutscher Meister geworden. Und nun sollte die Mannschaft von Trainer Huub Stevens also den Coup nach einem 5:3 am letzten Spieltag gegen Unterhaching schaffen; kurz vor dem Zielstrich jubelten die Schalker. Premiere-Kommentator Hansi Küpper verkündete: „Der deutsche Meister im Jahre 2001 heißt Schalke 04." Die Stadionregie des Klubs startete ihr Feuerwerk, das anlässlich des letzten Spieles im Parkstadion ohnehin lange geplant war. Nur wurde es schnell zum Meisterfeuerwerk im Ruhrgebiet umgedeutet.

Bis plötzlich eine Videosequenz auf dem Stadionmonitor aufploppte. Zu sehen war das Spiel des FC Bayern München in Hamburg, das eben doch nicht abgepfiffen war. So starrten die mehr als 130 000 Augen im

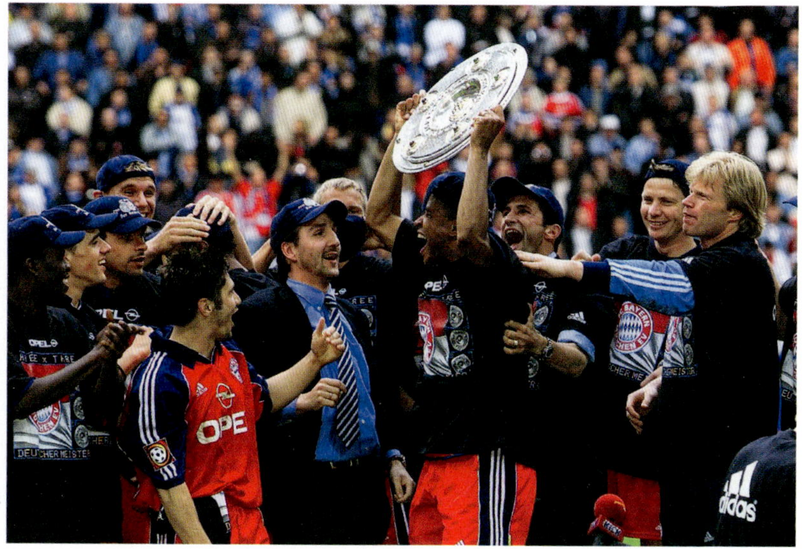

Ein nicht mehr für möglich gehaltener Meisterjubel in Hamburg.

weiten Rund auf den Bildschirm am Ende der Tribüne, sie mussten nur noch einige Sekunden, diese eine Schlussszene der Saison, überstehen. Der Münchner Verteidiger Patrik Andersson machte sich hoch droben auf dem Bildschirm bereit für den allerletzten Schuss dieser Bundesliga-Spielzeit. Er schoss, irgendwie rutschte der Ball durch die Mauer des HSV. Und plötzlich wandelten sich die Bilder: Ekstase im Hamburger Volksparkstadion, Entsetzen im Parkstadion. Der FC Bayern München kürte sich um 17:23 Uhr zum späten Meister – nach Anderssons einzigem Pflichtspieltreffer für den Klub (!). Schalke wurde dagegen nur der sogenannte „Meister der Herzen", lediglich ein inoffizieller Titel natürlich. Nie zuvor endete eine Entscheidung um den Bundesliga-Titel so dramatisch wie in diesen Minuten am 19. Mai 2001.

Uli Hoeneß tröstet Schalke-Manager Rudi Assauer

Schalkes damaliger Manager Rudi Assauer richtete an diesem Nachmittag noch Worte an den Fußballgott: „Wenn er gerecht wäre, wäre Schalke Meister geworden." Getröstet hat ihn später sein bayerisches Pendant Uli Hoeneß. Der rief ihn noch aus Hamburg an. Obschon dieser Feiertag dank der Entscheidung Effenbergs ein besonderer wurde in der Historie des FCB, sollte die Krönung der einzigartigen Saison 2000/01 freilich erst vier Tage später folgen.

Mailänder Helden

Der erste Champions-League-Triumph

58

„Heute ist ein guter Tag, um Geschichte zu schreiben!!!“ Das stand in weißer Schrift auf rotem Grund am 23. Mai 2001 im Mailänder Giuseppe-Meazza-Stadion. Zum Finale der Champions League gegen den FC Valencia überlegten sich die Bayern-Fans eine Choreographie, die in den Köpfen der Menschen haften bleiben sollte. So sehr, dass Uli Hoeneß später ein Bild davon in sein Büro hängte. Es war ja tatsächlich ein guter Tag für den FC Bayern. Am Ende dieses Abends sollte der FC Bayern erstmals seit 25 Jahren wieder in Europas Königsklasse triumphiert haben, nach der knappestmöglichen Entscheidung.

Die Niederlage von 1999 schweißte zusammen

Es war ja ein ganz besonderes Duell im Finale: Bayern gegen Valencia, da trafen sich die Final-Verlierer von 1999 und 2000, vier Tage nachdem die Bayern in Hamburg deutscher Meister geworden waren. Der Stachel von 1999 saß noch tief beim FCB, fast alle Beteiligten haben in den Jahren danach betont, dass das Solo durch die Königsklasse 2001 ohne das Trauma von Barcelona zwei Jahre zuvor kaum möglich gewesen wäre. Die Erfahrung schweißte das Team und ihren Trainer Ottmar Hitzfeld zusammen. Alle wollten der Welt beweisen, dass da noch mehr im stolzen bayerischen Klub steckt, sie schworen sich: „Wir holen uns das Ding noch.“ Im Viertelfinale besiegten die Münchner den 1999er-Titelträger Manchester United, im Halbfinale den 2000er-Gewinner Real Madrid, sie waren der Favorit.

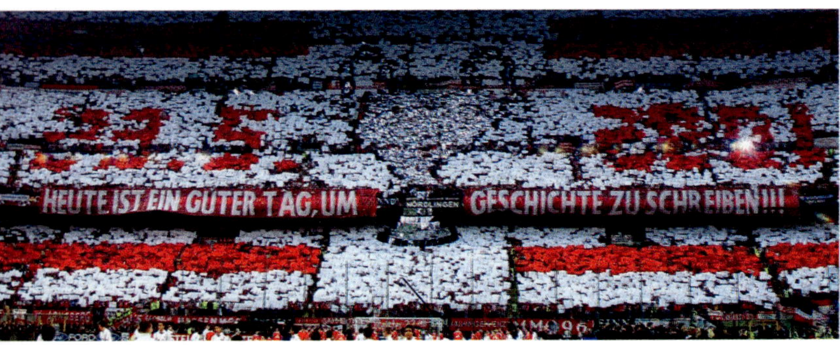

Die Bayern-Spieler halten sich an die Choreographie ihrer Fans.

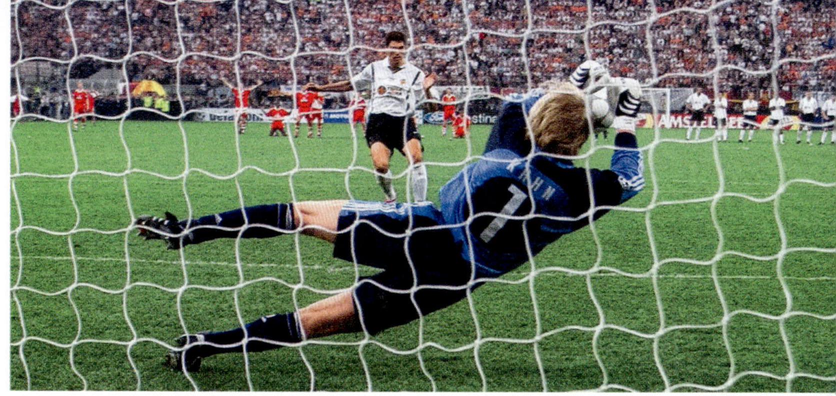

Oliver Kahn hält den entscheidenden Elfmeter. Im Hintergrund jubeln die Mitspieler.

Doch die Defensivkünstler aus Valencia führten schnell: Durch einen umstrittenen Handelfmeter brachte Gaizka Mendieta die Spanier in Führung (3.). Die Bayern hatten die flinke Chance auf den Ausgleich, doch Mehmet Scholl scheiterte mit seinem Strafstoß (7.). Anders als später Stefan Effenberg, der in der zweiten Halbzeit zum 1:1 traf – per Elfmeter wohlgemerkt. Es sollte nicht der letzte an diesem Abend gewesen sein. Da beide Teams sich durch die Verlängerung fast ohne Chancen quälten, musste das Elfmeterschießen die Entscheidung bringen.

Oliver Kahn hält und hält und hält

Bayern geriet erneut in Rückstand, Paulo Sergio verschoss, später auch noch Patrik Andersson. Doch Torwart Oliver Kahn, zuvor eigentlich noch nicht als großer Elfmetertöter in seiner Karriere in Erscheinung getreten, hielt prächtig: erst den Schuss von Zlatko Zahovič, dann den von Amedeo Carboni. So musste auch das Elfmeterschießen in die Verlängerung gehen. Thomas Linke trat als siebter Bayern-Schütze an und traf ins rechte Eck. Nun war Mauricio Pellegrino, der später auch mal als Trainer von Valencia arbeitete, gefordert. Er nahm einen langen Anlauf, schoss aber nicht platziert und so konnte Kahn seinen dritten Elfmeter des Abends halten. Er ballte seine rechte Faust, rannte los zu seinen Mitspielern und feierte. „Ich war zweimal der Ohnmacht nahe", sagte Bayern-Vizepräsident Karl-Heinz Rummenigge, „und dann hat uns Olli Kahn mit seinen Paraden den Titel gesichert. Er ist der beste Torwart der Welt." Die italienische Sportzeitung „Gazzetta dello Sport" schrieb am nächsten Tag: „Man sollte Oliver Kahn mindestens das nächste Oktoberfest widmen." Er selbst schrie danach noch einige Male mit dem Henkelpott in den Händen „Da ist das Ding" in die Mailänder Nacht. Er hatte Geschichte geschrieben und das Trauma von 1999 besiegt.

Nur noch „Rot-weiße Trikots"

Eine Forderung von Sammy Kuffour

59

Samuel Osei, genannt Sammy, Kuffour hat einen großen Anteil daran, dass die Trophäenvitrine des FC Bayern in den 1990er- und 2000er-Jahren gewachsen ist. Unvergessen bleibt sein Jubellauf im November 2001: Damals entschied er das Weltpokalfinale in Tokio mit seinem Tor in der Verlängerung gegen die Boca Juniors Buenos Aires. Es blieb der einzige Treffer in dem Spiel, das den damaligen Präsidenten Franz Beckenbauer eher an „Obergiesing gegen Untergiesing" als an ein Finale erinnerte. Doch noch mehr als wegen dieses Siegtreffers verehren die Bayern-Fans den Ghanaer Kuffour bis heute wegen eines Liedes: „Rot-weiße Trikot, wir wolle rot-weiße Trikot, rot-weiße Trikot, wir wolle rot-weiße Trikot", sang er immer wieder zur Melodie des kubanischen Klassikers „Guantanamera". Zum ersten Mal trällerte Kuffour das Lied bei der Meisterfeier 1997, es wurde zum Evergreen bei den Pokalfeten am Münchner Marienplatz. Schnipsel davon findet man immer noch auf den gängigen Video-Plattformen im Internet.

Anhänger zitieren auf Plakaten die Vereinssatzung

Im Jahr 2018 hat das Lied noch einmal schlagartig an neuer Popularität gewonnen. Denn vor der Saison 2018/19 entschieden sich die Bayern, ihr rotes Heimtrikot mit dunkelblauen Hosen zu paaren, was vielen Fans gar nicht gefiel. Sie hängten in München im Oktober 2018

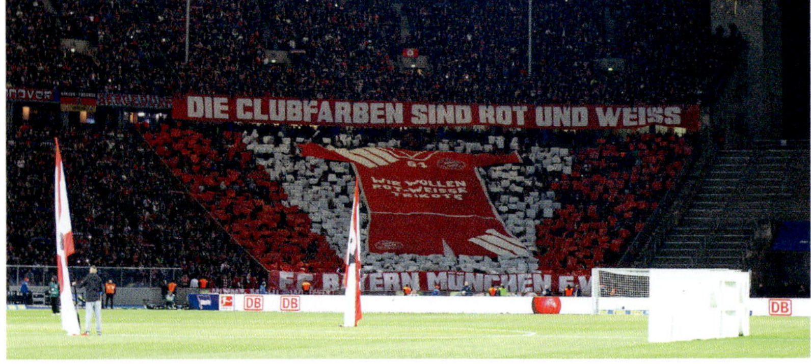

Protest in Berlin: Die Bayern-Fans beim Auswärtsspiel in der Hauptstadt.

kurz vor der Landtagswahl in Bayern Plakate an Bushaltestellen und Litfaßsäulen auf, auf denen stand: „Die Clubfarben sind Rot und Weiß". Präsident Uli Hoeneß war auf den Plakaten abgebildet. Der plakatierte Satz ist ein Zitat aus Paragraf 1 der Satzung des FC Bayern München e.V. Die Farbe Blau gehört in München dem Lokalrivalen TSV 1860, die Fans sahen Identifikationsprobleme und protestierten auch im eigenen Stadion gegen die blauen Hosen.

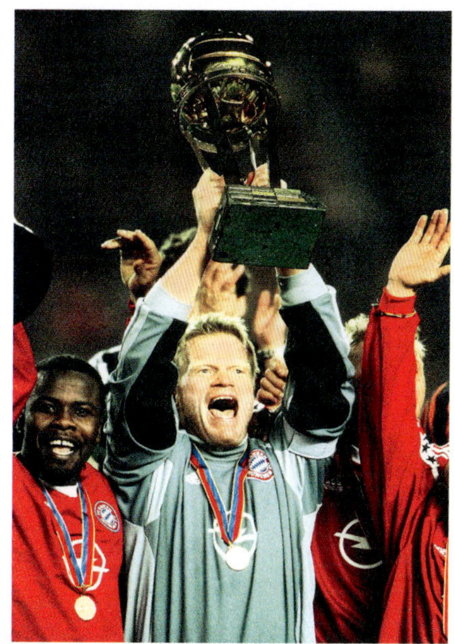

Sammy Kuffour (l.) feiert den Weltpokalsieg mit Oliver Kahn in Tokio.

Diese Proteste hat sich der FC Bayern nach Wochen schließlich zu Herzen genommen. Ende November 2018 verkündete Klub-Vorstand Jörg Wacker per offizieller Mitteilung, „dass zukünftig für die Hauptspielkleidung, bestehend aus Trikot, Hosen und Stutzen (sogenanntes Home-Trikot), ausschließlich die traditionellen Vereinsfarben Rot und Weiß verwendet werden". Wie beim Mauerfall passierte das unverzüglich. Bereits während der Saison mottete der Verein die blauen Shorts ein, die Heimspiele bestritt das Team fortan in roten Hosen zu den roten Trikots – also gänzlich in rot-weißen Trikots, was den Zwist mit den Anhängern befriedete und wohl auch Kuffour im fernen Accra, Ghanas Hauptstadt, freute. In den Tagen nach der Entscheidung spielten die Medien in ihren Beiträgen dazu sein Lied ein.

Was Kuffour heute macht

Bleibt nur eine Frage: Was macht Kuffour eigentlich heute? Er ist in Accra im Immobiliengeschäft tätig, manchmal schaut er auch noch bei Bayern-Spielen in der Allianz Arena vorbei und für das südafrikanische Fernsehen kommentiert er Spiele. Seine Analysen verfolgt der ganze Kontinent Afrika. Die „Süddeutsche Zeitung" besuchte ihn im Jahr 2017 in Ghana. Kuffour sagte damals: „Ob ich gerne mehr für die Bayern machen würde? Natürlich. Wenn es die Möglichkeit gäbe. Bayern ist in meinem Herzen." Und er in denen der Fans nach seinem Lied am Marienplatz.

Drei Geschmacksverirrungen?

Gelbe, goldene und mintgrüne Trikots

60

„Einfachheit ist die höchste Form der Raffinesse", sagte der italienische Maler, Erfinder und Bildhauer Leonardo da Vinci einmal. Es ist ein Spruch, der sich über die Jahrhunderte so in den Sprachgebrauch eingefügt hat, dass ihn später Steve Jobs zitierte, der Mitgründer und Entwickler des Technologieunternehmens Apple. Manche Designer, Entwickler und Erfinder scheinen sich da Vincis Spruch aber allem Anschein nach nicht allzu sehr zu Herzen zu nehmen. Sonst hätte der Münchner Verein, von dem dieses Buch handelt, wohl nicht schon solch ungewöhnliche Auswärtstrikots getragen, die manche Fans als Geschmacksverirrungen interpretierten.

Die traditionsgemäß in Gelb Gekleideten ziehen vorbei

Wer sich an die bunten Skianzüge der 1990er-Jahre erinnert, der weiß, dass in diesem Jahrzehnt modische Pannen passieren konnten. Auch der FC Bayern kam nicht ohne Panne aus: Denn ab der Saison 1993 lief das Team um Lothar Matthäus oder Christian Nerlinger drei Jahre lang immer mal wieder in gelben Hemden und grünen Hosen auf. Was wohl auch die damals recht gut aufgestellten Bayern selbst verwirrte, lediglich in der Saison 1993/94 wurden sie mit ihren gelben Dressen deutscher

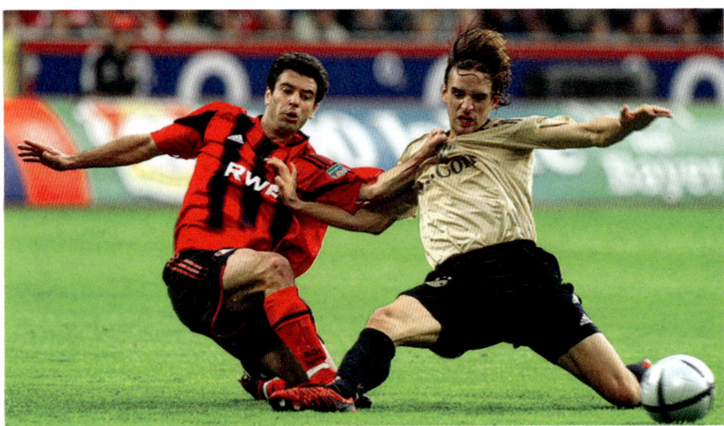

Goldener Kämpfer: Owen Hargreaves (r.) grätscht den Ball weg.

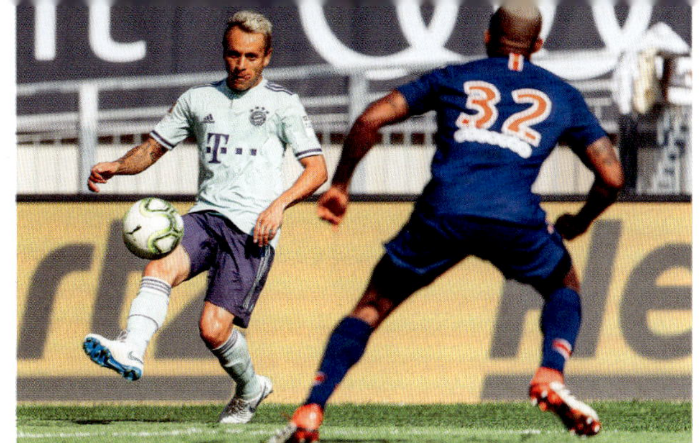

Zauberer in Mintgrün: Rafinha (l.) am Ball gegen Paris Saint-Germains Kévin Rimane.

Meister. Danach triumphierten zweimal die traditionsgemäß in Gelb gekleideten Dortmunder.

Erfolgreicher waren die Bayern da schon ein Jahrzehnt später in ihren goldenen Leiberl von 2004 bis 2006, als das Team zweimal das Double aus Meisterschaft und DFB-Pokal gewann. Doch wie die gelben Trikots stießen auch die goldenen nicht auf freudige Zustimmung unter einem Großteil der Fans – und erst recht nicht die Kombi Mintgrün-Lila in der Saison 2018/19, die der Klub selbst so anpries: „Das mintgrüne Trikot mit lila Streifen verleiht dem Traditionsverein einen modernen Streetwear-Look." Die Anhänger antworteten darauf allerdings in etwas anderem Ton: „Schlafanzug Style – passt zur Bundesliga, aber nicht zu uns!", schrieb ein Fan im sozialen Medium „Facebook", ein anderer nannte die Farbwahl „Minztee mit Lila (sic!) Kuh. Wer da noch mitmacht, ist selbst schuld." Selbst der Trainer Niko Kova´c konnte sich einen kleinen Seitenhieb gegen den Designer nicht verkneifen: „Ich nenne euch jetzt mal Team Lila", sagte der Coach. Die Vereinsverantwortlichen dürften sich genau überlegen, ob sie noch einmal eine solch gewagte Farbkombination absegnen. Obwohl alleine die Vereinshistorie verrät: Das nächste viel diskutierte Trikot kommt bestimmt – wahrscheinlic in den 2020er-Jahren.

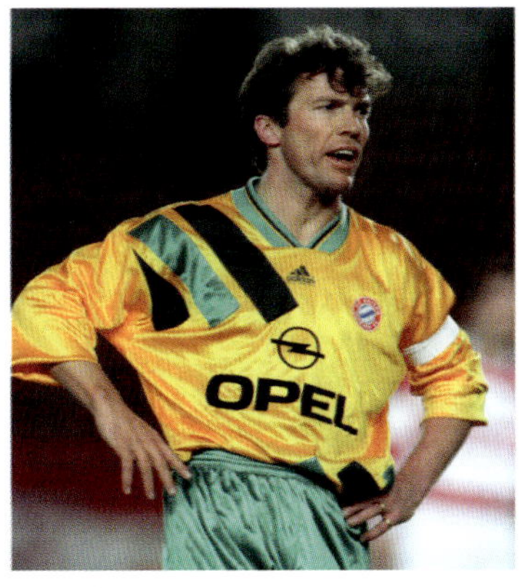

In Gelb und Grün: Kapitän Lothar Matthäus.

Angst in Kaiserslautern

Die Brasilianer und die Betze-Phobie

61

Dritter wurde der FC Bayern München, nachdem er in die Bundesliga aufstieg, in seiner ersten Saison 1965/66. Wieso das so wichtig ist? Weil er damit ein Kunststück verpasste, was später allein dem 1. FC Kaiserslautern gelang: als Aufsteiger Meister zu werden. 1998 schafften die Pfälzer diesen Erfolg, nach einer Spielzeit, in der sie zweimal den FC Bayern bezwangen. Wahrscheinlich wird dem FCB dieser Triumph auf ewig verwehrt bleiben, so schnell ist mit einem Abstieg ja nicht zu rechnen.

„Am besten schicken wir die Punkte mit der Post"

Doch nicht nur deswegen war der FCK einer der härtesten Gegner in der Geschichte des FC Bayern, zumindest bis die Pfälzer im modernen Fußball nicht mehr Schritt halten konnten und abstiegen. Dieser Fakt kommt dem Rekordmeister durchaus entgegen, denn noch immer hat der FCK eine der stärksten Heimbilanzen gegen ihn: 20-mal gewann Kaiserslautern bei zwölf Remis und nur 18 Niederlagen. Das Stadion auf dem Betzenberg lehrt den FC Bayern seit jeher das Fürchten. In den 1980er-Jahren sagte Paul Breitner einmal nach einer Niederlage: „Am besten schicken wir die Punkte gleich mit der Post." Es war immer eine besonders hitzige Atmosphäre hoch droben über der Stadt Kaiserslautern, die für die Münchner zur Betze-Phobie wurde, die „Roten Teufel" machten ihrem Namen alle Ehre. Aus Angst vor den Gastgebern wandten die Bayern sogar einmal einen Psycho-Trick an. Am 26. November 1983 „verkleideten" sie sich: In gelben Trikots und blauen Hosen, also im Brasilien-Outfit, traten sie auf dem Betzenberg an. Der Kniff half: Jean-Marie Pfaff hielt einen Elfmeter von Andreas Brehme, Bayerns Klaus Augenthaler traf per Freistoß zum 1:0-Sieg.

Aus 1:4 wird ein 7:4 – Lauterer Glücksgefühle

Ein paar Jahre zuvor spielten die Lauterer wie Brasilianer und ließen den Münchnern trotz deren hoher Führung gar keine Chance. Nach 57 Minuten schien der Sieger klar zu sein am 20. Oktober 1973: 4:1 führten die Bayern durch Tore von Bernd Gersdorff und Gerd Müller (je zwei), Josef „Seppl" Pirrung traf zum zwischenzeitlichen 1:3. Die ersten Zuschauer verließen das Stadion. Doch es sollte nicht der letzte Treffer von Pirrung an diesem

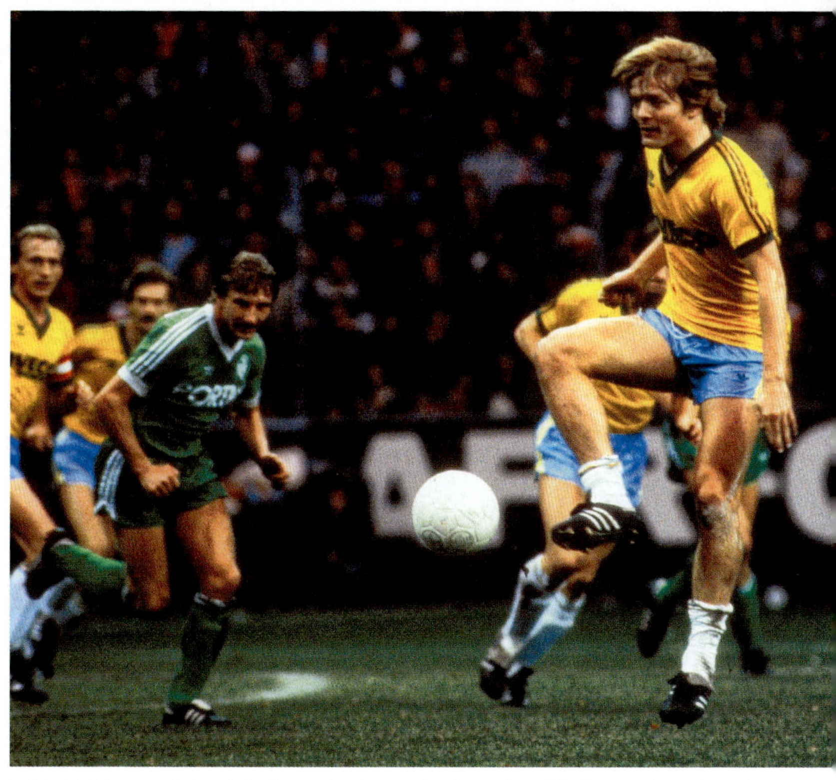

In Verkleidung erfolgreich: Sören Lerby und sein gelber FC Bayern in Kaiserslautern.

Samstag sein, denn unter anderem dank ihm traf der FCK in den verbleibenden 33 Minuten noch sechsmal und gewann 7:4. Klaus Toppmöller machte den Anfang (58. Minute), Pirrung traf zum Ausgleich (61./73.) und Ernst Diehl (84.) und Herbert Laumen (87./89.) schossen den 7:4-Erfolg heraus. 7:4 nach 1:4! „Hi, ha, ho, Bayern ist k.o.!“, schmetterten die 35.000 Fans. „Mittlerweile waren auch alle diejenigen wieder da, die sich vorher schon auf den Heimweg gemacht hatten, zurückgelockt von den Torschreien der Verbliebenen“, erinnerte sich Toppmöller Jahre später im „Tagesspiegel“. Der 1954er-Weltmeister Fritz Walter, ein ewiges Lauterer Idol, gratulierte in der Kabine jedem Spieler persönlich. Die „Sportbild“ kürte die Partie 2011 zum „geilsten Spiel aller Zeiten“. Der FC Bayern war geschlagen – doch es sollte ein Erweckungserlebnis für ihn sein: Fünf in Kaiserslautern Unterlegene waren nicht einmal neun Monate später Deutscher Meister, Europapokalsieger der Landesmeister und Weltmeister.

Schmählieder

62

Campino und ausgezogene Lederhosen

„Wer hat am letzten Spieltag nichts zu feiern?", singt ein elfjähriger Junge im Schalker Vereinstrikot im Jahr 2007 zur Melodie von „El Condor Pasa" und gibt sich die Antwort selbst. „FC Bayern, FC Bayern". Der Junge lacht im Video-Schnipsel aus dem Vereins-TV und behält Recht: Am Ende verpasst der FCB den Champions-League-Einzug. Was in München einer Blamage gleichkommt. Es gibt in den Weiten des Internets viele Beweisstücke dafür, dass der FC Bayern München von vielen Fans gemocht wird. Es gibt allerdings mindestens genauso viele, die zeigen, dass er nicht gemocht wird. Da ist etwa auch die Website, die unter der Adresse „www.antibayern.de" firmiert. Sie ist in Blau und Weiß gehalten und besticht mit einem Layout der frühen 2000er. Man merkt ihr die Jahre an, nicht nur, weil auch das Gästebuch nicht mehr erreichbar ist. Für Bayern-Gegner ist die Seite wohl immer noch ein Ort der Freude. Ein „Taz"-Artikel mit der Überschrift „Bayern-Fans sind Feiglinge" findet sich dort genauso wie Statistiken der Münchner Schwäche. „70 Millionen Antibayern können nicht irren", findet der Seitenbetreiber.

„Wir würden nie zum FC Bayern München gehen"

Er ist zumindest nicht allein – obwohl man einschränken muss, dass sich der FC Bayern diese Abneigung im Land auch durch seine Erfolge erarbeitet hat. Daher singt nicht nur der Schalker Junge fröhlich vom erhofften Niedergang der Bayern, sondern auch andere stimmen Anti-Bayern-Lieder an. Eines trägt sogar den Titel „Bayern". Bis auf Chart-Platz acht rückte es in Deutschland vor, auch weil es von der berühmten Punkband „Die Toten Hosen" stammt. Deren Sänger Campino, der selbst Fortuna Düsseldorf unterstützt, schreit ins Mikro: „Was für Eltern muss man haben, um so verdorben zu sein? Einen Vertrag zu unterschreiben bei diesem Scheißverein? Wir würden nie zum FC Bayern München gehen."

Der Klassiker unter den Anti-Bayern-Songs kommt allerdings vom 1. FC Kaiserslautern, genauer gesagt vom ehemaligen Stadionsprecher Udo Scholz. Er sang Anfang der 1980er-Jahre vor einem Spiel seines FCK gegen den FCB zur Melodie des Beatles-Songs „Yellow Submarine": „Zieht den Bayern die Lederhosen aus." Woran sich tatsächlich Fans fast aller Vereine in Deutschland anschlossen. Die Bayern antworteten grimmig und in der gleichen Melodie: „Deutscher Meister wird nur der FCB."

Die meisten Zuschauer

63

Vor 115.000 in Barcelona

„Cup der Verlierer“ hatte Franz Beckenbauer den UEFA-Pokal einmal genannt. Da ist klar, dass es ihn ziemlich gewurmt haben dürfte, dass ausgerechnet sein FC Bayern in der Saison 1995/96 im UEFA-Pokal antreten musste, Beckenbauer war ja mittlerweile Präsident der Münchner. Doch anders als in der Bundesliga, in der trotz sieben Siegen zum Auftakt später vor allem Chaos herrschte, gefielen die Bayern im damals drittwichtigsten Pokalwettbewerb Europas. Mit nur einer Niederlage und sieben Siegen erreichten sie das Halbfinale gegen den FC Barcelona. Das Hinspiel endete 2:2 im Münchner Olympiastadion – vor 63.000 Zuschauern.

Noch einmal 52.000 mehr empfingen die Münchner im Camp Nou in Spanien, nie schauten mehr Fans bei einem Bayern-Spiel im Stadion zu. Vor 115.000 Zuschauern trat der bayerische FCB beim katalanischen FCB an. Barcelona war favorisiert mit dem jungen Luís Figo und dem jungen Jordi Cruyff, Sohn des Trainers, im Angriff sowie dem erfahrenen Titelsammler José María Bakero im Mittelfeld. Doch der Dienstagabend sollte im Münchner Freudentaumel enden: 2:1 gewann Bayern nach Toren von Marcel Witeczek und Markus Babbel, Iván de la Peña konnte nur noch verkürzen.

Die Pointe sollte noch folgen: Denn die Partie in Barcelona war die drittletzte von Otto Rehhagel. Für die Finalspiele sprang Franz Beckenbauer kurzfristig als Trainer ein. Mit zwei Siegen gegen Girondins Bordeaux führte er den Klub zum Titelgewinn. Dass es „nur“ der des „Cups der Verlierer“ war, kümmerte keinen mehr.

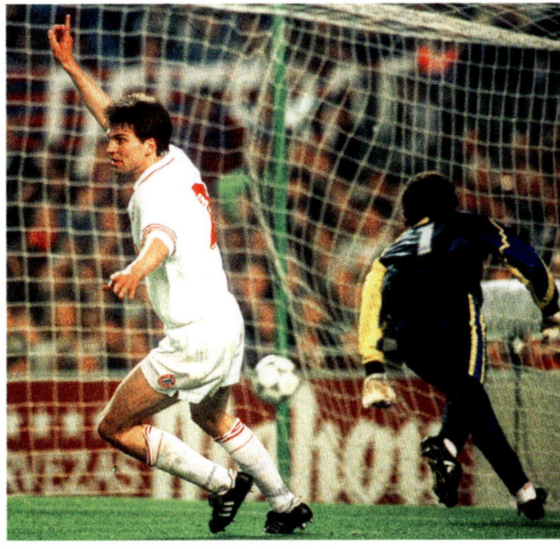

Auf dem Weg ins Finale: Markus Babbel erzielt das 1:0 in Barcelona.

Borussia Dortmund

64 Die Differenzen mit Herrn Watzke

Der Höhepunkt der Duelle zwischen Borussia Dortmund und dem FC Bayern München sollte noch einmal einen ganz besonderen Namen bekommen. Die Redaktion des TV-Senders „ZDF" überlegte hin und her und hatte dann doch eher eine Auswahl zum Schmunzeln statt krachender Überschriften beisammen: „Gerby", „Bundeskracher" oder gar „Alpenpottgipfel" waren die Vorschläge des übertragenden Senders in einer Abstimmung. Am 25. Mai 2013 trafen der FCB und der BVB dann im Champions-League-Finale im Wembley-Stadion in London aufeinander – unter dem Titel „Germanico" (in Anlehnung an den spanischen Clásico oder den argentinischen Superclásico), der die meisten Stimmen hatte. So wohlüberlegt der Begriff vom „ZDF" auch war, nur die allerwenigsten haben ihn später noch einmal verwendet, wenn die zwei Mannschaften wieder aufeinander getroffen sind.

Hoeneß: „Dortmund ist eine relativ regionale Sache"

Dass allerdings überhaupt abgestimmt wurde, sagt einiges aus über das Duell. Hoch her ging es zwischen den beiden Teams schon in den 1990er-Jahren oft. Aber ab 2010 entspann sich dann eine Rivalität, die aufgrund der Erfolge der Klubs, aber auch aufgrund verbaler Streitigkeiten immer neue Nahrung erhielt. Sprachforscher mögen hinzufügen, dass ja alleine der Name des Gegners die Bayern schon in Wallung bringt. Schließlich heißt Borussia auf Deutsch Preußen. Monat für Monat flogen die „Giftpfeile", wie die Medien berichteten, vom Westen in den Süden und wieder zurück, vorzugsweise abgeschossen von Hans-Joachim Watzke (Geschäftsführer BVB) und Uli Hoeneß (Präsident FCB). Gemeinsame Mittagessen der Vertreter von beiden Klubs wurden abgesagt. Ja, auch das war Thema in der Berichterstattung.

Schließlich war das schon harter Tobak, wie man so schön sagt, den die beiden Klubs verbreiteten. „Dortmund ist eine relativ regionale Sache. Bayern ist ein ‚Global Player'", fand Hoeneß 2012 auf der Digitalmesse „Dmexco". Er sollte Unrecht behalten. Der BVB ist die Nummer zwei in Deutschland, hatte 2023 schon einen Umsatz von 515 Millionen Euro (Bayern: 854 Millionen Euro). Hoeneß wirkte damals auch gekitzelt von zwei titellosen Jahren, in denen jeweils Dortmund Meister wurde.

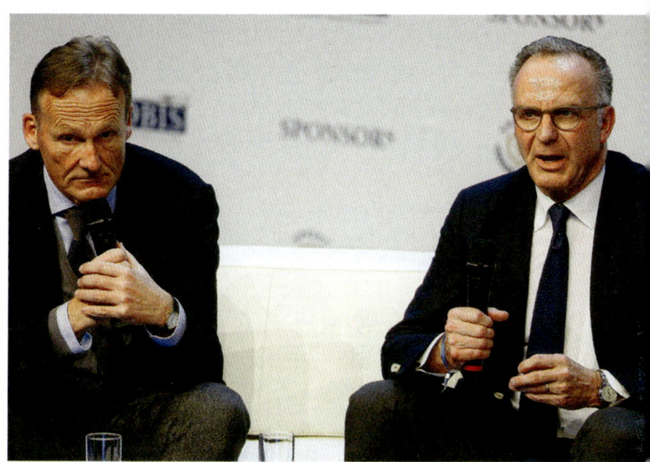

Konkurrenten lassen etwas Abstand: Hans-Joachim Watzke (l.) und Karl-Heinz Rummenigge.

Konflikt um ein Darlehen des FC Bayern für Dortmund

Die Bayern rächten sich auf altbekannte Weise. Sie kauften die besten Spieler des BVB: erst Mario Götze, später Robert Lewandowski und Mats Hummels. Auch an Marco Reus waren sie 2014 dran und sprachen öffentlich über eine Ausstiegsklausel des Nationalspielers. „Es wäre schön, wenn Karl-Heinz Rummenigge einfach mal den Mund halten würde", erwiderte der BVB-Sportdirektor Michael Zorc. Zudem schwelte ein Konflikt um ein Darlehen von zwei Millionen Euro, das der FCB den Dortmundern 2004 gegeben hatte. Es bewahrte die Borussia kurzfristig vor der Insolvenz, doch 2014 herrschten Unstimmigkeiten ob der Höhe der Zinsen. Watzke gab die mit acht Prozent an und fand, dass sich die Münchner zu sehr als Retter inszenierten. Der damalige Bayern-Präsident Karl Hopfner bezichtigte Watzke der Lüge. „Der Zinssatz war in der Tat niedriger", gab der daraufhin kleinlaut im „Kicker" zu.

Natürlich setzten sich im Schlagabtausch nicht immer die Münchner durch. Reus verlängerte seinen Vertrag, der BVB war über die Jahre dennoch empfindlich geschwächt worden. Erst in der Saison 2018/19, nach klugen Spielereinkäufen der Dortmunder, entwickelte sich wieder ein Zweikampf um die Meisterschaft. Die öffentlichen Zwiste wurden jedoch seit 2014 weniger: „Weil wir gemerkt haben, dass die Giftpfeile, die wir verschickt haben, beim jeweils anderen nicht so gut angekommen sind", sagte der Münchner Vorstandsvorsitzende Rummenigge auf dem Sportbusiness-Event „SPOBIS" in Düsseldorf. Ach ja, und gegessen werde ab und an auch wieder zusammen.

Der Mythos der „Bestia Negra“

Und wie Real Madrid ihn verkehrt hat

65

Recht viel martialischer kann eine Zeitung ein Duell in der Champions League nicht einleiten. Oliver Kahn blickte düster, aber siegesgewiss auf diesem Porträtfoto, sein Gesicht war verdreckt. Über ihm stand geschrieben: „Éste es el ENEMIGO“ – auf Deutsch: „Das ist der FEIND“, wohlgemerkt auf der ersten Seite der spanischen Sport-Tageszeitung „Marca“. Im Winter 2007, kurz bevor Kahns FC Bayern und Real Madrid in der Champions League aufeinandertrafen, brachte die Real-nahe Zeitung die Rivalität auf die Spitze.

Bereits Jahre zuvor schrieben die spanischen Zeitungen von der „Bestia Negra“ Bayern München, also der „schwarzen Bestie“, die Duelle zwischen Real und dem FCB waren stets eng und oft setzten sich die Münchner durch. Bei den Bayern nahm man den Begriff daher als Anerkennung an. Der damalige Vizepräsident Karl-Heinz Rummenigge sagte etwa über den Triumph im Halbfinale 2001: „Wir haben von zwölf Spielen neun gewonnen, wir sind die Bestia Negra für Real. Darauf kann der ganze Klub stolz sein.” Er selbst war es also jedenfalls. Richtigstellen muss man nur eines: Bis dahin hatte der FCB in Europas Königsklasse acht von zwölf Spielen gewonnen, das erste endete Remis.

Der Beginn der Rivalität: Juanito gegen Matthäus

Der Mythos von der schwarzen Bestie wurde ab 2000 daher nicht nur von der „Marca“, sondern auch von deutschen Medien immer wieder betont und vor den Duellen in der Champions League stilisiert. Anders als in Deutschland vielfach angenommen, ist die Bezeichnung in Spanien allerdings gar nicht so furchteinflößend. Dort gibt es sogar mehrere schwarze Bestien. Es sind ganz einfach Gegner, gegen die sich eine Mannschaft schwertut und Spiele verliert. In Deutschland nennt man sie Angstgegner.

Trotzdem müssen letztlich auch die Königlichen, ob ihrer Trikots und des Spielstils übrigens oft „das weiße Ballett“ genannt, zugeben: Ganz ohne Respekt treten sie nie an gegen den FC Bayern, der ihnen immer besondere Spiele lieferte. Wie etwa im Jahr 1987, als die Bayern schon einmal ein Halbfinale des Europapokals der Landesmeister für sich entschieden. Doch nicht das Ergebnis erregte Aufmerksamkeit, sondern die Ereignisse auf dem Platz: Die mittlerweile verstorbene Legende Juan Gómez,

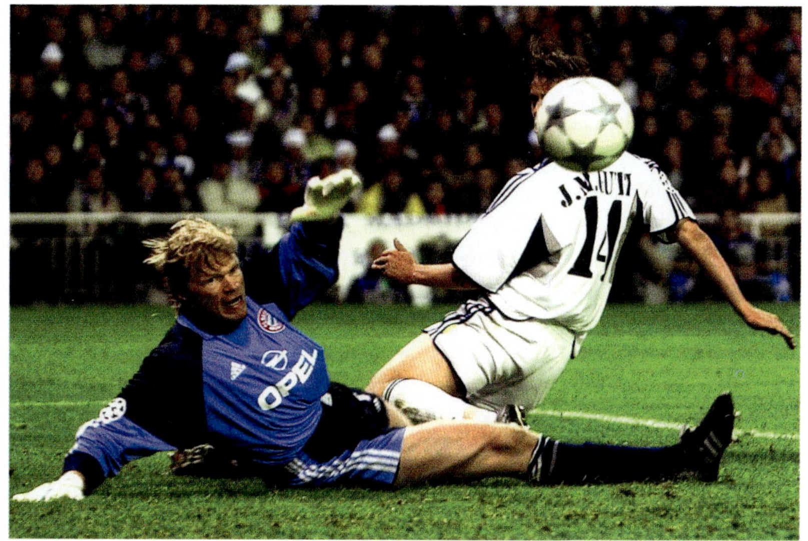

Gegen Real Madrid oft gut drauf: Oliver Kahn (l.), der hier gegen Guti abwehrt.

genannt Juanito, sprang in München wild umher und trat dem am Boden liegenden Lothar Matthäus ins Gesicht. „Der will mich umbringen", hatte sich Matthäus gedacht. So berichtete er es zumindest später. Juanito wurde für die europäischen Wettbewerbe fünf Jahre lang gesperrt. Bayern-Libero Klaus Augenthaler zeigte Real nach dem Foul mit zwei Fingern an der Stirn die Hörner – die Stierkampfgeste kam gar nicht gut an. Im Rückspiel flogen Messer und Eisenstangen in den Bayern-Strafraum.

In den frühen 2000ern verfestigte sich der Ruf des FCB vor allem durch Akteure wie Kahn, der ohnehin für einen unbändigen Siegeswillen steht und Reals Angriffe immer wieder stoppte. In den engen Spielen setzte sich der FC Bayern gerne durch, so auch 2001 vor dem Champions-League-Sieg. Deswegen nahm die „Marca" den Torwart Kahn als Titelbild.

Doch von der einstigen Bestie ist nicht mehr allzu viel übrig. Von 2012 bis 2018 scheiterte der FC Bayern dreimal in der K.-o.-Runde an Real Madrid, besonders, weil sich nun die Spanier gnadenlos in ihrer Chancenauswertung zeigten. Mit ihrem Konterspiel und ihrer Effizienz überwanden die Madrilenen den FCB so, wie es zuvor noch die Münchner taten. 2014 unterlag der FC Bayern gar 0:4 daheim, so hoch wie nie in der Champions League. Die schwarze Bestie, das ist jetzt Real Madrid für den FC Bayern.

(Keine) Freundschaftsspiele

8:0 gegen Cruyff, 13:0 gegen Höslwang

66

Franck Ribérys erste Auswärtsfahrt mit dem FC Bayern führte ihn nach Höslwang. Am 8. Juli 2007, kurz nachdem er sein erstes Training für die Münchner bestritt, erlebte er gleich Oberbayern in seiner ganzen Pracht. Denn als Ribéry aus dem Bus stieg, empfingen ihn Blasmusikanten in Lederhosen und Dirndl. Der damals 24-jährige Ribéry reiste mit den Münchnern zum Freundschaftsspiel nach Höslwang am Chiemsee. Dort gibt es nicht nur einen Ortsteil mit dem schönen Namen Unterhöslwang, sondern auch einen der größten FC-Bayern-Fanclubs: die 13 Höslwanger. Die Bayern traten zu ihrem ersten sogenannten „Traumspiel" an, das sich seither etabliert hat. Einmal im Jahr spielt der Rekordmeister ein Freundschaftsspiel gegen einen Fanclub, was letztlich aus Termingründen zwar doch nicht jeden, aber immerhin viele Sommer klappt. Gegen die 13 Höslwanger siegte der FCB vor 11.500 Zuschauern passenderweise 13:0, Ribéry erzielte einen lupenreinen Hattrick, über ein Tor jubeln durften auch die später nicht mehr so für ihre Bayern-Zeit bekannten José Ernesto Sosa und Stephan Fürstner.

Die Traumspiele sind klare Angelegenheiten

Auch die folgenden Traumspiele gewann der FC Bayern locker: 2010 etwa 12:0 bei der Lohner Bayern Union in Nordhorn oder 2017 8:1 bei der Red Residenz Coburg 01. Die Partien sind also nicht nur für die Fanclubs, sondern auch für die Bayern-Schützen ein Traum. Sie bilden allerdings eine Ausnahme im jährlichen Spielplan – wie im Übrigen auch Spiele gegen Bezirksligisten wie den TSV Regen aus dem Bayerwald 2013 (9:1) –, weil es Freundschaftsspiele im Profifußball-Sprachgebrauch eigentlich gar nicht mehr gibt.

Diese heißen inzwischen nämlich Testspiele. Und so ein bisschen wirkt es, als passe dieser kühlere Begriff sowieso viel besser zum FC Bayern, wenn man sich die kuriose Vergangenheit dieser Partien ansieht. Auch früher, als sie eigentlich noch so hießen, nutzte der FCB die Freundschaftsspiele nicht unbedingt, um sich Freunde zu machen.

Da war etwa das Abschiedsspiel für den großen niederländischen Spielgestalter Johan Cruyff vor fast 60.000 Zuschauern bei Ajax Amsterdam am 7. November 1978, das die Bayern 8:0 gewannen. Zur Halbzeit stand es schon 3:0. Andere Vereine hätten Cruyff wohl mindestens einen Ehrentreffer erzielen lassen, doch die Münchner stürmten unaufhörlich weiter. Karl-Heinz Rummenigge entschuldigte sich Jahrzehnte später bei Cruyff für diese Beleidigung. Doch was war passiert? War es der bajuwarische Ehrgeiz? Der frühere Abwehrspieler Kurt Niedermeyer findet nicht, er erinnerte sich 2007 in der Zeitschrift „11Freunde" daran: „Wir fühlten uns wie das fünfte Rad am Wagen, waren anscheinend nur eingeladen worden, damit überhaupt ein Spiel zu Ehren von Cruyff stattfinden konnte und letztendlich Elf gegen Elf auf dem Platz standen." Die Bayern hatten das Gefühl, provoziert zu werden: „Wir wurden am Flughafen nicht abgeholt und das Hotel erwies sich als eher zweitklassig. Wenn wir nicht angereist wären, hätte es wohl auch keinen weiter gestört. Paul Breitner hat hinterher erzählt, dass wir schon beim Warmlaufen vom Publikum als ‚Nazi-Schweine' beschimpft wurden." Später soll Breitner angespuckt worden sein. Cruyff jedenfalls wollte so wohl nicht abtreten: 1984 beendete er seine Karriere bei Feyenoord Rotterdam.

Auch gegen Real Madrid besonders motiviert

Ein Ausrutscher war dieses Spiel aber nicht. Denn nur zwei Jahre später sollte es Real Madrid ähnlich treffen: 9:1 gewann Bayern im Olympiastadion am 5. August 1980. Anders als die bereits ins Training eingestiegenen Münchner kamen die Spanier, deren Saison später begann, direkt aus dem Urlaub. Das weiße Ballett um Mittelstürmer Santillana war also noch nicht ganz fit und zudem auch nicht mit allen Stars angereist, als es antrat. Die Bayern dagegen schienen vor 30.000 Zuschauern besonders motiviert: Zur Halbzeit führten sie 7:0, Trainer Pál Csernai wechselte dann die Ersatzspieler ein. Doch auch diese gewannen letztlich ihren Abschnitt. „Diese Demütigung haben sie nie vergessen", sagte Klaus Augenthaler.

Pfiffe gegen den eigenen Spieler in der Allianz Arena

Im Mai 2012 gastierten dann die Niederlande in der Allianz Arena. Der FC Bayern sollte mit den Einnahmen des Spieles für Arjen Robbens Ausfall nach der WM 2010 entschädigt werden, als sich Ribérys Gegenpart der Flügelzange nach seinen Einsätzen für die Niederlande schwer verletzte. Doch da das Spiel kurz nach dem verlorenen „Finale dahoam" stattfand, wurde der Elfmeter-Fehlschütze Robben bei jedem Ballkontakt ausgepfiffen – von den eigenen Fans wohlgemerkt. In Freundschaftsspielen bleiben die Bayern gnadenlos.

Der Retter

Wie der FCB anderen Klubs hilft

67

Es musste ihm schon warm geworden sein an diesem sonnigen Juli-Nachmittag in Hamburg. Der damalige Bayern-Manager Uli Hoeneß streifte sich ein T-Shirt über sein langärmeliges Hemd, darauf stand in Großbuchstaben: „RETTER". Mit einem Lächeln und roten Bäckchen spazierte er über den Fußballplatz des FC St. Pauli am Millerntor an diesem 12. Juli 2003. „Alle sind so herzlich hier. Die Stimmung ist schon gewöhnungsbedürftig", sagte Hoeneß. Warm wurde es ihm also auch ums Herz. An dem Ort, an dem er früher heftig beschimpft wurde, hielt ihm eine Anhängerin ein Plakat entgegen, auf das sie geschrieben hatte: „Vielen Dank, Uli. Retter FC Bayern". Es hatte also alles mit seinem T-Shirt zu tun. An diesem Sommertag begann der FC Bayern, mit Benefizspielen finanziell schlingernde und notleidende Fußballvereine zu retten – zumindest machte er es ab da recht öffentlich, es gab auch schon Beispiele davor. Der FCB überließ dem FC St. Pauli die Einnahmen, 200.000 Euro gingen an den Klub.

Die Liste der Benefizspiele ist mittlerweile lang

Die Münchner sind eben auch, aber nicht mehr nur die gierigen Titel- und Spielersammler in Deutschland. Die Liste der Traditionsvereine, denen über die Jahre mit Benefizspielen geholfen und die manchmal sogar saniert wurden, ist lang: Dazu gehören etwa Union Berlin (2004), Darmstadt 98 (2008), der FC Hansa Rostock, Alemannia Aachen (beide 2013), Dynamo Dresden (2015) und die Kickers Offenbach (2017). In der Saison 2002/03 absolvierten die Münchner außerdem Benefizspiele zugunsten der Flutopfer im Osten Deutschlands und 2013 spielten sie in Passau gegen eine niederbayerische Regionalauswahl und spendeten 250.000 Euro für die Opfer der Hochwasser-Katastrophe in Bayern.

Doch nicht nur mit Benefizspielen sprang der FCB in Nöten ein. Dem Ligakonkurrenten Borussia Dortmund borgte er im Jahr 2004 ein Darlehen von 2 Millionen Euro und bewahrte den BVB erst einmal vor der Insolvenz. Der kurz vor dem Bankrott stehenden Borussia aus Mönchengladbach überwies er nach Angaben der „Rheinischen Post" einst auch 900.000 D-Mark deutlich früher als gefordert, Gladbach musste keinen Insolvenzantrag stellen.

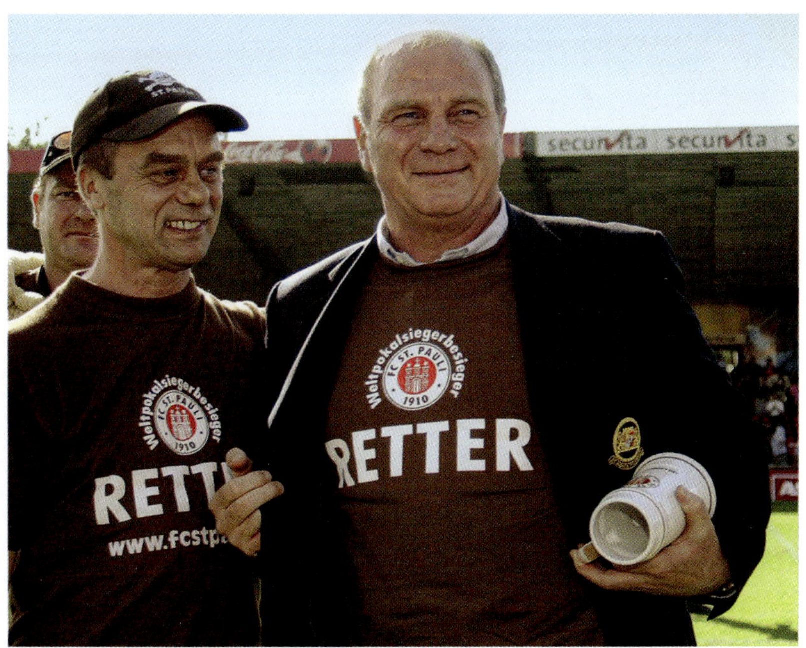

Uli Hoeneß im Retter-T-Shirt, neben ihm St. Paulis Ex-Präsident Corny Littmann.

Hilfe bekommt auch der Stadtrivale TSV 1860

Und dass sich auch Lokalrivalen unter die Arme greifen können, zeigten die Hilfen für den TSV 1860 München. Bereits 1974 sprangen die Roten ein: „Wenn Sie mir nicht 100.000 Mark geben, ist 1860 übermorgen kaputt“, sagte laut der „Bayern-Chronik“ der Sechzig-Präsident Erich Riedl zu seinem FCB-Pendant Wilhelm Neudecker. Der zahlte den Betrag an den damaligen Zweitligisten. Im Jahr 2006, kurz vor der Fußball-WM in Deutschland, kauften die Bayern dem TSV 1860 dessen Anteile an der Allianz Arena für 11 Millionen Euro ab. Nicht ganz ohne Hintergedanken, da dem FC Bayern danach das Stadion gehörte. Doch die Geste rettete die Sechziger auch. Beim Auszug der Löwen aus der Arena 2017 erließ der FCB dem Verein laut „Bild“ zudem rund 28 Millionen Euro, die er als Mieter noch bis 2025 schuldig gewesen wäre. Weit weniger, aber eine wichtige Hilfe leisteten die Bayern auch beim TSV Maccabi München. Als der im Jahr 2010 einen ligatauglichen Platz baute, bekam der Klub 25.000 Euro für das Spielfeld, das nach dem FCB-Ehrenpräsidenten Kurt Landauer benannt wurde.

„Koa Gründungsmitglied“

Beim Bundesliga-Start fehlt der FCB

68

Nicht weniger als „einer der schwärzesten Tage für den FC Bayern“ war der 11. Mai 1963. So steht es in der Chronik des Vereins zum 70-jährigen Jubiläum im Jahr 1970. Es war der Tag, an dem den Klub die Nachricht erreichte, dass er nicht in der neu gegründeten Fußball-Bundesliga starten darf. Der FC Bayern München war „koa“ (bayerisch: kein) Gründungsmitglied. Der Deutsche Fußball-Bund (DFB) begründete das damit, dass zumindest im ersten Jahr der Bundesliga keine zwei Teams aus einer Stadt spielen sollten. Und zu den 16 Erstsemestern gehörte schon der TSV 1860 München. Ihm gab der DFB einen Fixplatz als aktuellem Meister der Oberliga Süd.

Die Nichtberücksichtigung wird zum Glücksfall

Hinzu kamen die vier stärksten Teams einer Zwölfjahreswertung. Im Süden waren das der 1. FC Nürnberg, Eintracht Frankfurt, der Karlsruher SC und der VfB Stuttgart. Der FCB war in dieser Tabelle hinter den Kickers Offenbach Sechster, die Sechziger übrigens nur Siebter. Vom Ausschluss enttäuscht, legte Bayern-Präsident Wilhelm Neudecker dem DFB ein 13-seitiges Protestschreiben vor. Mit seiner Beschwerde hatte er jedoch keinen Erfolg.

Der FC Bayern musste stattdessen in der ebenfalls neuen Regionalliga Süd antreten, was sich noch als Glücksfall erweisen sollte: So reifte dort die Mannschaft heran, die ein Jahrzehnt später dreimal nacheinander den Europapokal der Landesmeister gewinnen sollte. Denn der FCB setzte nun konsequent auf die Jugend aus der Region statt Stars zu kaufen für die Wettbewerbsfähigkeit in der Bundesliga. Das füllte auch die zuvor noch leeren Vereinskassen wieder. Im Tor stand damals schon Sepp Maier, vor ihm debütierte Franz Beckenbauer im ersten Regionalliga-Jahr, an dessen Ende die Bayern den Aufstieg nur um einen Punkt hinter Borussia Neunkirchen verpassten. Im zweiten Jahr war dann auch der gebürtige Nördlinger Gerd Müller da, der bereits im ersten Spiel traf und den Klub gemeinsam mit dem Regionalliga-Torschützenkönig Rainer Ohlhauser zum Aufstieg führte. Im entscheidenden Spiel bei Tennis Borussia Berlin am 26. Juni 1965 traf Ohlhauser gar viermal. Müller, Rudolf Nafziger (2) und Dieter Brenninger schossen die weiteren Tore beim triumphalen 8:0-Erfolg.

Unabsteigbar seit 1965

69

Der Rekord vom 12. Mai 2018

Der 12. Mai 2018 ist aus mehreren Gründen ein historischer Tag für den FC Bayern München. Nur dreimal hat er ein Heimspiel in der Fußball-Bundesliga höher verloren: 1:4 gegen den VfB Stuttgart – eine schwache Vorstellung. Trotzdem hat der FCB an diesem Tag zum 28. Mal die Trophäe für die deutsche Meisterschaft entgegennehmen dürfen. Der Titel war der Mannschaft von Jupp Heynckes bereits zuvor sicher.

Doch das sind ohnehin nur zwei Gründe, die letztlich hinter dem Hauptgrund verschwinden, wieso das Datum zum historischen für den Verein wurde. Denn am 12. Mai 2018 schnappte sich der FC Bayern um 17.36 Uhr einen Bundesliga-Rekord, der ihm vielleicht ewig bleiben könnte: Er ist jetzt der Verein mit der längsten Bundesliga-Zugehörigkeit am Stück. An jenem Maitag um kurz nach halb sechs Uhr abends stieg der Hamburger SV ab und verabschiedete sich als letztes Gründungsmitglied von 1963. Der FC Bayern kam erst zwei Jahre später dazu. Mit weitem Vorsprung führt er die ewige Ligatabelle trotzdem schon länger an.

Bitterste Niederlagen gegen den HSV in den 1980ern

Nach dem Hamburger Abstieg durfte durchaus etwas Wehmut aufgekommen sein an der Säbener Straße. Denn der FCB und der HSV – das war schon eine Einheit in der Bundesliga. Und es war auch etwas Besonderes, dass der Rekord als Bundesliga-Dino so unerreichbar schien für den FCB. Beide Seiten erlebten zudem empfindliche Niederlagen, in den Nord-Süd-Duellen war immer etwas los. Hamburg verlor in den 2010er-Jahren einmal 2:9, zweimal 0:8 und zweimal 0:6. Hamburg gewann allerdings auch 19 Spiele in 53 Bundesliga-Jahren. Die wohl süßesten Siege erlebten die Hamburger in der Saison 1981/82: Mit einer 1:4-Schlappe reisten die Münchner heim. Das Rückrundenspiel stieg kurz vor dem Saisonende – trotz einer 3:1-Führung 20 Minuten vor dem Abpfiff unterlag der FCB noch 3:4, weil Thomas von Heesen und das Kopfballungeheuer Horst Hrubesch (2) trafen. Der HSV wurde am Ende Meister. Unter seinem österreichischen Trainer Ernst Happel erlebte er in diesen Jahren seine stärkste Zeit. 1983 folgte der Gewinn des Europapokals der Landesmeister durch ein 1:0 gegen Juventus Turin in Athen. Das goldene Tor erzielte ein späterer HSV- und Bayern-Trainer: Felix Magath.

Die FCB AG

Die blau-weißen Anteilseigner

70

Wenn es beim FC Bayern um den Fußball geht, dann ist der Klub eigentlich gar kein „echter" Verein mehr. Der FC Bayern München e.V. hat sich nämlich im Sommer 2001 entschieden, seine Fußball-Abteilung zu großen Teilen (Profis, zweite Mannschaft, U19 und U17 sowie Frauenfußball) in eine Aktiengesellschaft auszugliedern. Anders als beim Bundesliga-Konkurrenten Borussia Dortmund, werden die Aktien der Münchner jedoch nicht an der Börse gehandelt. Ganz sich selbst gehören sich aber auch die Bayern nicht. 75 Prozent der Anteile hält der Verein, den Rest teilen sich die drei Anteilseigner Audi AG, Allianz SE und Adidas AG (je 8,33 Prozent).

Das Triple A aus Bayern

„Mit den drei bayerischen Unternehmen Allianz, Adidas und Audi ist der FC Bayern ein Triple A mit seinen Partnern. Es ist ein Traum – wir sind sehr stolz darauf, zeigt dies doch die Stärke dieses Vereins", sagte der Vereinspräsident Uli Hoeneß bei der Verkündung des Allianz-Einstiegs im Februar 2014. Das Heimatgefühl zählt schon noch immer bei den Bayern und vor allem bei ihrem Anhang. Einerseits sind die drei Anteilseigner ja große Wirtschaftskonzerne (wie auch der FC Bayern), andererseits haben sie ihren Hauptsitz alle im Freistaat und sind große Arbeitgeber des Bundeslandes.

Die drei Einstiege bedurften im Übrigen nicht der Mitsprache der Mitglieder. Erst wenn der Verein mehr als 30 Prozent der Anteile verkaufen sollte, müssen diese befragt werden. Der Unternehmenswert wurde 2014 auf 1,3 Milliarden Euro geschätzt. Zudem wurde bekanntgegeben, dass sich die Allianz die Namensrechte an der Arena bis ins Jahr 2041 sicherte. Der Kreis der Anteilseigner wird auch bis dahin überschaubar bleiben. Zumindest wenn es dann die 50+1-Regel der Deutschen Fußball Liga noch gibt: Denn laut dieser muss der Verein die Mehrheit an der AG halten.

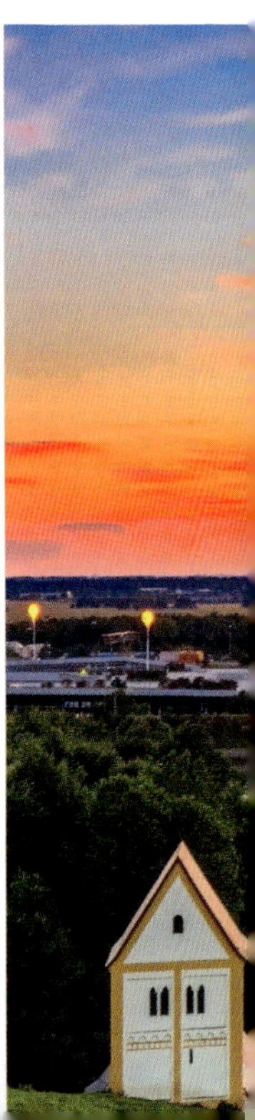

Stoiber: „In Bayern daheim und in der Welt zuhause“

Im Frühjahr 2019 sah es eine Zeit lang nach einer Veränderung unter den Anteilseignern aus. Sie betraf den Autobauer Audi, der durch einen anderen Autobauer ersetzt werden sollte. „Uli Hoeneß und Karl-Heinz Rummenigge haben eine strategische Partnerschaft zwischen BMW und dem FC Bayern auf den Weg gebracht“, sagte das FCB-Aufsichtsratsmitglied Edmund Stoiber im März 2019 in der „Abendzeitung“: „In Bayern daheim und in der Welt zuhause: Das gilt für den FC Bayern und BMW gleichermaßen.“ Die Bayerische Motoren Werke AG sollte auch mehr Geld fürs Sponsoring zahlen als Audi zuvor. Dann beendeten BMW und FCB jedoch kurz vor dem 29. Meistertitel im Mai 2019 abrupt die Gespräche, Audi hatte sich doch durchgesetzt, wohl mit einem verbesserten Angebot. Allein die Verhandlungen mit BMW verdeutlichten jedoch: Veränderungen findet der Klub prinzipiell schon gut, aber nur wenn es ihn strategisch und finanziell weiterbringt. Und natürlich auch nur mit dem altbekannten blau-weiß-bayerischen Hintergrund.

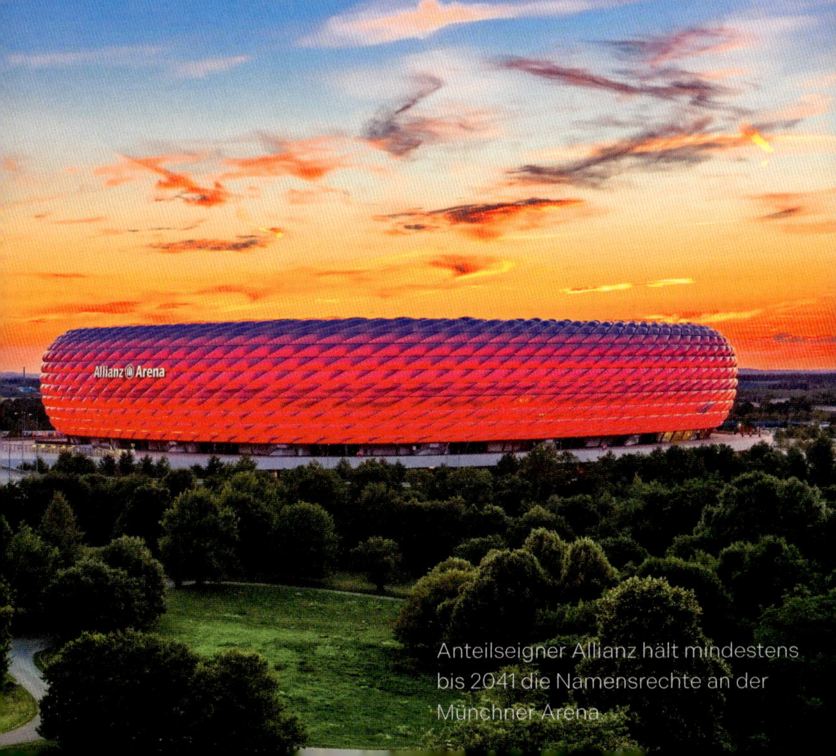

Anteilseigner Allianz hält mindestens bis 2041 die Namensrechte an der Münchner Arena.

Der Hallen-Stammtisch

71

Höhepunkte der Mitgliederversammlungen

Der Patron weinte. Uli Hoeneß lauschte den Worten des Vorstandsvorsitzenden Karl-Heinz Rummenigge bei der Jahreshauptversammlung des FC Bayern München im Jahr 2013, dann übermannten ihn die Tränen. Als Angeklagter kurz vor dem Steuerprozess erhielt er noch einmal Rückendeckung von seinem Verein. Hoeneß kündigte an: „Ich werde diesem Verein dienen, bis ich nicht mehr atmen kann." Atmen konnte er zwar noch, doch weil er bald darauf ein verurteilter Steuersünder war, musste er ab Juni 2014 ins Gefängnis. Sein Präsidentenamt gab er ab, bei der außerordentlichen Mitgliederversammlung wegen der Wahl seines Nachfolgers kündigte er im Mai 2014 an. „Wenn ich zurück bin, werde ich mich nicht zur Ruhe setzen. Das war's noch nicht." Erst einmal folgte ihm Karl Hopfner, der Hoeneß als Kopf, Herz, Bauch und Seele des Vereins bezeichnete. 2016 löste Hoeneß Hopfner wieder ab als Präsident, schon in den beiden Jahren zuvor feierten die Fans den noch im Gefängnis weilenden Hoeneß mit lautem Applaus.

„Ihr seid schlimmer als der TSV!", rufen Mitglieder

In diesem Jahrtausend ging es in den Mitgliederversammlungen oft darum, um wie viel sich denn eigentlich der Umsatz, der Gewinn und das Eigenkapital wieder gesteigert haben. Auch die Mitgliederzahl wuchs und wuchs, mehr als 300.000 Mitglieder machen den FCB zum mitgliederstärksten Sportverein Europas. Nicht immer sind die Mitglieder jedoch vollends einer Meinung mit dem Präsidium – und so gab es auch kritische Zusammenkünfte. Dass Mitgliederversammlungen nicht immer so laufen wie erwartet, hatte im Übrigen ja auch schon Kurt Landauer feststellen müssen, der 1951 überraschend als Vereinspräsident abgewählt wurde.

Auch Hoeneß spürte den Zorn der Masse. 2016 riefen manche Mitglieder: „Ihr seid schlimmer als der TSV!" Mit der Aussage meinten sie einerseits den örtlichen Rivalen 1860 München und andererseits monierten sie damit, dass sie die Versammlung in einem 2000-Mann-Zelt verfolgen mussten, da der Veranstaltungsort, die Basketballhalle des FCB, wegen Überfüllung geschlossen war. Noch härter war für Hoeneß wohl nur der Moment, als ihm im November 2018 Johannes Bachmayr mitteilte: „Früher wollte ich werden wie Uli Hoeneß, der große Manager. Heute bin ich

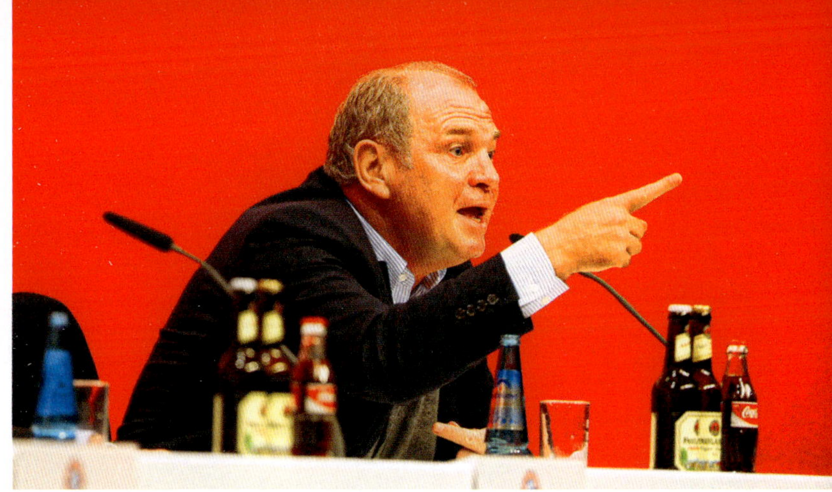

Uli Hoeneß redet sich während der Jahreshauptversammlung 2007 in Rage.

mir da nicht mehr so sicher." Schon für diesen Satz bekam er Applaus aus dem Publikum, Hoeneß musste einstecken. Bachmayr kritisierte den Verein für Entscheidungen wie die Ernennung von Hasan Salihamidžić als Sportdirektor oder das Sponsoring des Landes Katar und erntete auch dafür Beifall. Der Präsident wurde dagegen ausgebuht und ausgepfiffen, er wollte sich nicht zur Kritik äußern. „Pfui!", hallte es durch die Halle.

Die „Scheißstimmung" brachte Uli Hoeneß in Rage

Deutlich angriffslustiger und in Stammtisch-Manier reagierte Hoeneß Jahre zuvor: „Eure Scheißstimmung, da seid ihr doch dafür verantwortlich – und nicht wir", schrie er 2007 einem Mitglied entgegen, das die Atmosphäre in der Allianz Arena kritisierte. Die folgenden Buhrufe konterte Hoeneß mit einem Monolog: „Was glaubt ihr eigentlich, was wir das ganze Jahr über machen, damit wir euch für sieben Euro in die Südkurve gehen lassen können?" Wieder Buhrufe. „Was glaubt ihr eigentlich, wer euch alle finanziert? Die Leute in den Logen, denen wir die Gelder aus der Tasche ziehen." Franz Beckenbauer, damals Präsident, versuchte, die Lage zu beruhigen. Vergeblich. „Es kann doch nicht sein, dass wir hier kritisiert werden, dafür, dass wir uns seit vielen Jahren den Arsch aufreißen", keilte Hoeneß hinterher. „Dass wir dieses Stadion hingestellt haben. Aber das hat 340 Millionen Euro gekostet. Und das ist nun mal mit sieben Euro in der Südkurve nicht zu finanzieren." Hoeneß' Kopf war mittlerweile hochrot. Der Patron kochte, bevor er sich zurücklehnte und grimmig dem Beifall lauschte.

Buddhas an der Säbener Straße

Zwei Monate des Energieflusses

72

Wenn die Erinnerung an einen der größten deutschen Stürmer im Trikot des FC Bayern sich letztlich vor allem darauf reduziert, dass er zum Ende seiner Zeit in München in eine Werbetonne trat, dann muss etwas schiefgelaufen sein. Und wenn die Erinnerung an eine große Trainer-Hoffnung in München sich letztlich vor allem darauf reduziert, dass am Anfang ihrer Zeit Buddhas am Vereinsgelände an der Säbener Straße standen, dann muss ebenso etwas schiefgelaufen sein. Der Stürmer und der Trainer sind übrigens dieselbe Person: Jürgen Klinsmann. Der Schwabe hatte es schwer in der bayerischen Landeshauptstadt. Als Angreifer blieb er nur zwei Jahre, von 1995 bis 1997, zu sehr rumorte es zwischen ihm und dem Kapitän Lothar Matthäus. Als Coach hatte er 2008, zwei Jahre nach Platz drei bei der Heim-WM als Bundestrainer, bei seinem Dienstantritt ein ehrbares Ziel: „Wir wollen jeden Spieler jeden Tag besser machen."

Trainer Klinsmann reformierte den FC Bayern

Um dieses Ziel zu erreichen, strukturierte er den Verein um – durchaus im Sinne des Klubs: „Ich freue mich sehr, dass wir mit Jürgen einen Querdenker haben. Wir beim FC Bayern haben einen Mann gesucht, der neue Wege geht", sagte damals Manager Uli Hoeneß. Klinsmann hatte die Nationalmannschaft zurück in die Weltspitze gebracht mit seinen Reformen. Nun sollte er das auch beim größten deutschen

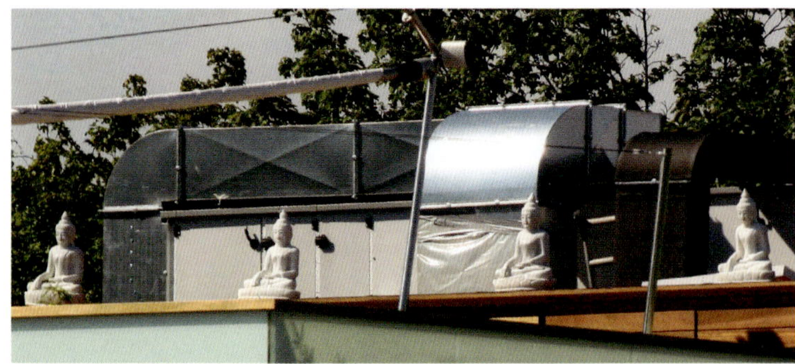

Sorgten nur kurz für Energiefluss: die Buddhas auf dem Dach des Vereinsgeländes.

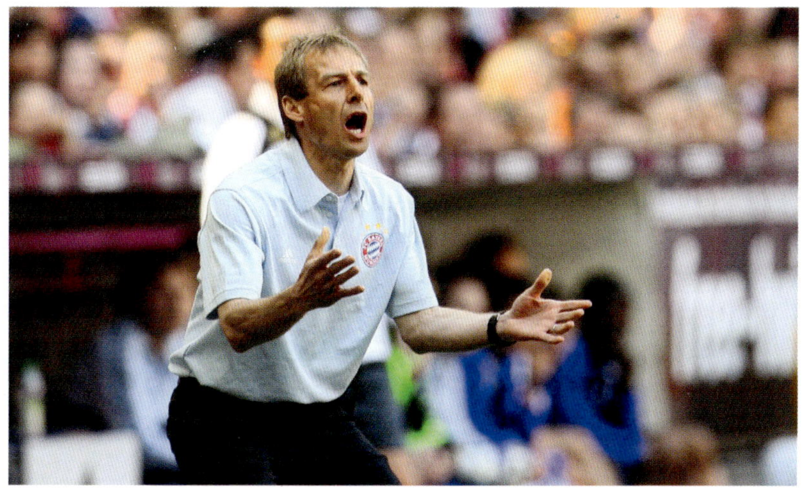

Jürgen Klinsmann ging neue Wege, verzweifelte aber zusehends beim FC Bayern.

Fußballklub schaffen, der in diesen Jahren europäisch hintendran war. Dafür renovierte der Verein wochenlang sein Heim: Aus dem Trainingsgelände wurde ein modernes Leistungszentrum mit größeren Kabinen, Tischtennisplatten, einem Ruhebereich sowie modernisierter Kantine. Und ja, den Buddhas auf der Dachterrasse, die für einen guten Energiefluss sorgen sollten, wie Klinsmann sagte. Vollumfänglich verantwortlich war er für ihre Installation übrigens nicht. Sie waren eine Idee des Innenarchitekten Jürgen Meißner, der Klinsmann schon 2006 bei der Gestaltung des WM-Quartiers zur Seite stand. Doch bereits nach zwei Monaten und Kritik aus Kirche und Politik waren die Buddhas wieder weg. „Die Esoterik des Trainers hat die schuftenden Bayern zu Witzfiguren im deutschen Fußball gemacht", schrieb die englische Zeitung „Sunday Times" über die Figuren auf dem Dach.

Zudem scheiterte Klinsmanns großes Vorhaben: Es gelang ihm nicht, die Spieler besser zu machen. Nach sieben Bundesliga-Partien waren die Bayern nur Elfter (!), im April 2009 unterlag sein Team beim FC Barcelona 0:4 im Viertelfinale der Champions League, so hoch wie nie zuvor in der Königsklasse. Bald darauf wurde der Reformator entlassen – nur 302 Tage nach seinem ersten Arbeitstag – und vom 64-jährigen Jupp Heynckes ersetzt, der für die letzten fünf Bundesliga-Partien einsprang. Mit vier Siegen führte er die Bayern noch auf Rang zwei. Die Werbetonne steht übrigens anders als die Buddhas immer noch auf dem Grund des Rekordmeisters: im FCB-Museum Erlebniswelt in der Allianz Arena.

Fürst-Wrede-Kaserne

30 Hektar für die Jugend

73

Carl Philipp Joseph von Wrede war in seinem Leben ein bayerischer Generalfeldmarschall. Er führte das sogenannte „Armee-Kommando“. Er leitete dabei unter anderem 1823 und 1824 zwei Manöver der bayerischen Armee bei Ingolstadt und Nürnberg und war zudem Berater am bayerischen Hof. In seinem Leben hat er fast so viele Orden gesammelt wie der FC Bayern. Doch für die Geschichte des Vereins ist das freilich weniger wichtig. In dieser spielte Fürst von Wrede erst weit nach seinem Tod 1838 eine Rolle. 1972 benannte die Bundeswehr ihre Kaserne östlich der Ingolstädter Straße im Norden Münchens nach dem Generalfeldmarschall – und 2006 kaufte der FC Bayern ein Grundstück im Norden der Fürst-Wrede-Kaserne. Der Fürst und der Fußballklub kamen zusammen.

Teenager im Leistungszentrum waschen selbst

Auf dem Gelände errichtete der FCB dann ab 2015 seinen „FC Bayern Campus“, ein Nachwuchsleistungszentrum. Nach gerade einmal zwei Jahren Bauzeit wurde dieser eröffnet. Im Falle des FC Bayern steht Fürst Wrede somit für den Aufbruch. Er steht dafür, dass dieser so stolze Münchner Verein den Anschluss in einer früheren Kerndisziplin verloren hat und diesen nun mit einer Investition von mehr als 70 Millionen Euro wieder schaffen will. Der FC Bayern, der einst Bastian Schweinsteiger, Philipp Lahm oder Thomas Müller hervorgebracht hat, will wieder bayerische Talente fürs eigene Team ausbilden. „Es ist seit vielen Jahren unser Traum, einen solchen Campus zu haben wie viele große Klubs der Welt. An der Säbener Straße war zu wenig Platz, dort ist es aus den Fugen geraten“, sagte Präsident Uli Hoeneß. Wie immer, wenn die Bayern etwas feiern, spielte bei der Eröffnung eine Blaskapelle. Die sportliche Leitung übernahm anfangs Hermann Gerland, der als Amateurcoach einst Lahm und Schweinsteiger ausgebildet hatte und lange als Co-Trainer für die Profis arbeitete.

Acht Fußballfelder finden die Mannschaften U9 bis U19 und die Frauen- und Mädchenteams des FCB nun auf dem 30 Hektar großen Areal vor. Der Klub hat im Norden somit viermal mehr Platz als an der Säbener Straße. Den er auch braucht: National waren zur Eröffnung die TSG Hoffenheim, Borussia Dortmund oder RB Leipzig erfolgreicher in der Nach-

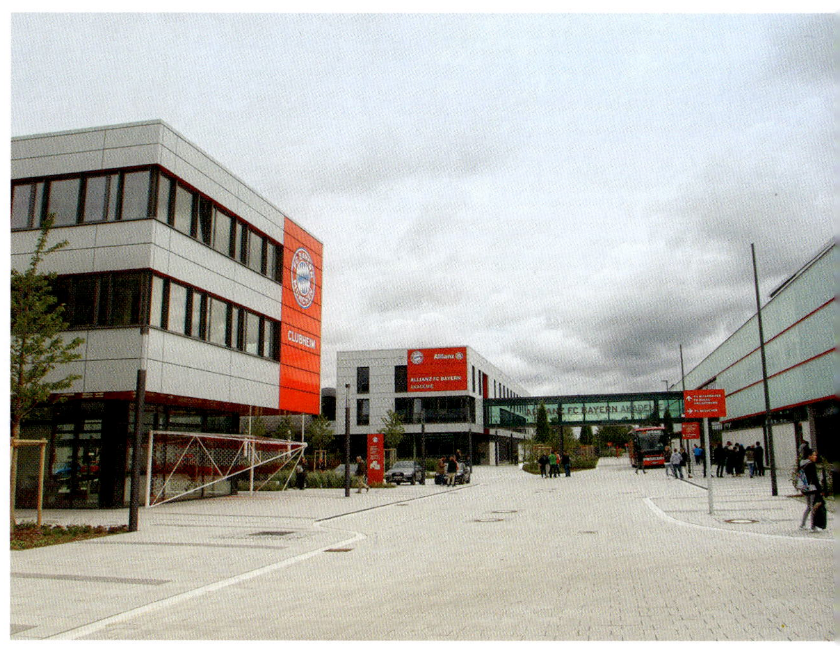

Steine für Beine: Der FCB baute 2015 seinen FC Bayern Campus.

wuchsausbildung, international vor allem die englischen Spitzenteams. „Seit David Alaba hat sich kein Spieler mehr annähernd für die Profis empfohlen", sagte Hoeneß 2017. „Wir müssen versuchen, in diesem Bereich erfolgreicher zu sein." Für 35 Kinder, die nicht aus München kommen, steht zudem Platz im Internat zur Verfügung. Die Teenager schlafen in Bayern-Bettwäsche und müssen ihre Klamotten selbst waschen. Eigenständigkeit gehört für die Bayern im Profifußball also dazu.

Ein Betonblock mit Platz für 2500 Zuschauer

Neben einer Arztpraxis, einem riesigen Athletikbereich, Mini-Fußballfeldern und einer Sporthalle steht auf dem Gelände auch ein Stadion. Der Betonblock bietet 2500 Zuschauern Platz und war zumindest im Juni 2018 beim verlorenen U17-Bundesliga-Finale gegen Dortmund voll besetzt. „Möglicherweise ist der Campus die Antwort auf das, was derzeit an Transferwahnsinn und Gehaltsexplosion draußen passiert", sagte Hoeneß. Noch darf man gespannt sein, ob sich die Vermutung bewahrheitet.

FC Bayern international

Vom Verein aus München zur Weltmarke

74

Was haben Quingdao, Shenzhen und Tsuneishi gemeinsam? Die drei Städte in China und Japan sind Standorte der FC Bayern Football School, die auch in Thailand und den USA Stationen hat. Sie dienen dem Klub dazu, seine „Mia-san-mia"-Philosophie in den Ländern zu verbreiten. „Ziel ist es dabei, das beste, authentischste und nachhaltigste Jugendprogramm der Welt zu schaffen", schreibt der Verein auf seiner Homepage. Dabei sollen schon die Schulkinder den Klub kennenlernen, in dessen Trikots auflaufen und sich am besten nachhaltig für ihn begeistern. Der Klub schickt im Gegenzug Trainer aus Deutschland an die Standorte, um die Kids zu trainieren und den Erfahrungsaustausch mit den Verantwortlichen in den Ländern zu fördern.

Klubwebsite auf Arabisch, Japanisch oder Bayerisch

„Wir müssen den Spagat bewerkstelligen, die Tradition weiter zu hegen und zu pflegen, gleichzeitig aber auch den Bedürfnissen der modernen Fußballwelt Rechnung zu tragen. Wir müssen in die Fußballwelt hinaus", fand Karl-Heinz Rummenigge vor einer Testspiel-Reise nach China und Singapur im Jahr 2017. Nach diesem Fahrplan bestreitet der Verein längst alljährlich seine Sommervorbereitung auf die Saison: New York, Shanghai und Neu-Delhi heißen nun die Ziele, statt Rosenheim, Passau und Würzburg. Die Internationalisierung eines bayerischen Vereins, das ist in der Tat ein Spagat, den die Klubverantwortlichen moderieren müssen. Zu weit dürfen sie sich von ihrer Basis nicht entfernen, den sportlichen und finanziellen Anschluss an Manchester United, Real Madrid und dem FC Barcelona sollten sie auf dem Erdball aber auch nicht verlieren. Die Klubwebsite ist inzwischen in neun verschiedenen Sprachen verfügbar, dazu zählt neben Arabisch und Japanisch auch Bayerisch.

Eine Elf, die aus Beckenbauers, Maiers und Müllers wie in den 1970er-Jahren besteht, scheint in der globalisierten Welt (außerhalb des baskischen Klubs Athletic Bilbao) aber nicht mehr möglich zu sein. Daher kooperieren die Bayern auch mit dem japanischen und dem koreanischen Fußballverband sowie dem FC Dallas. Kooperationen helfen dem FCB bei der Suche nach weltweiten Talenten wie dem Südkoreaner Jeong Woo-yeong oder dem US-Amerikaner Chris Richards, die 2018 zum Verein kamen. In Shanghai, Bangkok und New York hat der Klub

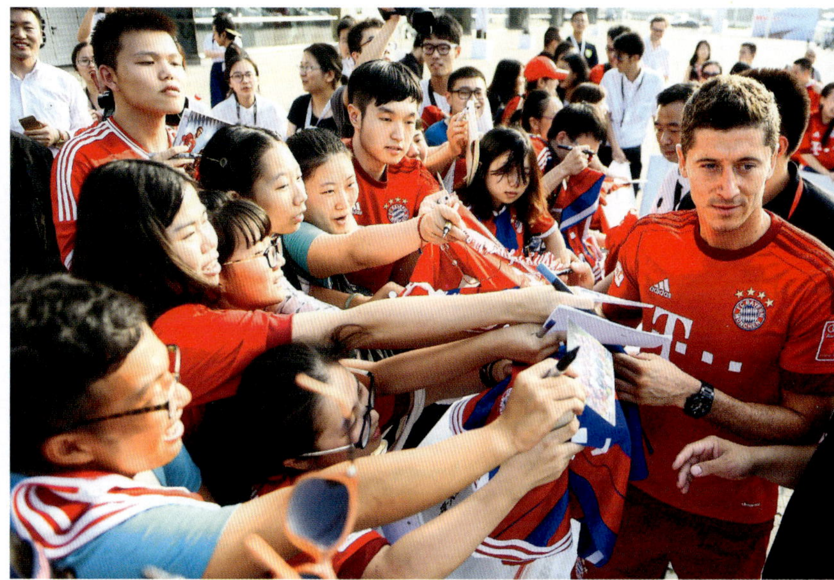
Auch in China ist eine Unterschrift von Robert Lewandowski begehrt.

unter Jörg Wacker, dem früheren Vorstand für Internationalisierung und Strategie, seit 2014 Büros eröffnet, um so Millionen Anhängern, aber auch möglichen neuen Partnern näherzukommen.

Umstritten ist das Sponsoring aus Katar

Der Verein ist das Jahr über in der ganzen Welt unterwegs. Daher plant er auch im Wintertrainingslager weite, strategische Reisen. Während Konkurrenten sich in Marbella oder Jerez vorbereiteten, waren die Münchner in den 2010er- und frühen 2020er-Jahren Dauergast in Katars Hauptstadt Doha. Auch dieser Ausflug diente der Vermarktung: Von 2016 an war Dohas Flughafen ein Partner des Klubs, ab 2018 übernahm Qatar Airways bis 2023. Die Geschäfte mit dem Wüstenstaat waren aufgrund der dortigen Menschenrechtslage jedoch die umstrittensten auf dem Weg des FCB zur Weltmarke – auch unter den engsten Anhängern. Auch deshalb endete die Partnerschaft, doch der direkte Sponsoring-Nachfolger „Visit Rwanda“ (Besuchen Sie Ruanda) ist ebenfalls nicht unumstritten unter den Fans. Das zeigt auch, wie schmal der Grat sein kann zwischen dem Drang nach Internationalisierung, aber dem Bewahren der vereinseigenen Werte: Dazu zählen als Allererstes Tradition, Verantwortung und Respekt.

Die Ente

75

Der häufigste Transfer des FCB

Wegen seines dem Tier ähnlichen Laufstils nannten die Menschen den Angreifer Willi Lippens „Ente". Und weil ihm vier Tore und drei Vorlagen gegen den FC Bayern in den 1970er-Jahren gelangen, könnte man schnell zu dem Schluss kommen, dass dieses Kapitel ihm gewidmet ist. Schließlich verpflichtet der FCB gerne Spieler, die gegen ihn überzeugen (siehe „Das Tor-Phantom"). Doch mit der Ente ist weder er gemeint noch eine Bewohnerin des Münchner Olympiasees, sondern sogar mehrere Fußballer. Findige Leser werden es vermuten: Es geht dabei um die Zeitungsente, eine Falschmeldung oder ein Irrtum in den Medien. In den heißen Transferphasen, wenn die Vereine und Berater über Zu- und Weggänge dealen, bekommen es viele Spitzenklubs plötzlich mit Enten zu tun, und so ist auch beim FC Bayern einiges an Federvieh zusammengekommen.

Karl-Heinz Rummenigge wird erfinderischer

Vor allem Karl-Heinz Rummenigges Liebe zum Tier fällt auf. Schon 1993 sah er eine „absolute Ente" darin, dass Lothar Matthäus zu Juventus Turin wechseln würde. Auch wenn bis heute wohl selbst unter Zoologen nicht abschließend geklärt sein dürfte, was der Unterschied zwischen einer absoluten und einer stinknormalen Ente ist. Eine stinknormale war etwa die Meldung über den kolportierten Zugang Sami Khedira im Jahr 2014. Mit der Zeit wurde Rummenigge erfinderischer. Eine 100-Millionen-Offerte von Manchester United für Thomas Müller kommentierte er ein Jahr nach Khedira so: „Das ist eine Ente, die in München losgeflogen, dann aber im Pazifik untergangen ist." 2018 berichteten Medien über ein Interesse am Brasilianer Malcom, Auftritt Rummenigge im „Kicker": „Das ist eine Ente, die auf einem Münchner See gelandet ist."

Manchmal sieht sich der Verein sogar genötigt, heiße Transfers-News auf seiner Website zu berichtigen: Dann veröffentlicht er die sogenannte „Ente des Tages", gerne mit dem Bild eines FC-Bayern-Quietscheentchens garniert. Geschehen ist das etwa 2016, als der Klub eine Meldung zu Franck Ribérys Gehalt dementierte. Oder 2017, als der FCB das Interesse an Cristiano Ronaldo verneinte: „Die Ente des Tages für das Ronaldo-Gerücht", überschrieb der Klub den Text. In dem übrigens auch Rummenigge zu Wort kam und das Gerücht ins „Reich der Fabel" verwies.

Mit Turban

76

Dieter Hoeneß köpft den Pokalsieg

2:0 lag der FC Bayern zurück, als der Bayern-Trainer Pál Csernai seinen Stürmer Dieter Hoeneß in der Kabine anflehte, weiterzumachen. Er durfte doch nun nicht ausfallen, für den Verein ging es um den DFB-Pokalsieg. Und so war Csernais Flehen der Start einer Heldengeschichte. In der 13. Minute hatte sich Hoeneß bereits schwer verletzt: Nach einem unglücklichen Zusammenstoß mit dem Nürnberger Alois Reinhardt floss dem Bruder von Bayern-Manager Uli Hoeneß das Blut über den Kopf. Mannschaftsarzt Hans-Wilhelm Müller-Wohlfahrt band ihm einen Verband um, umgangssprachlich Turban genannt. Doch auch der färbte sich schnell blutrot. Hoeneß wurde schwarz vor Augen im Pokalfinale gegen den 1. FC Nürnberg am 1. Mai 1982 im Frankfurter Waldstadion, in dem der Außenseiter dann die Führung herausschoss.

Hoeneß stimmte also ob der Wichtigkeit des Spieles zu, er machte weiter. Aber erst musste er sich noch nähen lassen, zwei Stiche, ohne Betäubung. Mit neuem Turban kehrte er zurück ins Stadion, wo er sich bald in die Erinnerungen aller Fußballfans einkerben sollte: Erst legte er Karl-Heinz Rummenigge mit seinem Turban das Tor zum 1:2 vor, kurz vor dem Ende sprang er erneut am höchsten im Strafraum der Nürnberger und köpfte den 4:2-Endstand. Im Sitzen feierte er den Treffer, so ganz einordnen konnte er diesen Moment wohl selbst nicht. Wie auch viele andere: Nur wenige Szenen finden in der Fußball-Historie so viel Nachhall wie diese. Wenn heute ein Spieler mit einem Turban zum Kopfball springt, dann versieht das der TV-Kommentator mit der Anmerkung „wie einst Dieter Hoeneß im Pokalfinale 1982“. Hoeneß selbst bezeichnet das Spiel inzwischen als wichtigsten Sieg seiner Karriere, noch wichtiger also als seine fünf Meistertitel.

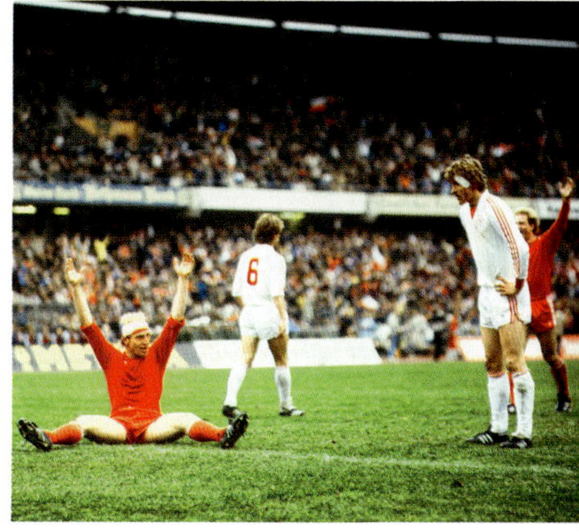

Jubel im Sitzen: Dieter Hoeneß nach seinem Tor mit Turban.

Alles Amateure?

Die drei großen Pokal-Blamagen

77

Gegen unterklassige Mannschaften im Pokal ist der FC Bayern auch vor der ersten DFB-Pokalrunde im Jahr 1990 schon ausgeschieden. Es sei nur an den VfL Bochum im Jahr 1968 erinnert, der als Regionalligist den Titelverteidiger aus München besiegte. Doch die Niederlage beim FV Weinheim am 4. August 1990 hatte schon eine andere Dimension. Schließlich spielte Weinheim nicht in der zweiten, sondern in der dritten Liga, der Oberliga Baden-Württemberg. Und Bayern trat dabei mit fünf frischen Weltmeistern an: Raimond Aumann, Stefan Reuter, Jürgen Kohler, Klaus Augenthaler und Hans Pflügler. Ausgerechnet im Sepp-Herberger-Stadion (Weltmeistertrainer von 1954, der in Weinheim lebte) unterlagen jene Weltmeister dann 1:0. Bereits nach 26 Minuten kassierte Thomas Strunz eine rote Karte. Den fälligen Elfmeter traf Weinheims Thomas Schwechheimer, selbst Bayern-Fan. Da halfen auch die späteren wütenden Angriffe der zehn Münchner nichts. So ganz glücklich war Schwechheimer am Ende aber doch nicht über den Sieg: Denn so „musste" er ins „ZDF-Sportstudio". „Ich wollte erst gar nicht,

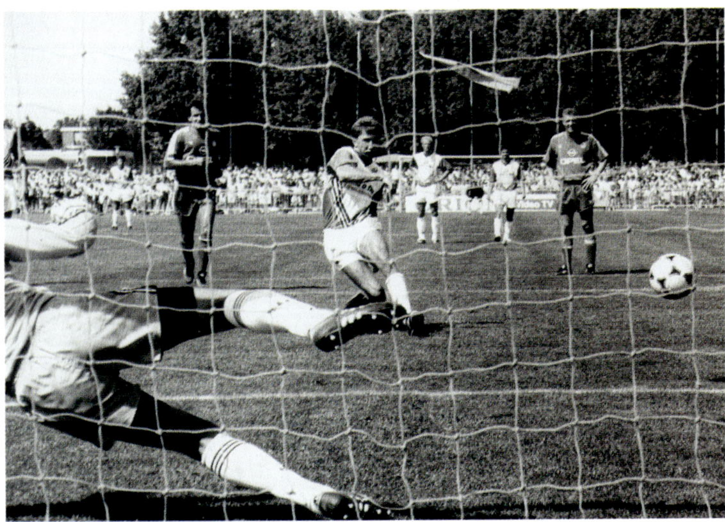

Weinheims Thomas Schwechheimer trifft per Elfmeter und blamiert die Weltmeister.

weil ich wusste, dass der ganze Abend danach rum ist", sagte er später zu „dfb.de". Im Sportstudio grüßte er seine Frau daheim. Als er später wieder in Weinheim ankam, war die Party tatsächlich schon vorbei.

Roland Stein trifft, Miroslav Dreszer hält

Die Niederlage leitete ein Jahrzehnt der Blamagen im DFB-Pokal ein für den FC Bayern, es sollten noch schlimmere folgen. Ein weiterer Drittligist und ein Viertligist schossen den FCB auch noch aus dem Wettbewerb. In der ersten Runde am 14. August 1994 sah es eigentlich nach einer kurzen und launigen Auswärtsfahrt für die Münchner aus. Im Nürnberger Frankenstadion trat der TSV Vestenbergsgreuth gegen die Münchner an, für die Trainer Giovanni Trapattoni erstmals in einem Pflichtspiel an der Seitenlinie stand. Mit diesem Start hatte er dann nicht gerechnet: Kurz vor der Halbzeit schoss Roland Stein den Außenseiter, dessen Fußballabteilung ein Jahr später der SpVgg Fürth beitrat, in Führung. Die Dorf-Kicker hielten diese dank ihrer späteren Profi-Innenverteidiger Frank Schmidt und Harry Koch. Knapp 25.000 Zuschauer im Stadion sahen den Coup. „Jetzt müssen wir mit dieser Schmach leben", sagte der unterlegene Bayer Lothar Matthäus.

Ähnlich äußerte sich im Jahr 2000 der Trainer des FC Bayern: „Wir haben uns heute blamiert", sagte Ottmar Hitzfeld am Abend des 1. November. Gerade hatte der deutsche Fußballmeister und Titelverteidiger im DFB-Pokal 3:5 nach Elfmeterschießen gegen einen Viertligisten verloren, zu allem Überfluss lief das Spiel auch noch zur besten Sendezeit im Fernsehen. Der 1. FC Magdeburg zog dank sicherer Schützen und seines 35-jährigen Torwarts Miroslav Dreszer, der die Elfmeter der Bayern-Stars Giovane Elber und Jens Jeremies hielt, ins Achtelfinale ein. Bis heute sind diese drei Niederlagen den Münchnern eine Warnung, die Kleinen im DFB-Pokal bloß nicht zu unterschätzen. Was nicht heißt, dass sie es nicht wieder tun werden.

Die Bayern-Amateure im Pokal

Auch die zweite Mannschaft des FC Bayern trat in acht Spielzeiten im DFB-Pokal an – zumindest bis 2008. Seitdem darf nämlich nur noch ein Team pro Klub am Wettbewerb teilnehmen. Zweimal erreichten die Bayern-Amateure das Viertelfinale (1994/95, 2004/05). Am 8. Januar 1977 trat die zweite Mannschaft eine ganz besondere Auswärtsreise an. Vor 6500 Zuschauern forderte sie im Olympiastadion die Profis des FC Bayern heraus, schlug sich achtbar und verlor nur 3:5.

Horror von 1977/78

78

Die schlechteste Bundesliga-Saison

Es war nicht unbedingt die beste Entscheidung im Leben des Fußball-Trainers Gyula Lorant, dieser kuriosen Tauschaktion zuzustimmen. Knapp eine halbe Saison lang hatte er Eintracht Frankfurt angeleitet, bevor er am 2. Dezember 1977 den Verein wechselte. Der Ungar Lorant war fortan Trainer des FC Bayern München, den er neun Tage zuvor im UEFA-Pokal und sechs Tage zuvor in der Liga jeweils 4:0 besiegt hatte. Sein Vorgänger Dettmar Cramer war gleichzeitig sein Nachfolger in Frankfurt. Doch Erfolg hatten beide nicht wirklich: Cramer wurde mit der Eintracht Siebter und Lorant führte die Bayern in seiner Zeit zwar vier Ränge nach oben auf den zwölften Tabellenplatz. Doch der und die lediglich 32 erwirtschafteten Punkte bedeuten bis heute die schlechteste Bundesliga-Saison der Münchner überhaupt.

Beckenbauer verließ den Verein vor der Spielzeit

Es war, wie immer in solchen Fällen, eine Verkettung unglücklicher Umstände, die den Verein abwärts führte. Die großartige Bayern-Elf um Sepp Maier und Gerd Müller kam langsam in die Jahre. Der Umbruch begann schon vor der Saison, als Franz Beckenbauer den Verein in die USA verließ und als Spielgestalter nicht zu ersetzen war. Und Lorants Raumdeckung war zwar modern, aber vielleicht etwas zu modern für die älteren Bayern. Am letzten Spieltag unterlagen sie dem 1. FC Kaiserslautern sogar noch 0:5, womit der FCB ein negatives Torverhältnis (62:64) erreichte. Was in der Folge nur noch einmal passieren sollte, in der Saison 1991/92; 59:61 lautete da die Torbilanz. Nur ein Jahr nach seinem Amtsantritt wurde Lorant beurlaubt. Cramers Zeit endete bereits im Sommer 1978. Bis heute ist so ein Trainertausch in der Bundesliga einmalig – vermutlich auch wegen des ausgebliebenen Erfolgs.

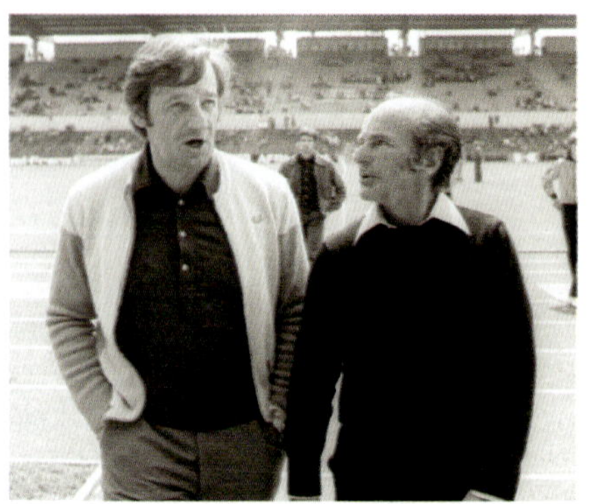

Getauschte Trainer: Gyula Lorant (l.) und Dettmar Cramer.

Verein der vielen Fans

79

Mehr als 300.000 FCB-Mitglieder

Es war zu Beginn des Jahres 2023, als der FC Bayern München seinen Anhängern und der Öffentlichkeit eine frohe Kunde mitteilte. Der Münchner Vorzeigeklub hatte soeben die 300.000-Mitglieder-Marke geknackt – und damit seinen Status als mitgliederstärkster Sportverein Europas zementiert. Allein die schiere Zahl ist ein Statement. Lediglich die beiden argentinischen Klubs River Plate und Boca Juniors Buenos Aires können da noch mithalten. River Plate hat die meisten Mitglieder der Welt (335.945 im Jahr 2023).

Klar, dass so eine Münchner Marke gefeiert werden muss. Das 300.000. Mitglied Isabelle Gütlein wurde nach der Verkündung der Marke eigens im Rahmen eines Bundesliga-Spiels im Stadion geehrt. Die Münchnerin erhielt ein von der gesamten damaligen Mannschaft unterschriebenes Trikot mit der historischen Rückennummer 300.000. „Die FC-Bayern-Familie wächst, das freut uns, denn unsere Mitglieder und Fans sind das, um was sich bei uns alles dreht", sagte der Präsident Herbert Hainer – eine Familie wollen sie in München seit jeher sein, auch wenn die Verwandtschaft mittlerweile gewaltige Ausmaße annimmt. Jedes Münchner Mitglied bekommt alljährlich eine neue Nummer zugeteilt: Je niedriger diese ist, desto länger gehört das Mitglied dem Klub an. Auch Gütlein dürfte nach Austritten oder Todesfällen anderer Mitglieder inzwischen nach vorne gerutscht sein.

In Deutschland folgen auf die Münchner übrigens die Ruhrpott-Klubs Borussia Dortmund und der FC Schalke 04, allerdings mit weitem Abstand. Auf Rang vier liegen die Sektion München und die Sektion Oberland des Deutschen Alpenvereins, erst dann kommen wieder Fußballklubs.

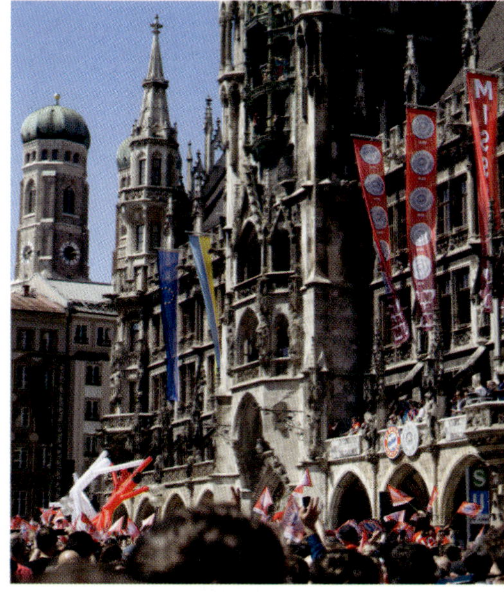

Fast alljährlich der Feierort der Bayern-Familie: der Münchner Marienplatz.

Die höchsten Siege

Torfeste gegen Waldberg und Dortmund

80

In Waldberg in Unterfranken läuteten die Kirchenglocken, als der örtlichen DJK im DFB-Pokal der FC Bayern München zugelost wurde. Schließlich erwartete der 630-Einwohner-Ort in der Gemeinde Sandberg ein Fest, das die damals fünftklassigen Fußballer nicht wieder erleben sollten. Der deutsche Fußballmeister reiste als Gast an. Dafür zog ein ganzes Dorf voller Vorfreude nach Südosten um, wo die DJK den FC Bayern im eigens angemieteten Nürnberger Frankenstadion empfing. Bei den Münchnern war es schon etwas ungemütlich geworden für Giovanni Trapattoni an diesem Freitagabend, als er mit dem FCB nach der kurzen Auswärtsfahrt aus dem Bus stieg. Nur ein Sieg aus drei Bundesliga-Partien gelang zum Saisonauftakt, eine Pleite bei den Amateuren hätte die Aussichten auf eine längerfristige Beschäftigung minimiert.

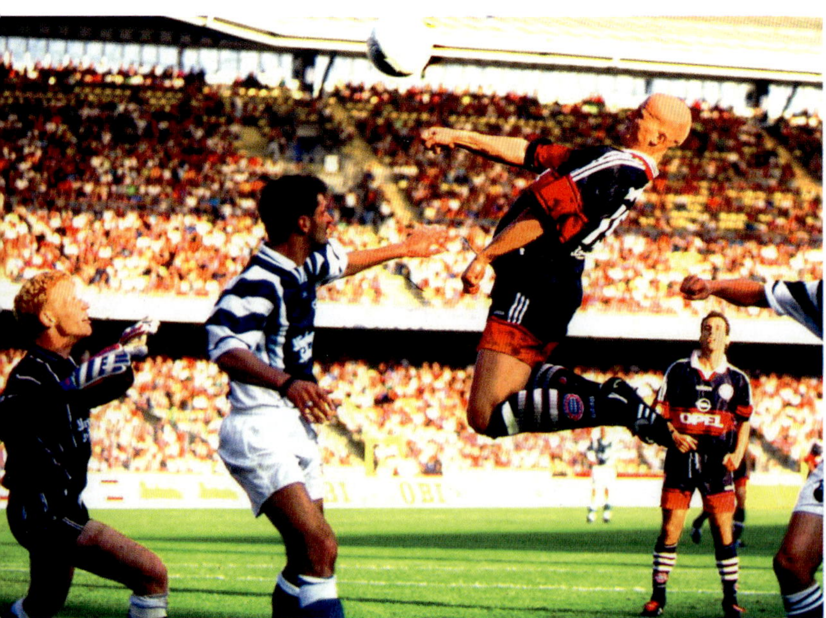

Carsten Jancker köpft den Ball über den Waldberger Torhüter Peter Hofmann ins Tor.

Historischer Abend im Nürnberger Frankenstadion

Daher schickte der „Maestro“, so sein Beiname, tatsächlich seine stärkste Elf auf den Platz. Es stürmten etwa Carsten Jancker und Giovane Elber, im Tor stand Oliver Kahn. Der musste trotzdem einen Gegentreffer hinnehmen: Getränkefahrer Peter Haase traf zum 1:2. Der Stadionsprecher sprach von einer „historischen Minute“, doch das Anschlusstor der Waldberger sollte sich als kurzfristiges Ereignis herausstellen: 10:1 stand es zur Halbzeit, 16:1 nach dem Abpfiff. Alleine Jancker traf fünfmal, Elber dreimal, Dietmar Hamann zweimal und sechs weitere Spieler je einmal. Die Partie wurde so sogar zum historischen Spiel: Bayerns höchster Pflichtspielsieg. Zudem war es der höchste Sieg in einem DFB-Pokalspiel überhaupt. Lediglich im DFB-Pokalvorgänger Tschammerpokal, der im Dritten Reich ausgetragen wurde, siegten die Stuttgarter Kickers einmal höher, 17:0 gegen VfB 05 Knielingen. Für Waldberg ging die Rechnung trotzdem auf: 35.500 Zuschauer schauten beim ungleichen Duell zu und sorgten für ungeplante Klubeinnahmen.

Trotz 11:1 gegen Dortmund – Gladbach ist besser

Außerdem dürfte die kleine DJK Waldberg, die mittlerweile einige Ligen tiefer angesiedelt ist, in ihrer Vereinsgeschichte noch nie dem großen Bundesliga-Vorzeigeklub Borussia Dortmund so nahe gekommen sein wie durch das 1:16 im Pokalspiel im Frankenstadion. Denn in der Liste der höchsten Münchner Pflichtspielsiege belegt ein Duell der Bayern mit dem BVB Rang zwei. Der höchste Bundesliga-Erfolg gelang dem Klub gegen Dortmund: 11:1 gewann der FCB am 27. November 1971 im Stadion an der Grünwalder Straße. Heutzutage mag der BVB einer der ärgsten Widersacher des FC Bayern sein, 1972 beendete er die Saison jedoch als Absteiger, die Münchner wurden dagegen zum dritten Mal in ihrer Historie Meister. Der mitgereiste Reporter der „Westfälischen Rundschau“ schrieb von einer „Hinrichtung“ der Dortmunder und dem „schwärzesten Tag in der Vereinsgeschichte“ des BVB, der allerdings auch auf mehrere Stammspieler verzichten musste. „Es hätten leicht 20 Tore werden können“, fand der Reporter. Doch weil die Mannschaft um Franz Beckenbauer, Gerd Müller, Uli Hoeneß, Franz Roth und Willi Hoffmann mehrere Torchancen nicht nutzen konnte, muss sich der FCB für die höchsten Bundesliga-Siege immer noch etwas steigern. Borussia Mönchengladbach gewann 1978 sogar 12:0 gegen die Dortmunder und elf Jahre zuvor bereits gegen deren Lokalrivalen FC Schalke 04 11:0. Das waren natürlich auch zwei schwarze Tage für die Fußballvereine aus dem Ruhrgebiet.

Die Fohlen

Der Rivale der 1970er lebt wieder auf

81

Obwohl sich die Münchner als Bewohner einer einzigartigen Stadt fühlen mögen, muss man ihnen schon entgegenhalten, dass es anders als bei anderen Großstädten doch mehrere Orte gibt, die den Namen ihrer Stadt tragen. Was schlicht daran liegt, dass dieser von dem Wort „Mönchen" kommt. Und die Mönche gab es nicht nur in Oberbayern, sondern zum Beispiel auch am Niederrhein. Vor einigen Jahrzehnten spielte die Borussia aus diesem Grund noch in München-Gladbach. Erst im Jahr 1950 wurde die Aussprache der Stadt von München- zu Mönchen-Gladbach verändert. Zehn Jahre später führte man die mittlerweile gebräuchliche Schreibweise Mönchengladbach ein.

Vorzugsweise Gladbach- oder Bayern-Fan

Das war gerade noch rechtzeitig, um die zwei großen Kontrahenten der kommenden Jahre auseinanderzuhalten. 1965 stiegen sowohl die Borussia als auch der FCB in die Bundesliga auf, 1969 begann die Kontinuität und Rivalität der beiden Mannschaften. Denn von 1969 an wurde bis 1977 entweder Bayern oder Gladbach deutscher Meister. Die Gladbacher schlugen die Münchner dabei sogar: Fünfmal gewannen sie, 1970, 1971, 1975, 1976, 1977 – und die Bayern? 1969, 1972, 1973 und 1974. Jahr für Jahr war es ein enges Rennen zwischen den Teams um Franz Beckenbauer, Sepp Maier und Gerd Müller im Süden sowie Berti Vogts, Günter Netzer und Jupp Heynckes im Westen. Im Weltmeisterkader von 1974 standen sechs Münchner und fünf Gladbacher unter den 22 Spielern. Europapokalsieger der Landesmeister wurden in den 1970er-Jahren dreimal die Münchner. Die Rheinländer gewannen zweimal den UEFA-Pokal (1975, 1979). Es erstaunt also nicht, dass die Kinder in Westdeutschland damals vorzugsweise entweder als Gladbach- oder als Bayern-Fans aufwuchsen.

Doch nicht nur die Städtenamen und der Erfolg ähnelten sich, beide Fußballvereine wurden auch dank des gleichen Ansatzes groß: Sie setzten damals strikt auf ihren Nachwuchs – die Borussia begründete ihren legendären Ruf der „Fohlenelf". Im Aufstiegsjahr spielte sie so unbekümmert, dass sie den Reporter Wilhelm August Hurtmanns („Rheinische Post") an junge Fohlen erinnerte. Bis heute setzt der Klub auf „Die Fohlen" als Markenname, sein Maskottchen ist Jünter, ein pechschwarzes junges Pferd mit ausladendem Gebiss und weißer Mähne.

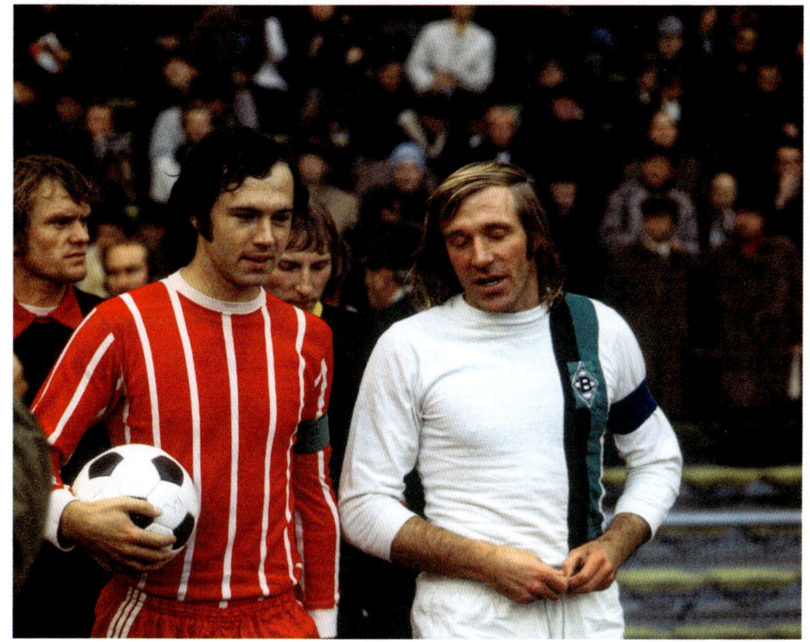

Die zwei Spielgestalter ihrer Teams: Günter Netzer (r.) und Franz Beckenbauer.

Im Jahr 2018 verlor der FCB daheim am höchsten

Und nachdem die Gladbacher zwischenzeitlich in die zweite Liga abgestiegen waren, erlebten sie in den 2010er-Jahren auch ihre Renaissance als Rivale des FC Bayern. Sie gewannen dabei fast genauso oft wie ihre Vorgänger vier Jahrzehnte zuvor. Das 3:0 der Fohlen am 6. Oktober 2018 in der Allianz Arena war ihr höchster Bundesliga-Auswärtssieg gegen Bayern überhaupt. Von Oktober 2014 bis Oktober 2016 war Gladbach gar unbesiegbar für den FCB unter dem Trainer Pep Guardiola.

Ihre höchste Niederlage in Gladbach bezogen die Münchner dagegen 1974 – die sorgte aber trotzdem für bayerische Glücksgefühle. Obwohl die Bayern 0:5 am letzten Spieltag verloren, wurden sie deutscher Meister vor Mönchengladbach. „Ich habe gegen Uli Hoeneß gespielt. Er hatte schätzungsweise noch 3,5 Promille", sagte Rainer Bonhof einmal. Das lag daran, dass der FCB direkt aus Brüssel kam, wo er einen Tag zuvor das Wiederholungsspiel im Europapokalfinale gegen Atlético Madrid gewonnen hatte. Am Niederrhein präsentierten die Münchner dann stolz (und etwas derangiert) ihre beiden Pokale.

Ewiger Rivale Bremen

Aílton, ein Osterhase und Willi Lemke

82

„Die Bremer sollen ruhig oben stehen bis Weihnachten. Aber der Nikolaus war noch nie ein Osterhase. Am Ende wird der FC Bayern wie immer vorne sein." Dieses Zitat stammt, der geneigte Fußballfan wird es sicher schon wissen, von Uli Hoeneß. Der Bayern-Manager war im Herbst 2006 ob seiner darbenden Münchner gekitzelt. Recht behielt er mit diesem Spruch allerdings nicht: Weder die Münchner noch die Bremer standen am Ende ganz oben, sondern der VfB Stuttgart jubelte im Mai 2007 mit der Meisterschale.

Lemke positionierte Bremen als David

Wie so oft, wenn es um den Konkurrenten SV Werder Bremen und dessen Erfolg ging, reagierte Hoeneß etwas genervt. Er hat schließlich bereits in den 1980er- und 1990er-Jahren viele verbale Kämpfe mit dem Rivalen aus dem Norden ausgefochten, besonders mit dessen Manager Willi Lemke, den er einen „Volksverhetzer" nannte. Durch ihn, so sagte er sogar einmal, habe er zu „hassen" gelernt. Lemke konnte ähnlich gut austeilen: „Hoeneß lässt alle spüren, dass sie seiner Meinung nach nur Schuljungen sind. Der einzige Klub, der erfolgreich arbeitet, ist der FC Bayern, davon ist er unbeirrbar überzeugt. Eine Arroganz, die nicht zu überbieten ist", sagte er der „Zeit". Er positionierte seinen Klub in der Rolle des David gegen den großen Goliath im Süden. Mit so einem Bild ließ sich medial arbeiten, passend dazu war Lemke auch noch SPD-Politiker, Hoeneß steht seit jeher der CSU nahe. Lemke berichtete aber auch: „Ich sehe nicht, was der Bayern-Manager sagt, weil ich den Fernseher immer abschalte, wenn er auf dem Bildschirm erscheint."

Hoeneß rächte sich auf seine Weise und holte Werder-Führungsspieler an die Isar: Andreas Herzog, Mario Basler, Claudio Pizarro, Miroslav Klose, Valérien Ismaël und Tim Borowski. Auch Werders Langzeittrainer Otto Rehhagel wechselte 1995 nach München, wurde allerdings bereits zehn Monate später entlassen.

Die Fehde zwischen den beiden Managern erheiterte die Nation, aber eigentlich hätte es sie gar nicht gebraucht. Denn auch sportlich boten die Teams spannende Spiele: Am 33. Spieltag 1986 etwa verschoss Michael Kutzop in der 88. Minute gegen den FCB einen Elfmeter, Bayern wurde

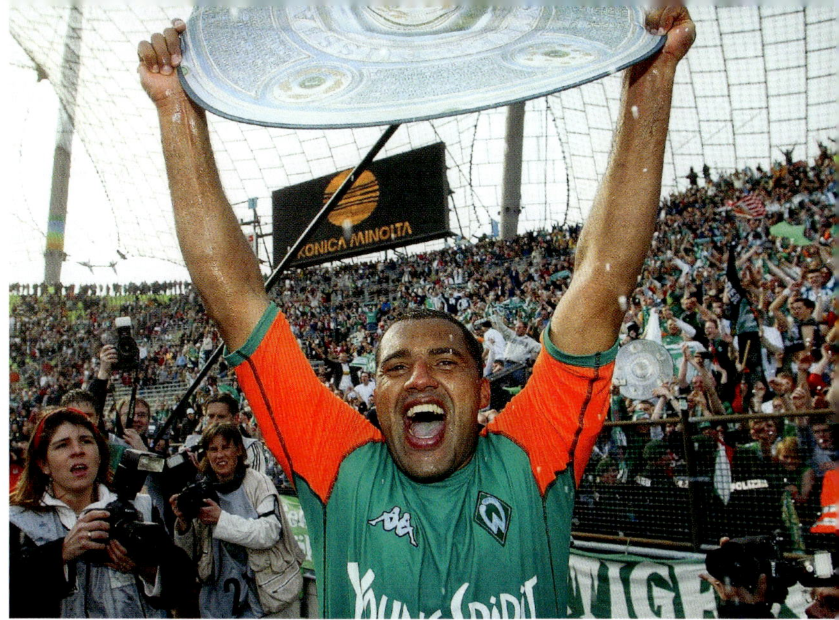

Vorzeitige Meisterfeier in München: Werder-Stürmer Aílton jubelt mit einer Attrappe.

doch noch Meister kurz vor dem Zielstrich. Die Revanche folgte knapp 20 Jahre später: Werder gastierte 2004 mit dem Torschützenkönig Aílton am 32. Spieltag in München, gewann 3:1 und feierte schon mit einer Meisterschalen-Attrappe im Olympiastadion, wenige Wochen darauf gewann Bremen auch noch den DFB-Pokal.

Ein Stück Altersmilde in der Fehde

Durch ihren Abstieg im Jahr 2021 sind die Bremer allerdings ins Hintertreffen geraten als ewiger Rivale der Bayern. Denn die Münchner zogen damit im Sommer 2022 auch gleich in der Anzahl der absolvierten Bundesliga-Saisons. Seither führen sie gemeinsam mit Werder Bremen diese Tabelle an. Denn die Werderaner haben direkt den flinken Wiederaufstieg in die Fußball-Bundesliga geschafft. Dort wollen sie sich nun wieder als Bayern-Verfolger etablieren. In der Fehde der beiden Alphatiere wurde es jedoch ruhiger, nicht zuletzt, weil Lemke ab 1999 als Senator der Freien Hansestadt arbeitete. Zu seinem 70. Geburtstag im Jahr 2016 lud Lemke Hoeneß sogar als Gast ein – 20 Jahre zuvor erschien so eine Geste noch undenkbar. Ein Stück Altersmilde kehrte ein zwischen den beiden Zänkern.

Ein reines Gewissen

83

Der Höhepunkt im Hoeneß-Daum-Zwist

Christoph Daum wies im Oktober 2000 vor laufenden Kameras noch einmal darauf hin: „Ich tue das, weil ich ein absolut reines Gewissen habe." Der damals 46-Jährige stand kurz davor, seinen Höhepunkt als Trainer zu erreichen: deutscher Bundestrainer zu werden. Doch da kam ihm erst einmal ein Interview von Uli Hoeneß mit der Münchner „Abendzeitung" dazwischen. „Der DFB kann doch keine Aktion ‚Keine Macht den Drogen' starten und Herr Daum hat vielleicht damit etwas zu tun", sagte Hoeneß. Er verwendete auch den Ausdruck „verschnupften Daum". Anspielungen, die auf Kokainmissbrauch hindeuteten. Aufgrund des medialen Drucks musste der Leverkusener Trainer die Sache nun ausräumen. Okay, dann ließ er halt diese Haarprobe freiwillig mit sich machen, dachte er sich wohl. Er übergab sie ans Institut für Gerichtsmedizin in Köln. Er tat das, weil er ein absolut reines Gewissen hatte.

„Mit Drogen in Kontakt gekommen"

Das mag auch gestimmt haben, nur war das Ergebnis der Probe positiv. Nach der Bekanntgabe des Ergebnisses am 20. Oktober wurde er in Leverkusen fristlos entlassen, der DFB löste den Bundestrainer-Vertrag, gültig ab 1. Juni 2001, auf. Rudi Völler blieb Teamchef. Daum zog sich nach Florida zurück und sagte im Januar 2001 auf einer Pressekonferenz: „Ich gebe hier klar und offen zu, dass ich mit Drogen in Kontakt gekommen bin. Ich habe Kokain zu mir genommen. Die Haaranalyse, die ich hab machen lassen, muss man im Nachhinein sagen, das war ein Fehler. Ich habe es mir auch anders vorgestellt." Daum lachte. Doch er wusste, den Höhepunkt als Coach hatte er nun hinter sich. Gleichwohl stellten auch die Vorkommnisse einen Höhepunkt dar: den im Zwist der Intimfeinde Daum und Hoeneß, einer der großen Fehden in Hoeneß' 30-jähriger Managertätigkeit. Schon knapp zwölf Jahre vor der sogenannten „Koks-Affäre" startete ihr von Spitzen geprägter Dauerkonflikt.

Damals saßen beide gemeinsam im „ZDF-Sportstudio". Im harten Meisterschaftskampf zwischen dem 1. FC Köln und dem FC Bayern wurden vor dem Spitzenspiel sowohl Daum und Udo Lattek (Trainer und sportlicher Leiter in Köln) als auch FCB-Trainer Jupp Heynckes und Hoeneß in die Sendung eingeladen. Zuvor hatte Daum über Heynckes

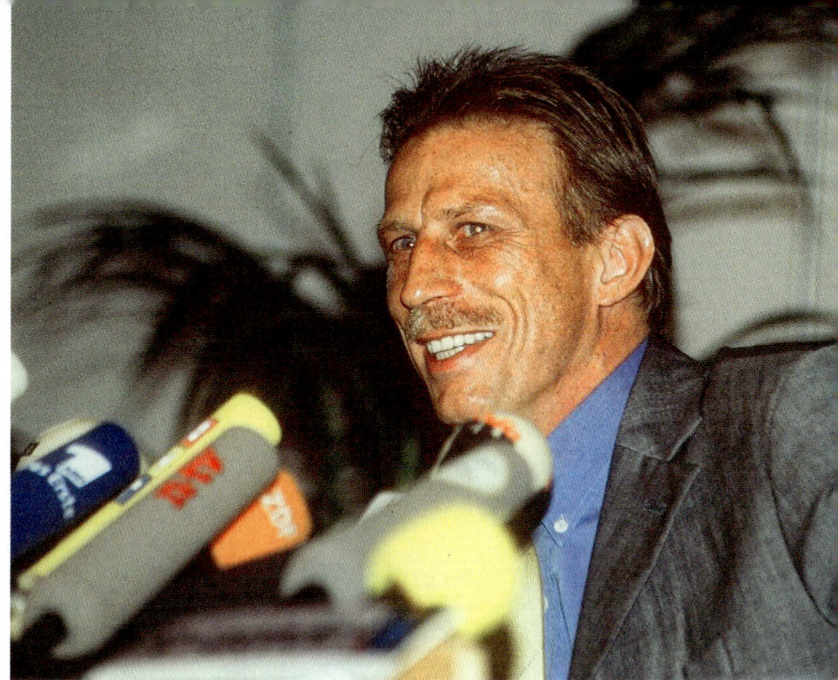

Die Pressekonferenz nach der Rückkehr: Christoph Daum gibt Drogenmissbrauch zu.

gesagt, er könne auch Werbung für Schlaftabletten machen und dass die Wetterkarte interessanter sei als ein Gespräch mit ihm.

Hoeneß über Daum: „Der wird uns nie überholen"

Hoeneß stand Heynckes seit jeher nahe. In seinen Augen muss dieser Daum vor diesem Abend ein unflätiger Emporkömmling und Querulant gewesen sein – und daher konfrontierte er ihn im Zwiegespräch: „Du hast über Jupp Heynckes gesagt, er könne Werbung für Schlaftabletten machen." Daum: „Richtig." Hoeneß: „Du hast gesagt, die Wetterkarte sei interessanter als ein Gespräch mit Jupp Heynckes." Daum: „Richtig. Dazu stehe ich auch." Die Antwort von Hoeneß: „Am nächsten Donnerstag ist dein Weg zu Ende." Tatsächlich gewannen die Münchner das anschließende Spitzenspiel 3:1. Und kurz darauf die Meisterschaft. „Der kann noch 100 Jahre spielen, der wird uns nie überholen", sagte Hoeneß später über Daum, als dieser bereits Leverkusener Trainer war und erneut gegen den FCB um den Titel kämpfte. Lediglich im Jahr 1992 setzte sich Daum durch und wurde mit dem VfB Stuttgart Meister. Da belegte der FCB übrigens nur Rang zehn.

Spätes Debüt

Toni Schumacher in Lederhosen

84

Der Fußball-Torwart Harald Anton Schumacher, von allen „Toni" gerufen, erreichte als deutscher Nationaltorhüter zweimal das Finale einer WM (1982, 1986), zudem wurde er 1980 mit der Nationalmannschaft Europameister. Zwei Jahre zuvor schon hatte er mit dem 1. FC Köln den deutschen Meistertitel errungen. All das sind Attribute, die ihn zweifellos dafür prädestinieren, einmal vom FC Bayern München umworben und verpflichtet zu werden. Schließlich genügte später im Fall Oliver Kahns, dass er angehender Nationaltorwart war, um ihn zu verpflichten, oder im Fall Manuel Neuers allein der Fakt, dass er Nationaltorwart und zuvor U21-Europameister 2009 war, um ihn zu holen – wenn man die jeweilige Vita zumindest schlicht in Erfolgen zusammenfasst.

Eine der größten Krisen zu Bundesliga-Zeiten

Doch als der FC Bayern München Toni Schumacher unter Vertrag nahm, hatte der seine größte Zeit hinter sich. Anders als später Kahn oder Neuer wechselte da nicht ein aufstrebender Torwart nach München, sondern ein 37-Jähriger, der zuvor vereinslos war, dessen Karriere dem Ende zuging. Eigentlich war er ja schon im Ruhestand nach seiner letzten Station Fenerbahçe Istanbul, als ihn der FCB im Jahr 1991 um Hilfe bat. Denn der Verein steckte in einer seiner größten Krisen zu Bundesliga-Zeiten überhaupt, weil ganz im Sinn von Murphys Gesetz alles schief ging, was schief gehen konnte: Bereits vor der Saison hatte der langjährige Anführer Klaus Augenthaler seine Karriere beendet und dessen Abwehrkollegen Stefan Reuter und Jürgen Kohler wurden zu Juventus Turin verkauft. Der Mannschaft fehlten die gewohnten Stützen. Nach zwölf Spieltagen entließ Manager Uli Hoeneß den Trainer Jupp Heynckes, den der

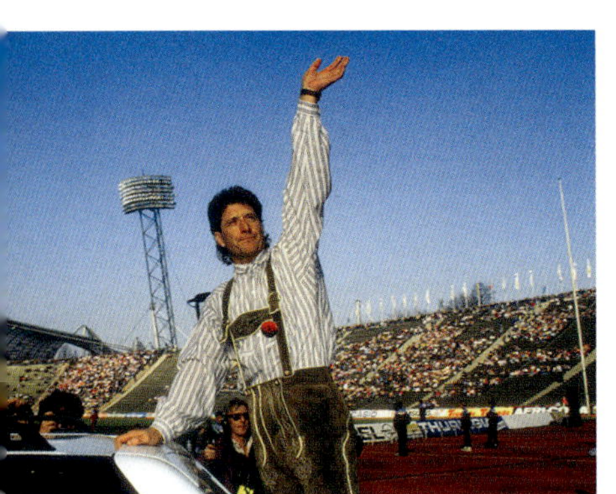

Zum Abschied aus München präsentiert sich Toni Schumacher in Lederhose.

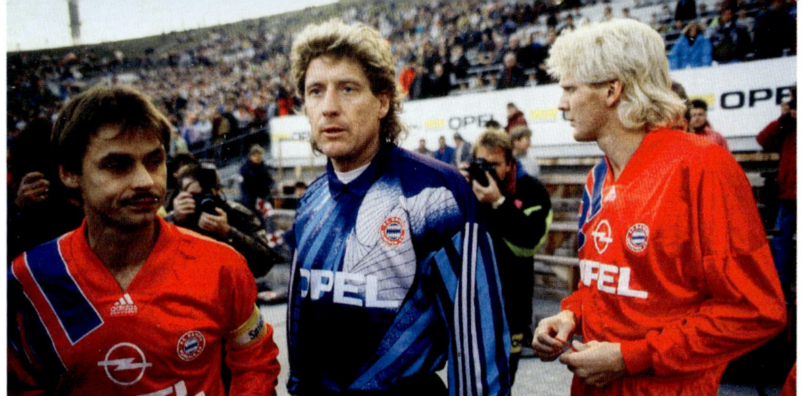

Tolle Frisuren: Toni Schumacher (Mitte) mit Stefan Effenberg (r.) und Olaf Thon (l.).

frühere Spieler Søren Lerby ersetzte. Wenige Wochen zuvor hatte sich der Stammtorwart Raimond Aumann einen Kreuzbandriss zugezogen, der Ersatztorhüter Sven Scheuer fiel ebenfalls aus und Gerald Hillringhaus, die Nummer drei, hielt nicht so, wie es sich der Verein wünschte. Da erinnerten sich die Münchner Verantwortlichen an den markanten Lockenkopf, der ihnen einst so viele Chancen zunichtemachte: Schumacher sagte zu und half beim FCB aus. Es war ein Comeback für acht Spiele, nach der Rückkehr aus dem Krankenstand kehrte Aumann zurück ins Tor.

153 Tage Trainer: Søren Lerbys Negativrekord

Obwohl Edelhelfer Schumacher kam, sollte der Klub noch in ernste Abstiegsgefahr geraten: Mit dem „Tünn", wie ihn die Kölner nennen, im Tor verloren die Bayern am 21. Spieltag 1:2 in Rostock und waren gerade einmal zwei Punkte entfernt von den Abstiegsplätzen. Später in der Saison, als Schumacher sich schon in Lederhosen von den Fans im Olympiastadion verabschiedet und seinen offiziellen Rücktritt bekanntgegeben hatte, kamen die gefährlichen Ränge noch einmal drei Punkte nahe. Als Reaktion darauf entließ der Klub am 9. März 1992 Lerby, und damit nach nur 153 Tagen. Das ist die kürzeste Amtszeit aller FCB-Trainer. Mit Lerbys Nachfolger Erich Ribbeck schafften die Bayern zwar den Klassenverbleib, doch die Saison bleibt eine der schlechtesten in ihrer Geschichte.

Toni Schumacher immerhin sollte später ein schöneres Karriereende erleben. Als 42-Jähriger musste er noch einmal aushelfen. Der damalige Dortmunder Trainer Ottmar Hitzfeld reaktivierte Schumacher 1996, als dieser als Torwarttrainer beim Verein arbeitete. Im letzten Saisonspiel wechselte ihn Hitzfeld zwei Minuten vor dem Ende ein – was Schumacher die zweite deutsche Meisterschaft seiner Torhüterkarriere bescherte.

Auf der Wiesn

85

Dort, wo die Vorgänger noch Fußball spielten

Die Theresienwiese in München ist einer der ältesten Fußballplätze des Ortes. In den späten Jahren des 19. Jahrhunderts wurde dort gekickt. Auch der FC Bayern war ab seinem Gründungsjahr 1900 einer der Nutzer des Platzes. Im April 1900 errangen die Bayern etwa hohe Siege gegen MTV München (7:1) und FC Bavaria München (12:1), schreibt Dietrich Schulze-Marmeling in der „Bayern-Chronik", auf der Wiese, die nach Therese von Sachsen-Hildburghausen benannt ist, der Gattin von König Ludwig I.

„O'zapft is!" – Das versteht inzwischen fast jeder

Am bekanntesten ist die fast 60 Fußballfelder große Theresienwiese aber natürlich nicht mehr wegen des Fußballs, sondern wegen des dortigen Oktoberfests. Das erste fand im Jahr 1810 zu Ehren der Hochzeit von Therese und König Ludwig statt. Seitdem hat sich die Wiesn (bayerisch von Theresienwiese), wie die Münchner sagen, so etabliert, dass jährlich 6 Millionen Gäste kommen. Es ist ein Fest der Völkerverständigung geworden: Kanadier feiern dort ihre Flitterwochen, Deutsche und Australier gönnen sich ein paar Tage Rausch, Italiener campen in der bayerischen Landeshauptstadt, die nach eigenem Empfinden ja die nördlichste Stadt Italiens sein soll. Unter den 6 Millionen Besuchern sind seit Jahren auch die Fußballer, Trainer, Manager und Präsidenten des Fußball-Clubs Bayern, die sich zumindest einmal offiziell im Käfer-Zelt blicken lassen. Also dort, wo die Reichen und Schönen ihre Maßen trinken. Wichtig dabei am Rande, um nicht aufzufallen: Die Maß sollte sich auf „Fass" reimen (und nicht auf „Haas").

Den Bayern-Fußballern wird das recht schnell eingebläut. Sie zeigen sich zur Wiesn-Zeit ab Mitte September auf dem Platz in Form (2018 endete etwa eine achtjährige Wiesn-Serie ohne Niederlage) und treten auf dem Fest in bayerischer Tracht auf, zuletzt angefertigt vom Trachten-Hersteller Beckert aus Obernzell bei Passau. Die neu Hinzugekommenen, auf Bayerisch die „Zuagroasten", fremdeln anfangs zwar noch etwas mit der traditionellen oberbayerischen Bekleidung – Haferlschuhe, Lederhosen, Hemd und Trachtenjanker –, gewöhnen sich aber im Lauf des Nachmittags daran. Und den Ausdruck „O'zapft is!" versteht mittlerweile eh fast jeder Erdenbürger, egal ob er aus Gelsenkirchen oder Spanien stammt.

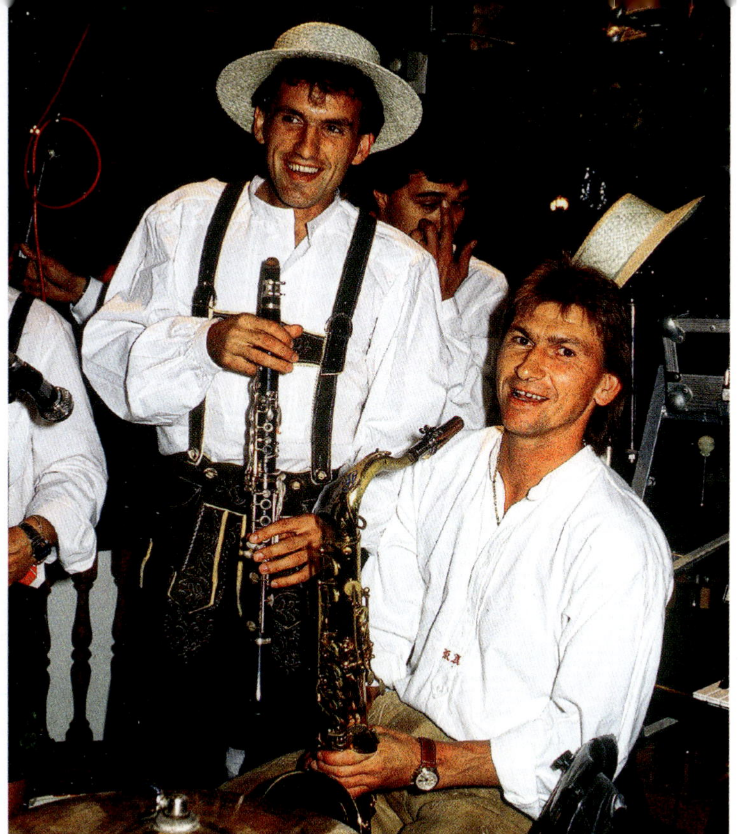

Klaus Augenthaler (r.) und Radmilo Mihajlovic mit Saxophon und Klarinette.

Manche schummeln sich aus der Tracht-Pflicht

An den Dresscode halten sich allerdings nicht alle ganz strikt oder schummeln sich mit Schleich- und Auswegen aus der Pflicht: Im Oktober 2018 flanierten etwa Torwart Manuel Neuer und Mittelfeldspieler Thiago Alcántara in braunen bzw. schwarzen Sneakers über die Wiesn.

Eines hat sich für die Spieler ohnehin verändert: Inzwischen reicht es, Selfies zu schießen, Autogramme zu schreiben und für die Fans und Fotografen zu posieren. In den Sechzigerjahren musste der DFB-Pokalsieger-Trainer Zlatko Čajkovski dagegen noch sein musikalisches Talent unter Beweis stellen und die Blaskapelle im Löwenbräu-Zelt dirigieren. 20 Jahre später bekamen Klaus Augenthaler und Radmilo Mihajlović ein Saxophon und eine Klarinette in die Hand gedrückt, um ein Ständchen zu spielen.

Das Bankett

86

Abendbrot bei Brandreden

Der FC Bayern ist mittlerweile ein Wirtschaftsunternehmen, das aber trotz seiner Größe immer noch versucht, ein familiärer Verein zu bleiben. Und als solcher erhält sich der FCB auch eines der wichtigsten familiären Rituale unserer Zeit: das gemeinsame Abendessen. Nur heißt das bei den Bayern etwas anders. Sie nennen den Schmaus nach wichtigen Spielen Bankett, es ist der typische Schlusspunkt eines Endspiel-Tages, auch Auswärtsfahrten in der Champions League enden mit dem Bankett. Das Wort verleiht dem Essen zumindest nach außen einen seriösen, ja sogar festlichen Anstrich, und in der Tat genießen die Spieler und Verantwortlichen ein hochwertiges Mahl vom Mannschaftskoch. Doch richtig festlich geht es vor dem Schnabulieren oft gar nicht zu. Denn wie in der Familie lässt der Verein beim gemütlichen Zusammensitzen noch einmal den Tag Revue passieren, und nicht immer verlief der auch gut. In der jüngeren Geschichte des FC Bayern stehen die Bankette daher nicht nur für Siegesfeiern wie 2013 mit Samba im Hotel „Grosvenor House“ in London, als die Bayern die Champions League gegen Borussia Dortmund gewannen. Sondern sie stehen auch für Wutreden – das Bankett als Schafott.

Beckenbauer spricht die Mutter aller Bankett-Reden

Den Anfang in der Disziplin als Brandredner machte Franz Beckenbauer, der nach einer 0:3-Niederlage im März 2001 im Salon Tête d'Or des Hilton Hotels in Lyon zürnte: „Das hat nichts mit Fußball zu tun. Das ist eine andere Sportart, die wir spielen“, fand der damalige Präsident. „Das ist Uwe-Seeler-Traditionsmannschaft, Altherrenfußball. Tut mir leid, wenn ich das so sagen muss. Es ist so.“ Weiter analysierte er: „Da schaust du aus wie ein Lehrbub, und zum Schluss kannst noch froh sein und sagen: ‚Vielen Dank, dass wir nur 3:0 verloren haben.‘“ Er resümierte: „Es war eigentlich bis auf das Spiel ein schöner Ausflug.“ Da lachte das Publikum wieder. Wenngleich die Frage ist, wie viel Appetit einem Fußballer beim anschließenden Festessen noch so bleibt. Die Ansprache zeigte immerhin Wirkung, am Ende der Saison gewann der FC Bayern die Champions League in Mailand.

Beckenbauers Rede wurde zur Mutter aller Brandreden in München, als Mittel war sie danach akzeptiert. Besonders der Vorstandsvorsitzende Karl-Heinz Rummenigge griff ebenfalls nach Niederlagen in der Cham-

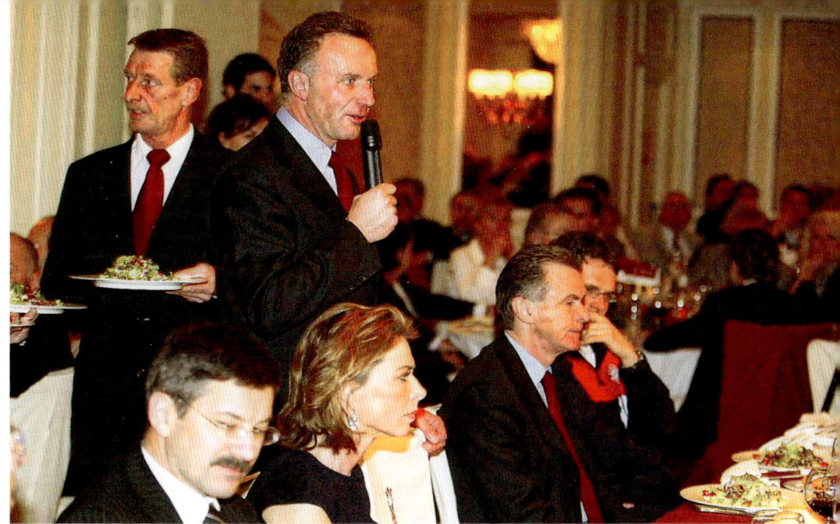

Typische Bankett-Situation: Karl-Heinz Rummenigge redet, der Rest des Klubs hört zu.

pions League zu, als er 2017 den Trainer Carlo Ancelotti kurz vor dessen Entlassung nach einem 0:3 in Paris demontierte. Oder nach dem 2:5 beim DFB-Pokalfinale gegen Dortmund 2012. „Das war eine Blamage, die wir heute Abend erlebt haben. Jedes Tor der Dortmunder, das wir erlebt haben, ist dann wie so eine Watschn." Damals verloren die Münchner auch das „Finale dahoam" in der Champions League gegen den FC Chelsea eine Woche später. „Heute ist einer dieser Abende, wo man sagt, man wäre besser daheimgeblieben und hätte das nicht erlebt", sagte Rummenigge danach.

Rummenigge kritisiert den Schiedsrichter

Der Vorstandsvorsitzende war es auch, der die Kritik beim edlen Bankett von der Mannschaft auf den Schiedsrichter erweiterte. „Ich muss sagen, ich habe heute zum ersten Mal so etwas wie wahnsinnige Wut in mir, Wut, weil wir beschissen worden sind. Wir sind beschissen worden, im wahrsten Sinne des Wortes", schimpfte er nach dem Champions-League-Aus 2017 bei Real Madrid. In der Tat leistete sich das Gespann um den ungarischen Schiedsrichter Viktor Kassai im engen Spiel umstrittene Entscheidungen, dabei profitierte aber nicht nur Real, sondern auch der FC Bayern. Letztlich scheiterte der FCB in der Verlängerung. Lob bekam dafür an diesem Abend das Team im Hotel Gran Meliá Palacio de los Duques: „Wir haben eine tolle Mannschaft mit einem tollen Charakter." Mehr Appetit auf das Festmahl hatten die Spieler nach dem Ausscheiden aber vermutlich trotzdem nicht.

Arzt des Vertrauens

Müller-Wohlfahrt behandelt Bayern

87

Längere Haare als der Durchschnittsbürger der Bundesrepublik Deutschland hatte Hans-Wilhelm Müller-Wohlfahrt schon, als er seinen Dienst beim FC Bayern München antrat. Nur wurde die wallende Mähne, die ihn bei seinen Sprints über die Fußballfelder Deutschlands und der Welt begleitete, von April 1977 an über die Jahrzehnte schon noch länger. Das waren ja seine Markenzeichen auf dem Fußballplatz: einerseits, dass er als weit über 70-Jähriger noch fast so schnell sprintete wie der Jamaikaner Usain Bolt, den er während dessen Karriere auch betreute. Und andererseits, dass hinter dem laufenden Mann seine Haare durch die Luft wirbelten.

„Ärzte-Zoff" unter Trainer Pep Guardiola

Mehr als 40 Jahre FC Bayern sind eine lange Zeit für einen Mannschaftsarzt. Müller-Wohlfahrt hat vieles mitgemacht. Er nahm sich daher auch zwei kurze Auszeiten. 2008, als Jürgen Klinsmann Trainer war, ließ er sich freistellen. Und am 16. April 2015 beendete das Ärzteteam um ihn die Zusammenarbeit. Es ist das Ereignis, das (neben den Sprints) am nachhaltigsten von Müller-Wohlfahrt in Erinnerung bleibt: als sogenannter „Ärzte-Zoff" unter Pep Guardiola. Müller-Wohlfahrt begründete den Schritt nach dem Gastspiel im Viertelfinale der Champions League in Porto (1:3) damit, dass die medizinische Abteilung aus „unerklärlichen Gründen für die Niederlage hauptverantwortlich gemacht" worden sei. Das Vertrauensverhältnis sei nachhaltig beschädigt. Spannungen gab es schon zuvor zwischen dem Coach und dem Arzt: „Frag den Doktor!", sagte Guardiola mürrisch, wenn es in den Pressekonferenzen um die Ausfallzeiten seiner Spieler ging, die ihm zumeist zu lange dauerten.

„Der FC Bayern heißt mit zweitem Vornamen ‚Mia san mia', aber aus den beiden Ms ist jetzt ein Stückchen weggebrochen. Der Mull (Müller-Wohlfahrt) war schon auch immer dabei im Vereinsnamen, er ist länger bei diesem mystischen Verein (seit 1977), als Philipp Lahm auf der Welt ist (1983)", schrieb die „Süddeutsche Zeitung". Im Jahr 2018 veröffentlichte Müller-Wohlfahrt seine Biografie – unter dem Titel „Mit den Händen sehen. Mein Leben und meine Medizin". Er behauptet, dass er mit seinen Händen Muskelverletzungen erkennen

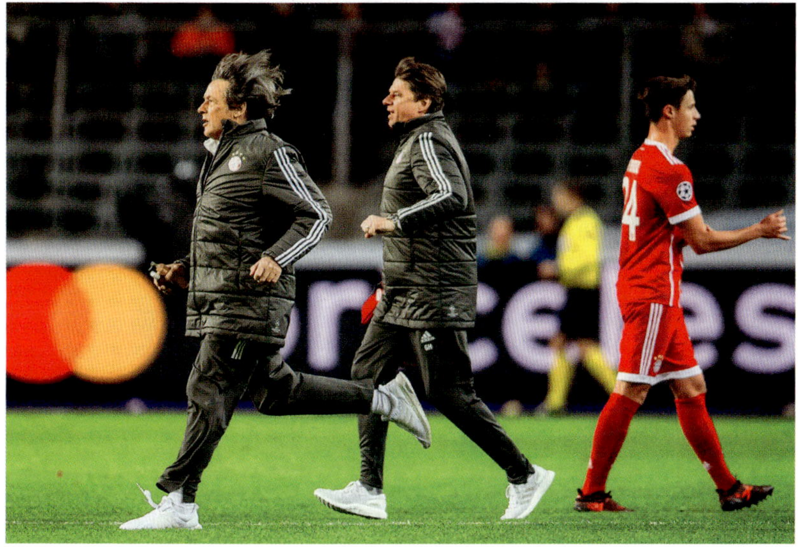

Die Mähne im Wind: Mannschaftsarzt Müller-Wohlfahrt sprintet zu einem Einsatz.

kann. „Ich tauche quasi in den Muskel ein", sagte er einmal. Umstritten sind dagegen seine Behandlungen mit Actovegin, ultrafiltriertem Kälberblut, das er in den Muskel spritzt.

„Ich habe Guardiola angeschrien"

Das Zerwürfnis mit Guardiola 2015 stellte er in der Biografie so dar: „Gleich in der ersten Saison hatten wir weit, weit mehr Muskelverletzungen als in der so erfolgreichen Saison 2012/13 zuvor. Und er wusste alles besser: Fünf Minuten Aufwärmen im Schnelldurchlauf, das musste reichen. Doch das konnte nicht gut gehen." Statt einer Aussprache kam es jedoch zum Eklat: „Ich habe völlig die Beherrschung verloren, Guardiola angeschrien", schreibt er. „Ich konnte nicht begreifen, dass ein Trainer, der so viele Lebensjahre zählte wie ich Berufsjahre bei den Bayern, mir und meiner Erfahrung keinerlei Gehör schenkte." Was natürlich auch etwas über Müller-Wohlfahrt aussagte. Da trafen zwei meinungsstarke Persönlichkeiten aufeinander. Die Spieler kamen trotzdem in seine Praxis im Alten Hof im Stadtzentrum, was letztlich auch den Weg zur Wiedervereinigung mit dem FC Bayern im November 2017 eröffnete. Guardiola verließ den Klub ja bereits 2016. Der Sprinter Müller-Wohlfahrt beendete seine Tätigkeit als FCB-Mannschaftsarzt dann im Sommer 2020 – im Alter von 77 Jahren.

Der langjährige Koch

Alfons Schuhbecks Rezepte

88

Gutes Essen gehört zum Leistungssport dazu. Nur wer seinen Motor richtig tankt, entfaltet im Stadion die volle Kraft. Und so engagierten die Bayern in den 1980er-Jahren einen Mannschaftskoch, der schon damals den Ruf hatte, die Gaumenwünsche der Prominenten zu erfüllen: Alfons Schuhbeck. Lange Jahre bekochte er den prominentesten Fußballverein Deutschlands. An seinem Kochhemd trug er meist auf der linken Brustseite das eigene Wappen, rechts das des FC Bayern. Vor der EM 2008 kochte er sogar einmal auf dem Anstoßpunkt der Allianz Arena sein EM-Rezept für den „Bayerischen Rundfunk".

Der Koch wusste die Stelle beim deutschen Rekordmeister schon für sich zu nutzen: Zwei Bayern-Kochbücher veröffentlichte er, in seinem Online-Shop vertrieb er den „FC Bayern Steak- & Grill Würzer", eine Gewürzmischung für 6,80 Euro pro 125 Gramm. Zudem bereitete er in YouTube-Videos Fußballermenüs mit Thomas Müller, Manuel Neuer oder Rafinha zu. Von 2011 an betreute er auch einige Jahre den „Paulaner Treff" am Trainingsgelände, wo die Bayern-Fans etwa Currywurst, Nürnberger Bratwürstl oder Pommes schnabulieren können.

Drei Jahre zuvor übernahm er das Profi-Essen am Vereinsgelände. „Es ist absolut nichts einzuwenden gegen die Bohnensuppe von Frau Lucio, aber die Ernährung sollte ausgewogen sein", sagte Manager Uli Hoeneß einmal, als er das ganzheitliche Ernährungskonzept unter Trainer Jürgen Klinsmanns und Schuhbecks Federführung vorstellte. Die Spielerfrauen lud er zu Schuhbeck ein, einige haben angeblich Kochkurse bei ihm besucht. Seine Zeit als FCB-Koch endete dann allerdings abrupt: Schuhbeck musste 2023 eine Haftstrafe wegen Steuerhinterziehung antreten.

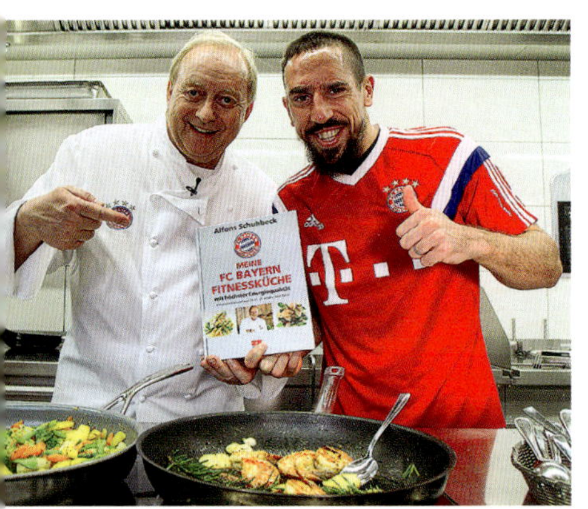

Mit Buch und Franck Ribéry: Bayern-Koch Alfons Schuhbeck.

Herausgeputzt und stibitzt

89

Der Derby-Tag des Carsten Jancker 1998

Es lief die 43. Spielminute im Derby des FC Bayern gegen den TSV 1860 München, der FCB führte 1:0, als der Angreifer Carsten Jancker auf seine Chance lauerte. Vom Toraus schlich er sich an den 1860-Torhüter Bernd Meier an. Der hatte den Ball in der Hand, überlegte noch, wohin er ihn denn werfen sollte, als er den entscheidenden Fehler machte. Er ließ die Kugel vor seine Füße fallen. Wie eine jagende Viper biss Jancker reflexartig zu. Er schnappte sich den Ball, kurvte um Meier herum und schoss den Ball aus sechs Metern ins Tor. Der FCB siegte 3:1. Bernd Meier, der 2012 als 40-Jähriger an einem Herzinfarkt verstarb, war unten durch bei seinem Trainer Werner Lorant. Er machte kein Spiel mehr für die „Löwen".

Der Verein kreierte eigene Stadtderby-Trikots

Die Szene ist bekannt, sie hat es in so einige Bundesliga-Rückblicke geschafft. Was jedoch die wenigsten wissen: Jancker schoss sein legendäres Tor in legendärem Gewand. Die Bayern traten an diesem 11. April 1998 in besonderen Kleidern an. Eigens für die zwei Stadtduelle in dieser Saison kreierte der FCB gemeinsam mit dem Trikothersteller Adidas ein rot-weißes Derby-Trikot. Während beim Hinspiel an Allerheiligen 1997 (2:2) noch viele in der langärmligen Version antraten, waren die April-Trikots kurzärmlig. Janckers Trikot gibt es übrigens noch. Es liegt „an einem geheimen Ort" in der Ortenau in Baden, verriet Sebastian Schaller im Jahr 2018 der Website „Baden Online". Das FC-Bayern-Museum Erlebniswelt hatte zuvor versucht, ihm das Trikot für zwei VIP-Tickets abzukaufen. Das hat nicht geklappt. Schaller hat eine hohe „emotionale Bindung" zum Leibchen. Als Junge bekam er es noch am Derby-Tag am Olympiastadion geschenkt. Durchgeschwitzt und aus Janckers Tasche, bevor der Torschütze wegfuhr.

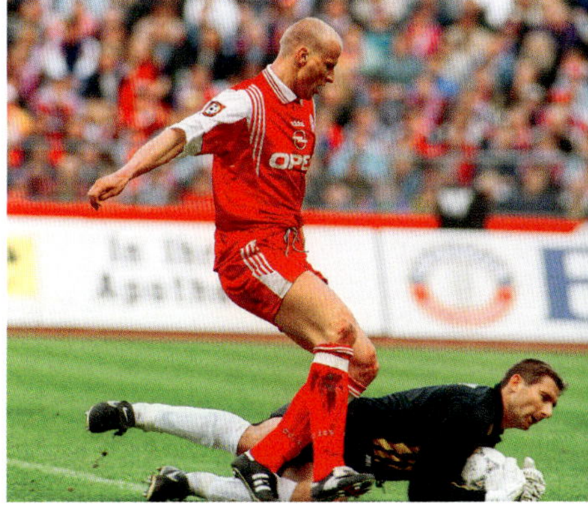

Die Derby-Figuren 1998: Carsten Jancker und Bernd Meier (r.), der hier zupackt.

Brasilianer in Bayern

Von Elber-Rollen und Isar-Krokodilen

90

Zweifelsohne war der Fußballer Giovane Elber ein formidabler Angreifer. Davon zeugen alleine seine 133 Tore in der Bundesliga, hinter Robert Lewandowski und Claudio Pizarro ist er damit die Nummer drei der besten ausländischen Torjäger. Doch nicht nur Tore zeichneten Elber aus, sondern auch ein ganz besonderer Innovationsgeist. Der Legende nach gilt der Brasilianer als Erfinder der Bierdusche, nachdem er 1998 nach dem DFB-Pokalsieg den Trainer Giovanni Trapattoni nass machte. Zudem überraschte er mit einer beeindruckenden Variation an Torjubeln: Einmal packte er die Säge aus, dann tanzte er mit schwingenden Hüften um die Eckfahne. Und wieder ein anderes Mal kreierte er die Elber-Rolle: Er rollte sich in ein Bayern-Wappen am Rande des Spielfelds ein. Elber war einer der größten Spaßmacher beim FCB, der aber auch ernst sein konnte. Im Gedenken an die Opfer vom 11. September 2001 schickte er nach seinem Siegtor gegen Freiburg eine Friedenstaube durchs Olympiastadion.

Den Anfang machten 1991 Mazinho und Bernardo

Noch heute steht Elber für die „FC Bayern Legends" auf dem Platz, gemeinsam mit zwei früheren Mitspielern aus Brasilien: Paulo Sergio und Zé Roberto. Hört man diese Namen, merkt man, dass die Brasilianer den FC Bayern ein ganzes Stück weitergebracht haben. Liebe auf den ersten Blick war es zwischen dem Münchner Klub und den Kickern aus dem Land des Rekordweltmeisters aber nicht unbedingt. Seit jeher (oder zumindest seit Pelé) haben die brasilianischen Fußballer ja den Ruf, spielerische Leichtigkeit mit großem Erfolg zu verbinden, was auch der FC Bayern nutzen wollte.

Doch die ersten Ankömmlinge erfüllten den Wunsch nicht. Mazinho und Bernardo kamen im Sommer 1991 direkt aus Südamerika. Mazinho blieb bis 1994 und erzielte immerhin elf Tore in 49 Partien. Bernardo war dagegen schon nach einem halben Jahr wieder weg, er schaffte lediglich vier Bundesliga-Einsätze. Der Mittelfeldspieler hinterließ allerdings eine Anekdote: Während einer Floßfahrt vor dem Saisonstart schmiss ihn Klaus Augenthaler in die Isar und rief: „Crocodiles!" Bernardo, mit dem Münchner Flussbestand offensichtlich noch nicht vertraut, schwamm um sein Leben und erheiterte seine Kollegen beim Mannschaftsausflug.

Fünf Brasilianer als Champions-League-Sieger

Nach Mazinho und Bernardo kam Jorginho, der erste Brasilianer, der nachhaltig Eindruck hinterließ. Auch weil er das Transfermodell revolutionierte: Jorginho kam von Bayer Leverkusen. Fortan holten die Münchner die Brasilianer erst in Europa, das Einleben im verschneiten und krokodilfreien München gestaltete sich so leichter. Wie Jorginho wurden auch Elber, Sergio, Zé Roberto und Lúcio zu Stützen des Vereins. So wie später auch Luiz Gustavo, Dante, Rafinha und Douglas Costa. Mit Elber und Sergio gewann der FCB die Champions League 2001, mit Gustavo, Dante und Rafinha den Titel in der Königsklasse 2013. Zé Roberto (kein Alkohol, keine Zigaretten) war dagegen der wohl kompletteste Brasilianer. Sowohl als Linksaußen als auch als defensiver Mittelfeldspieler überzeugte er – lediglich mit dem Toreschießen haperte es etwas.

Einmal rückten die Bayern noch von ihrer Transferpolitik ab. Im 18-jährigen Verteidiger Breno vom FC São Paulo sahen sie im Januar 2008 ein so großes Juwel, dass sie doch wieder direkt in Brasilien zugriffen – für zwölf Millionen Euro. Doch Breno tat sich schwer, erst mit dem Schnee, dann mit Verletzungen, später auch psychisch. Im Juli 2012 wurde er wegen schwerer Brandstiftung zu drei Jahren und neun Monaten Haft verurteilt. Vorzeitig aus der Haft entlassen, ging er 2014 nach 21 Bundesliga-Spielen für den FCB zurück in die Heimat. Sein Fall hat sich im Klub so eingekerbt, dass der nun tatsächlich keine Brasilianer mehr direkt aus Südamerika holt. Wie ernst die Münchner diese Vorgabe nehmen, musste der Trainer Pep Guardiola erfahren. Der durfte im Jahr 2013 seinen Wunschspieler Neymar vom FC Santos nicht verpflichten.

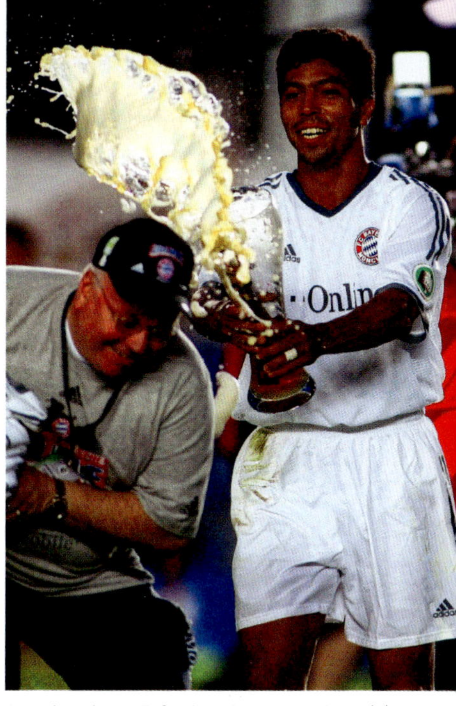

Bierduschen-Erfinder: Giovane Elber (r.) macht Zeugwart Karl Ehmann nass.

Max Gablonsky

91

Der erste Nationalspieler

Es dauerte 100 Jahre, bis Max Gablonsky zu seinem Recht kam. Erlebt hatte der frühere Bayern-Angreifer diesen Moment nicht mehr, für den sein Sohn Hans Georg jahrelang gekämpft hatte. Max Gablonsky starb bereits im Jahr 1969 und erst im Jahr 2011 sprach ihm der Deutsche Fußball-Bund posthum sein Tor zu, das ihm so lange verwehrt blieb und ihn nun zum ersten Länderspieltorschützen des FC Bayern macht. Der erste Nationalspieler war Gablonsky, den seine Kollegen „Gaberl" nannten, bereits zuvor. Am 16. Mai 1910, zehn Jahre nach der Vereinsgründung der Münchner, debütierte Gablonsky in der DFB-Auswahl und erlebte ein 0:3 gegen Belgien in Duisburg. Das hielt den Verband jedoch nicht davon ab, Gablonsky erneut zu nominieren. Schließlich war er ein flinker Rechtsaußen, der auch als Sprinter in der Leichtathletik reüssierte. So einen konnte man schon damals gut gebrauchen.

„6. Tor von mir" – eine Notiz macht stutzig

Beim übernächsten Länderspiel in Stuttgart spielte Gablonsky also erneut mit – und durfte sich am 26. März 2011 über ein 6:2 gegen die Schweiz freuen. Gablonsky schoss das sechste Tor der DFB-Auswahl, doch das geriet über die Jahre in Vergessenheit. Der Treffer wurde stattdessen seinem Kollegen Gottfried Fuchs zugeschrieben. Erst eine kleine Notiz, die seine Nachkommen in seinem Nachlass fanden, machte sie stutzig: „6. Tor von mir". Hans Georg Gablonsky recherchierte nach und fand Beweise: Sowohl der „Schwäbische Merkur" als auch das „Stuttgarter Tageblatt" vermeldeten seinen Vater als Torschützen. Die Nachfahren fragten beim DFB wegen einer Änderung an. Doch nach Angaben der „Welt" antwortete der damalige DFB-Präsident Theo Zwanziger 2010: „Ich bezweifle allerdings, dass wir Ihre Unterlagen zum Anlass nehmen können, die Statistik zu ändern."

Gemeinsam mit dem FC Bayern hatte Hans Georg Gablonsky letztlich doch Erfolg: Die Münchner und ihr Museum FC Bayern Erlebniswelt recherchierten mit und fanden weitere Belege für den Torschützen Max Gablonsky, sodass der DFB 2011 einlenkte und seine Statistik änderte. Seitdem ist der „Gaberl", der 500-mal für den FCB auflief, auch offiziell der erste Länderspieltorschütze des Vereins. 100 Jahre, nachdem er den Ball gegen die Schweiz ins Tor geschossen hatte.

Hans Bauer

92

Der erste Weltmeister

Johann Richard Bauer war zur richtigen Zeit am richtigen Ort. Gerade einmal fünf Länderspiele absolvierte er für die deutsche Auswahl, doch darunter sind eben auch zwei bei der WM 1954 in der Schweiz. Damit ist der Verteidiger Bauer Teil der ersten deutschen Weltmeistermannschaft – als einziger Münchner. Auch wenn er beim 3:2 im Finale gegen Ungarn im verregneten Berner Wankdorfstadion nur auf der Bank saß. Ihm kam dennoch eine wichtige Aufgabe zu in diesem Turnier: Bauer ist Teil der Mannschaft, die im Gruppenspiel gegen Ungarn die Stammspieler entlastete. Da der Bundestrainer Sepp Herberger ahnte, dass Deutschland gegen das damals stärkste Team der Welt wohl verlieren würde und dann ein Entscheidungsspiel bestreiten müsste, schonte er die Stammkräfte. Deutschland unterlag 3:8, konnte allerdings mit einem fitten Team gegen die Türkei antreten. Netter Nebeneffekt für Herbergers Team: Im Finale unterschätzten die Ungarn die Deutschen später wohl ein wenig. Auch beim 7:2 gegen die Türken, das den Deutschen drei Tage nach dem Ungarn-Spiel Platz zwei sicherte, stand Bauer auf dem Feld. Ab dem Viertelfinale wurde er jedoch nicht mehr eingesetzt. Bei der Rückkehr der Weltmeister konzentrierte sich das Interesse der Anhänger am Münchner Rathausbalkon trotz des Kapitäns Fritz Walter oder des Siegtorschützen Helmut Rahn auch auf Bauer, den gebürtigen Sendlinger im Team. Der hatte es anfangs nicht leicht, wuchs als Sohn eines Eisendrehers auf, seine Mutter trug Zeitungen aus, um noch etwas Geld dazuzuverdienen. Als 17-Jährigen zog ihn im Zweiten Weltkrieg die Wehrmacht ein, er kam in Kriegsgefangenschaft in Frankreich, wo er an der Ruhr erkrankte und in einem Lazarett genas. Über den MTV und Wacker München kam er 1948 zum FCB, für den er elf Jahre spielte. 1957 führte er den Klub als Kapitän zum DFB-Pokalsieg. Doch erst einmal erlebte er direkt nach seinem WM-Titel ein Novum, auf das er gerne verzichtet hätte: Zum ersten Mal stieg der FC Bayern aus der Oberliga Süd ab, es ist bis heute der einzige Abstieg in der Geschichte des Fußballvereins. In der Saison darauf führte Bauer die Münchner aber wieder zurück in die höchste Liga.

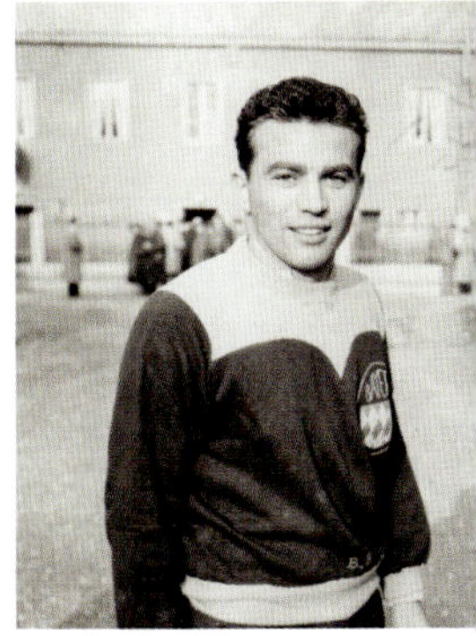

Weltmeister von Bern und Bayern-Kapitän: Hans Bauer.

Konrad Heidkamp

Der „Grenadier“ und Meisterkapitän

93

„Grenadier vom Rhein“ nannte man Konrad Heidkamp. Doch allzu lange lebte der Verteidiger nicht in seinem Geburtsort Düsseldorf. Bereits mit 22 Jahren entschied er sich 1928 für einen Wohnortwechsel in den Süden, vom Düsseldorfer SC 99 wechselte Heidkamp zum FC Bayern München. Er hatte einen prächtigen Schuss, was ihm den Spitznamen einbrachte. Als er sich gemeinsam mit dem Nationalteam und damit auch dem Münchner Ludwig Hofmann auf die Olympischen Spiele 1928 vorbereitete, überzeugte ihn Hofmann vom FCB. Es sollte eine glorreiche Entscheidung gewesen sein. Schließlich führte der gebürtige „Preuße“ unter den vielen Bayern in der Saison 1931/32 die Münchner zu ihrer ersten deutschen Meisterschaft. „Conny“ Heidkamp war Kapitän, aber auch Vermittler zwischen Trainer Richard Dombi, Präsident Kurt Landauer und dem Team. Ihm war bewusst, welche Rolle ein Mannschaftskapitän auszuführen hat.

Während der Kriegsjahre half Heidkamp dem Verein

Lange sollte seine Vermittlertätigkeit allerdings nicht mehr andauern nach dem Meistertitel. Denn sowohl Dombi als auch Landauer waren Juden, nach der Machtergreifung der Nationalsozialisten 1933 war ihre Zeit beim FCB vorbei. Landauer musste zurücktreten, Dombi ging in die Schweiz, Bayern blieb trotzdem der „Judenclub“ für die neuen Machthaber. Heidkamp führte den Verein fortan auf und neben dem Platz. Gewissermaßen kümmerte er sich um das Überleben des FC Bayern, zeitweise auch als Spielertrainer. Als 38-Jähriger erreichte er dabei im Jahr 1944 die Endrunde um die deutsche Meisterschaft, scheiterte dort aber in der ersten Runde am VfR Mannheim. Anders als viele Klubs hielt sich der FC Bayern in dieser Zeit nicht an die sogenannte „Metallspende“: Die Münchner behielten ihre Pokale, statt sie für die Waffenproduktion einschmelzen zu lassen. Wegen der Luftangriffe auf die Stadt brachte Heidkamp die Trophäen in den späten Kriegsjahren auf einen Bauernhof nahe Wolfratshausen. So überlebten sie den Krieg – genauso wie der Verein, Heidkamp, Landauer und Dombi. Landauer wurde noch einmal Präsident des Klubs, Heidkamp sprang während dieser Zeit als Interimstrainer in der Saison 1950/51 ein.

94

Novum mit Schwan

Der erste Manager im deutschen Fußball

„Ich kenne nur zwei vernünftige Menschen: Robert Schwan am Vormittag und Robert Schwan am Nachmittag." Der Satz sitzt. Er stammt, man ahnt es, von Robert Schwan höchstselbst. In den 1960er-Jahren war Schwan der erste hauptamtliche Manager im deutschen Fußball – als Quereinsteiger mit Geschäftssinn: Nach dem Zweiten Weltkrieg verdingte er sich erst als Gemüsehändler, später war er Versicherungsmakler. Das Verhandeln hatte er über die Jahre gelernt. 1962 übernahm er ehrenamtlich den Spielausschuss des FC Bayern, zwei Jahre später wurde er dann Manager des Vereins. Erkennen konnte man ihn auf der Auswechselbank durch seinen Schlapphut oder die Schiebermütze und an der Pfeife im Mund. Während seiner Amtszeit gelang unter anderem der dreimalige Gewinn des Europapokals der Landesmeister.

Als Bayern-Manager hatte er auch recht früh bemerkt, welch Talent sich da an der Säbener Straße in den 1960er-Jahren bewegte. Er kümmerte sich als persönlicher Berater um Franz Beckenbauer und wurde wegen dieser Dienste bald „Mister 20 Prozent" genannt. Als er Beckenbauer 1977 einen Millionenvertrag bei Cosmos New York ausgehandelt hatte, entließen ihn die Münchner als Manager. Womit Schwan Beckenbauer zur „Lichtgestalt" aufbauen konnte: Er schloss hoch dotierte Werbeverträge ab und kümmerte sich um die Karriere des Strategen neben dem Fußballplatz. „Robert hat mir alles abgenommen – vom Auswechseln der Glühbirne bis hin zu wichtigen Verträgen", sagte Beckenbauer 2015. Erst nach Schwans Tod 2002 habe er sein Leben wieder selbst geordnet.

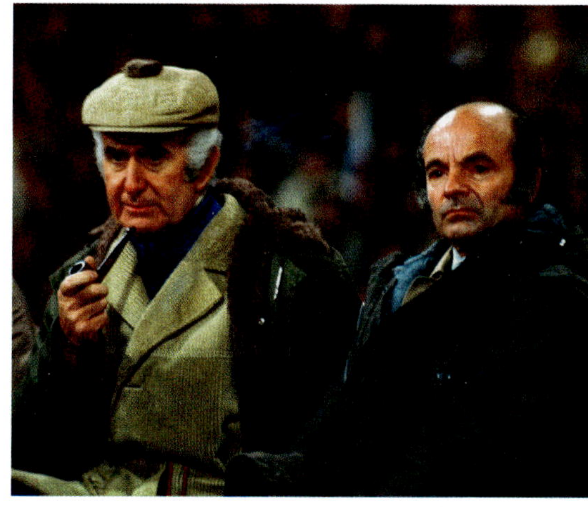

Charakterkopf mit Pfeife: Manager Robert Schwan, hier mit Trainer Dettmar Cramer.

Entwicklungsland

Die Zuagroasten lehren den Fußball

95

Am vorläufigen Höhepunkt der Vereinsgeschichte stand ein Mann an der Seitenlinie, den man „Little Dombi“ („Kleine Eminenz“) nannte. Dombi trainierte 1932 die erste Münchner Meistermannschaft: den FC Bayern mit Kapitän Konrad Heidkamp und Torjäger Oskar Rohr. Geboren wurde er als Richard Kohn, aber nach seiner Zeit in Ungarn beim damaligen Spitzenklub MTK Budapest kannte man ihn europaweit als Richard Dombi, so nannte er sich auch selbst. „Little“ hieß er wegen seiner geringen Körpergröße schon zuvor. Als Trainer legte er den Fokus auf die Ballkontrolle auf engem Raum, womit er dem Meisterteam seine stärkste Waffe, das flinke Kombinationsspiel, lehrte. Zudem betreute er die Spieler individuell, um ihnen auch mental weiterzuhelfen – ein revolutionärer Ansatz damals in den 1920er- und 1930er-Jahren. Genauso wie die Errichtung einer Geschäftsstelle für den FC Bayern, die auf Dombi zurückging. In der Chronik stand über ihn: „Wohl kein Trainer war mit seiner gesamten Zeit so für den Club tätig, als es Dombi war. Er war Trainer, Fitmaker, Masseur, Geschäftsführer und Organisator in einer Person.“ Nach der Machtergreifung der Nazis 1933 verließ er als Jude Deutschland. Er ging zunächst zu Grasshoppers Zürich, später zum FC Barcelona. Feyenoord Rotterdam führte er noch zweimal zur niederländischen Meisterschaft (1936, 1938).

Die „Donaufußballer“ an der Isar

Dombi war nicht der erste Bayern-Trainer, der seine fußballerischen Wurzeln bei MTK Budapest hatte, er war sogar der vierte „Donaufußballer“, wie man die in Europa angesagteste Fußball-Richtung dieser Zeit aus Österreich und Ungarn nannte. Schon vor ihm holte der Präsident Kurt Landauer die Ungarn Izidor Kürschner (1921/1922), Leo Weisz (1926–1928) und Kalman Konrad (1928–1930), die den FCB Stück für Stück weiterbrachten.

Vor den Donaufußballern wiederum setzte der FC Bayern auf die englische Schule. Was zeigt: München war in dieser Zeit ein Fußball-Entwicklungsland, lernen wollten die Bayern auch vom Mutterland des Fußballs. Wie viele andere deutsche Klubs im frühen 20. Jahrhundert setzten sie auf die als Kick-Missionare empfangenen Engländer und Schotten. Thomas Taylor kam 1906 zum Verein und blieb drei Jahre, George Hoer danach

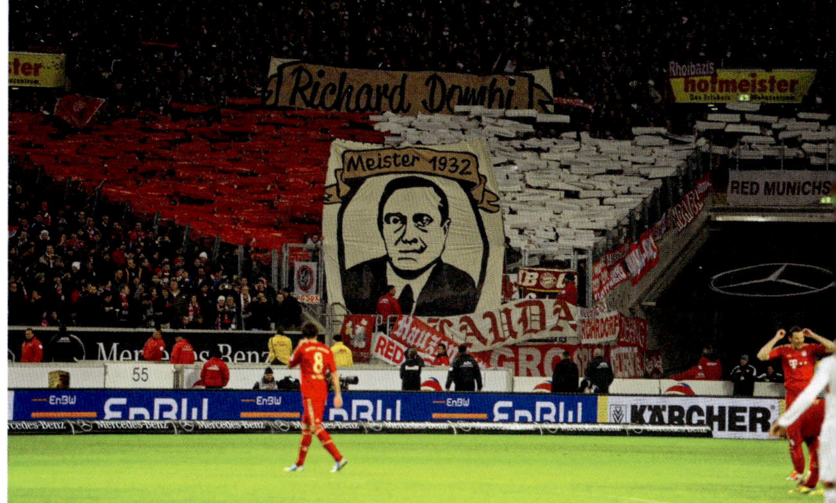

Die Bayern-Fans gedenken mit einer Choreographie Richard Dombi.

zwei Jahre. Von 1911 bis 1912 engagierten die Münchner dann ihren ersten hauptamtlichen Coach, Charles Griffiths. Die drei brachten den Klub voran, allerdings noch nicht nachhaltig.

Noch immer holt sich der Klub Einflüsse von außen

Doch dann kam William Townley im Dezember 1913, der den jungen Klub prägte, seinen größten Erfolg dieser Zeit aber in Fürth feierte (Meister 1914), wohin ihn der FCB während der Endrunde um die Meisterschaft verlieh. Nach dem Ersten Weltkrieg kehrte Townley noch einmal zu den Bayern zurück. In München führte er das schottische Kurzpassspiel ein. Diesen Namen trägt es, weil die Schotten auf ihren nassen Wiesen durch flache Pässe besser zum Abschluss kamen als durch das englische Kick and Rush. Es ist der Spielstil, den die Münchner bis zur NS-Zeit verfolgten und der die ersten Erfolge brachte. Der Schotte James McPherson führte die Münchner zur ersten süddeutschen Meisterschaft 1926. Sein Nachfolger Weisz ließ die nächste 1928 folgen, ehe Dombi den Bayern-Fußball perfektionierte.

Erst während der NS-Zeit und nach dem Zweiten Weltkrieg mehrten sich deutsche Trainer beim FC Bayern. Ihrer frühen Linie sind die Münchner in gewisser Weise dennoch treu geblieben. Immer wieder holten sie sich notwendige Einflüsse von außen: Auch Giovanni Trapattoni, Zlatko Čajkovski oder Pep Guardiola schafften es später noch, den Klub mit ihren Stilmitteln zu prägen.

Neudecker, der Baumeister

Ein Niederbayer ebnet den Aufstieg

96

Als Wilhelm Neudecker seinen Dienst als Präsident des FC Bayern 1962 antrat, hatte der Verein zwei Titel gewonnen (Meister 1932, Pokalsieger 1957). Als der gebürtige Straubinger 17 Jahre später seinen Rücktritt verkündete, hatte er die Krake erschaffen, die mit ihren Tentakeln noch heute fast alle deutschen Titel ergreift, die sie erblickt. 13 Titel gewannen die Bayern unter Neudecker, der Verein wurde zum Weltklub. Neudecker war einer der wegweisendsten Bayern-Präsidenten, einer der innovativsten, aber, glaubt man seinen Weggefährten, auch einer der autoritärsten – wenngleich das in den 1960er- und 1970er-Jahren manchmal noch dem Zeitgeist entsprach. Er selbst bezeichnete seinen Führungsstil übrigens als „demokratisch-autoritär". Legendär ist seine Entlassung des Trainers Udo Lattek im Winter 1975, an die sich Lattek später so erinnerte. „Ich sagte: ‚Herr Neudecker, wir müssen etwas ändern.' Da sagte Neudecker: ‚Sie haben recht. Sie sind gefeuert.'"

Neudeckers Eingriff machte Müller zum Torjäger

Neudecker konnte hart sein, doch mit dieser Härte ebnete er auch erst den Weg zum modernen FC Bayern. Zu Beginn seiner Amtszeit verzichtete er tunlichst darauf, Schulden zu machen und setzte auf den Aufbau einer jungen, hungrigen Mannschaft. Zu der gehörten bald Sepp Maier, Franz Beckenbauer und Gerd Müller, die sich in der Regionalliga Süd entwickeln durften und in der Bundesliga dann schnell zu Nationalspielern wurden. Gerade die Aufstellung Müllers drückte Neudecker auch gegen den eigentlichen Willen des Trainers Zlatko Čajkovski durch. Maier, Müller und Beckenbauer waren das Gerüst der mit vier Europapokalsiegen erfolgreichsten Mannschaft der Klubgeschichte. Neudecker hatte vor dem Amt beim FCB schon Erfahrung im Aufsteigen: Er war gelernter Maurer, nach dem Zweiten Weltkrieg wurde der Niederbayer in Oberbayern Bauunternehmer und verdiente dann gut am Wiederaufbau der Stadt München und ihrer Frauenkirche, später arbeitete er als Immobilienunternehmer. Neudecker wurde zum Multimillionär, der auch den Klub alimentierte: Mit Sonderprämien köderte er immer wieder seine Spieler, als er kurz vor wichtigen Partien oder in der Halbzeitpause in die Kabine kam.

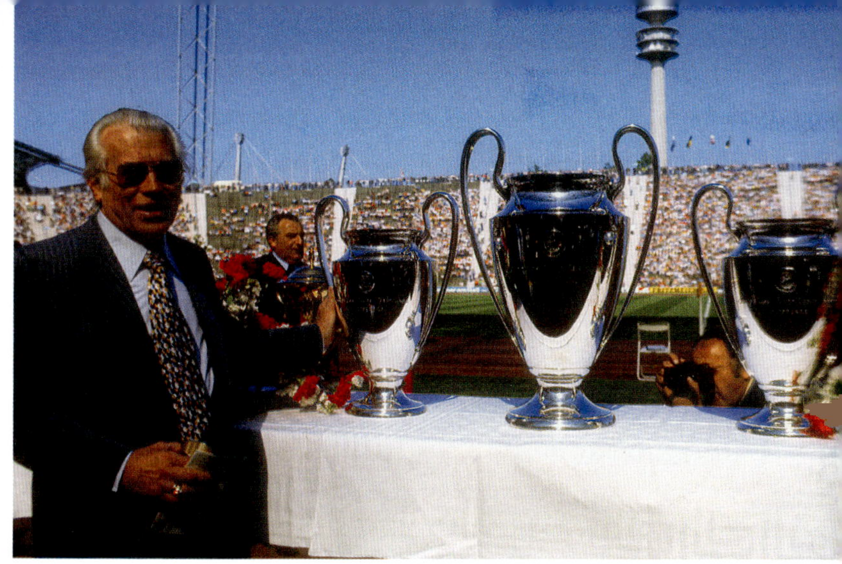
Dreimal wird der FC Bayern in Neudeckers Zeit Europapokalsieger der Landesmeister.

1971 baute er das moderne Vereinsheim

Doch nicht nur in dieser Hinsicht war er fortschrittlich in den 1970er-Jahren: Neudecker erfand zudem den Posten des hauptamtlichen Fußballmanagers (Robert Schwan) und forderte eine Europaliga. Er investierte als gelernter Maurer aber auch in „Steine statt in Beine", was noch heute weitsichtige Präsidenten tun. 1971 baute er ein modernes Vereinsheim an der Säbener Straße.

Neudeckers Niedergang begann mit dem Weggang der Führungsfigur Franz Beckenbauer 1977. Die Bayern-Mannschaft war nach und nach älter geworden, tat sich schwerer in der Bundesliga. Es bedurfte einer Erneuerung und eines Wiederaufbaus, doch Neudecker hatte sein Baugeschäft inzwischen verkauft und schien auch als Präsident nicht mehr der Baumeister früherer Tage zu sein. Zudem veränderte sich die öffentliche Wahrnehmung: Autoritäre Figuren waren nicht mehr gefragt. Immer öfter war die Mannschaft um Paul Breitner nicht mehr einer Meinung mit dem Kluboberhaupt. Letztlich stürzte er, als er den Trainer Max Merkel verpflichten wollte und sich das Team erneut gegen ihn stellte. Neudecker trat am 24. März 1979 zurück. Er ist neben Franz John, Siegfried Herrmann, Kurt Landauer, Franz Beckenbauer und Uli Hoeneß einer von sechs Ehrenpräsidenten des Klubs – und als Baumeister in München unvergessen. An Heiligabend 1993 verstarb Wilhelm Neudecker in der Landeshauptstadt.

Tarnat im Tor

Ein kurioser Abend in Frankfurt

97

„Und Kahn, der liegt am Boden“, rief der TV-Kommentator Werner Hansch in sein Mikrofon. Kurz zuvor war der Bayern-Torhüter Oliver Kahn im Strafraum mit seinem Verteidiger Sammy Kuffour zusammengerauscht, Kuffour hatte Kahn mit dem Knie im Gesicht getroffen – und ihn geradewegs ausgeknockt. Der Torwart blieb mit einer Gehirnerschütterung ohnmächtig liegen und musste nach knapp einer Stunde bei Eintracht Frankfurt ausgewechselt werden. Bernd Dreher kam für ihn. Doch nur kurz darauf rief Hansch entrüstet: „Jetzt liegt der Dreher am Boden.“ Dreher hatte sich das Knie verdreht. Auch er konnte nicht weiterspielen, riss sich Kreuz- sowie Innenband. Manager Uli Hoeneß lächelte etwas zynisch, Trainer Ottmar Hitzfeld pustete kräftig durch an diesem Septemberabend 1999, jetzt musste ein Spieler ins Tor.

Hitzfeld plädierte erst auf Stefan Effenberg, doch „da habe ich gesagt: ‚Ne, ne. Ich gehe ins Tor‘“, erinnerte sich Michael Tarnat fast 16 Jahre später in seinem Büro an der Säbener Straße, als er gerade Jugendchef des FCB war (2010–2016). Er lächelte so verschmitzt wie er 1999 lächelte, als er sich das angeschwitzte und deutlich zu große Dreher-Trikot anzog und zum Aufwärmen ein paarmal den Ball übers Feld warf. Jens Jeremies half ihm noch in die Handschuhe, dann konnte sein Spiel als Torwart starten. Trainer Hitzfeld vertraute ihm, was sollte er auch anderes tun. Die Partie schien ohnehin verloren zu sein, da Frankfurt auch noch 1:0 führte.

Einer der wenigen Bundesliga-Torhüter ohne Gegentor

Doch es kam anders, als es alle erwartet hatten. Der eigentliche Mittelfeldspieler Michael Tarnat hatte sich lange vorbereitet auf diese Situation: „Ich habe mich in der Jugend als Torwart gesehen. Ich bin gern ins Tor gegangen, wenn wir gebolzt haben“, sagte er. Sein größtes Idol, als er damals auf den Aschеplätzen in Nordrhein-Westfalen die Bälle hielt: der Nationaltorwart Toni Schumacher. Im Frankfurter Waldstadion sah er aus fast 100 Metern Entfernung dabei zu, wie Giovane Elber das 1:1 erzielte und Kuffour seinen Kahn-Zusammenprall mit dem 2:1 wiedergutmachte. Tarnat klatschte hinten eifrig in seine Hände – und wurde später noch geprüft: Kurz vor Schluss drängten die

Frankfurter auf den Ausgleich, Bachirou Salou legte den Ball in der 88. Minute ab auf Patrick Falk, der vom Strafraum schoss. Tarnat hüpfte erst in die rechte Ecke, doch der Ball wurde abgefälscht. Tarnat sprang auf und warf sich dann in die linke Ecke, wo er die Kugel gerade noch vor der Linie wegpatschte. „Wie die Katze, wie damals der Sepp Maier, bin ich hochgehechtet und habe den Ball rausgepflückt", sagte Tarnat später zu RTL. Gut, nachdem der Ball abgefälscht wurde, hätte das Tor wegen einer Abseitsposition ohnehin nicht gezählt. Aber dem „Tanne", wie ihn die Mitspieler nannten, war das wurscht. Er hatte bewiesen, dass er im Notfall als Torhüter bereitsteht – auch wenn er nie mehr einspringen musste in seiner Karriere.

Als er im Frühjahr 2015 im Büro auf das Spiel zurückblickte, fügte Michael Tarnat noch an: „Es war schon kurios damals, eine schöne Anekdote. Und ich kann im Nachhinein sagen, dass ich einer der wenigen Bundesliga-Torhüter bin, der nie ein Gegentor kassiert hat."

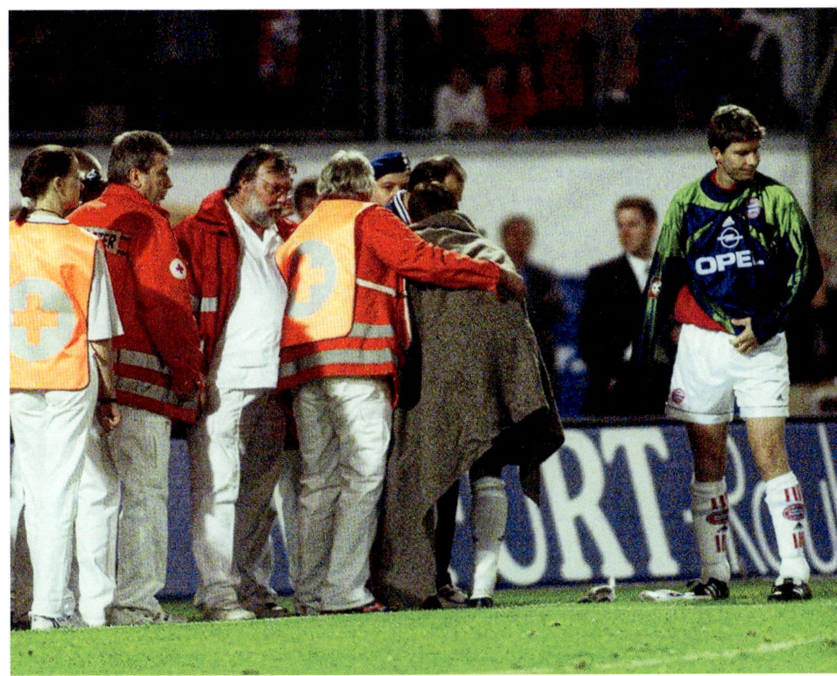

Ein Spieler wird zum Torwart: Michael Tarnat (r.) ersetzt den verletzten Bernd Dreher.

„Ich habe fertig“

Giovanni Trapattonis Wutrede

98

Im Trainingsanzug stellte sich Giovanni Trapattoni hinter die bereits drapierten Mikrofone. Er fragte bei den Journalisten im Pressestüberl des FC Bayern noch einmal nach: „Sind Sie bereit?“ Dann bastelte der Trainer gemeinsam mit dem damaligen Pressesprecher Markus Hörwick an einem Aufnahmegerät samt Kabel herum. So ganz wollte das nicht klappen, also platzierte Hörwick das Gerät allein, bevor Trapattoni ihm doch noch schnell half und ein Mikrofon aufhob, während er sagte: „Stellen mir die Frage, wenn hören oder verstehen schlecht meine Wörter, ah, bitte.“ Ein kurzer Atmer an diesem 10. März 1998, ein Blick nach rechts, ein Blick nach links, dann startete Trapattoni die vermutlich bekannteste Wutrede im deutschen Fußball.

Trapattonis Rede im Protokoll

„Es gibt im Moment in diese Mannschaft, oh, einige Spieler vergessen ihnen Profi, was sie sind. Ich lese nicht sehr viele Zeitungen, aber ich habe gehört viele Situationen. Erstens: Wir haben nicht offensiv gespielt. Es gibt keine deutsche Mannschaft, spielt offensiv und die Namen offensiv wie Bayern. Letzte Spiel hatten wir in Platz drei Spitzen: Elber, Jancker und dann Zickler. Wir mussen nicht vergessen Zickler. Zickler ist eine Spitzen mehr Mehmet e mehr Basler. Ist klar diese Wörter, ist möglich verstehen, was ich hab' gesagt? Dann: Offensiv, offensiv ist: Wie machen wir in Platz?

Wussten Sie schon, wieso es zu dem Ausbruch kam?
Zwei Tage vor seiner Rede verlor der FC Bayern 0:1 beim FC Schalke 04, die dritte Niederlage in Serie für die stolzen Münchner. Die Meisterschaft war zu dem Zeitpunkt bereits so gut wie verloren. Zudem beschwerten sich unter anderem die später in der Rede angesprochenen Mario Basler, Mehmet Scholl und Thomas Strunz über die Aufstellung. Das traf Trapattoni so schwer, dass er sich am trainingsfreien Montag die Wutrede überlegte und sie am Dienstag kundtat. Das schrieb er in seiner 2016 erschienen Biografie. Sie trägt den Titel: „Ich habe noch nicht fertig.“

Zweite: Ich habe erklärt mit diese zwei Spieler: Nach Dortmund brauchen vielleicht Halbzeitpause. Ich habe auch andere Mannschaften gesehen in Europa nach diese Mittwoch. Ich habe gesehen auch zwei Tage die Training. Ein Trainer ist nicht ein Idiot! Ein Trainer seh, was passieren im Platz. In diese Spiel, es waren zwei oder drei, diese Spieler waren schwach wie eine Flasche leer!

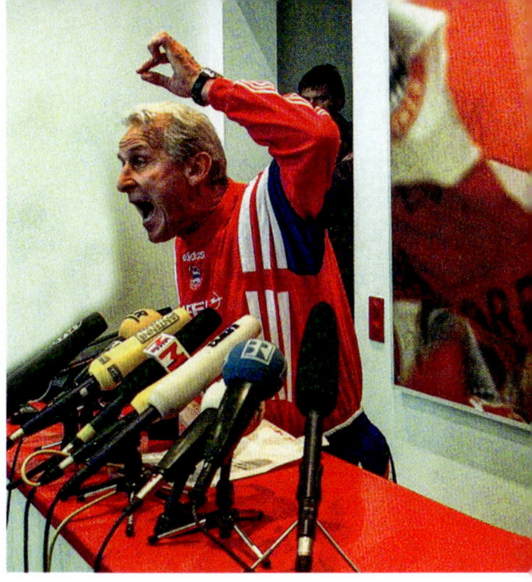

Giovanni Trapattoni wütet bei der Pressekonferenz.

Haben Sie gesehen Mittwoch, welche Mannschaft hat gespielt Mittwoch? Hat gespielt Mehmet, oder hat gespielt Basler, oder hat gespielt Trapattoni? Diese Spieler beklagen mehr als spielen! Wissen Sie, warum die Italia-Mannschaft kaufen nicht diese Spieler? Weil wir haben gesehen viel Male dumme Spiel. Haben gesagt, sind nicht Spieler für die italienisch, eh, Meisters.

„Was erlauben Strunz?"

Strunz! Strunz ist zwei Jahre hier, hat gespielt zehn Spiel, ist immer verletzt! Was erlauben Strunz? Letzte Jahre Meister geworden mit Hamann, eh, Nerlinger. Diese Spieler waren Spieler! E war Meister geworden. Ist immer verletzt! Hat gespielt 25 Spiele in diese Mannschaft, in diese Verein! Musse respektieren die andere Kollega! Haben viel nette Kollegan. Stellen Sie die Kollega die Frage! Haben keine Mut an Worten, weil ich weiß, was denken über diese Spieler!

Mussen zeigen jetzt, ich will, Samstag, diese Spieler mussen zeigen mich, e zeigen de Fans, mussen alleine die Spiel gewinnen. Mussen alleine Spiel gewinnen. Ich bin müde, jetzt der Vater diese Spieler, eh, der Verteidiger diese Spieler! Ich habe immer die Schulde, über diese Spieler. Einer is Mario, einer is andere Mehmet! Strunz ist dagegen, hat gespielt nur 25 Prozent der Spiel!" Trapattoni nickte. „Ich habe fertig!"

Manche Journalisten klatschten. Trapattoni verließ mit grimmiger Miene den Raum – fast zumindest. An der Tür angelangt, drehte er sich noch einmal um, sagte deutlich freundlicher: „Wenn ist Nachfragen, eh, ich kann Worte wiederholen, eh."

Nur eine Liftfahrt

Die Mutter aller Niederlagen in Barcelona

99

Keine Liftfahrt im Leben von Franz Beckenbauer wurde danach so thematisiert wie diese am 26. Mai 1999, an einem späten Mittwochabend in Barcelona. Gemeinsam mit dem früheren Tennisprofi Boris Becker und dem UEFA-Präsidenten Lennart Johansson stieg der damalige Bayern-Präsident in den Aufzug des Stadions Camp Nou, der FC Bayern führte gerade 1:0 im Champions-League-Finale gegen Manchester United. Die drei wollten zur Siegerehrung, von der Ehrentribüne fuhren sie ins Erdgeschoss. Sie ahnten nicht, was während der Liftfahrt noch passieren sollte.

In 102 Sekunden entglitt dem FC Bayern die Trophäe

Zuvor hatten die drei ein 90 Minuten langes Spiel gesehen, in dem der FC Bayern früh in Führung ging und nur noch drei Minuten Nachspielzeit zu überstehen hatte für den großen Erfolg. Schon nach fünf Minuten traf Mario Basler per Freistoß ins Torwarteck. In der zweiten Halbzeit hätten Mehmet Scholl und Carsten Jancker die Führung noch vergrößern können, visierten jedoch Pfosten beziehungsweise Latte an. Der Sieger schien dennoch festzustehen, als die Aufzugtür auf der Ehrentribüne zuging. Nur manchmal dauert ein Spiel halt länger als 90 Minuten. Als sich Becker, Beckenbauer und Johansson gerade abwärts bewegten, vernahmen sie großen Jubel. „Wir dachten: okay, der Abpfiff", sagte Becker später. Die drei sollten sich irren, United hatte gerade durch den eingewechselten Edward „Teddy" Sheringham ausgeglichen. In der ersten Minute der Nachspielzeit leitete er im Strafraum einen schon verunglückten Schuss von Ryan Giggs noch unhaltbar ins Tor weiter. Vorausgegangen war dem Treffer eine Ecke von der linken Seite, getreten von David Beckham.

Die Situation hatte sich grundlegend verändert: Kinder verhandelten nach dem 1:1 mit ihren Eltern, dass sie doch noch länger aufbleiben dürfen. Es ging ja in die Verlängerung, in die sich nun auch die Bayern irgendwie retten wollten. Oder ging es doch nicht weiter? Der Mittelfeldspieler Beckham sollte noch eine Ecke treten dürfen, nicht einmal zwei Minuten nach dem Ausgleich. Auf einmal zitterten die Münchner. Sheringham köpfte Beckhams Ecke weiter und fand den ebenfalls eingewechselten Ole Gunnar Solskjær, der den Ball aus fünf Metern

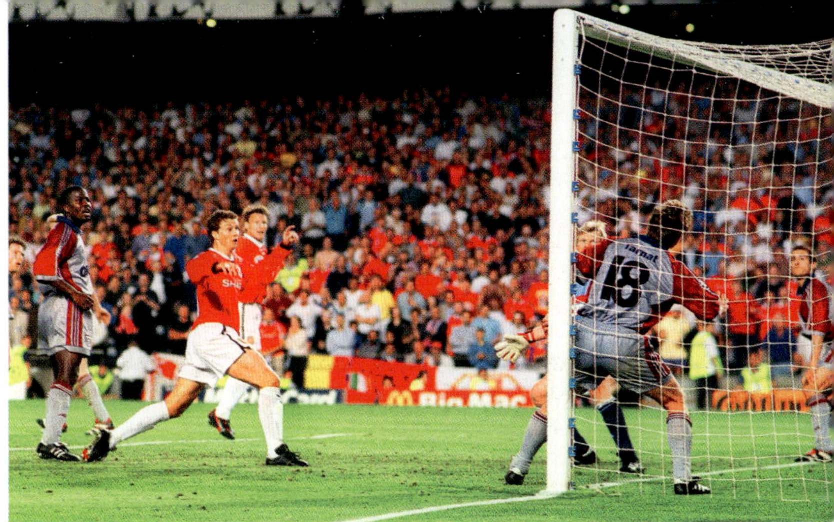

Ole Gunnar Solskjaer erzielt das 2:1 für Manchester United.

ins Tor schoss. Manchester jubelte, Bayern lag am Boden, trauernd, wütend, enttäuscht, gefrustet, eine Melange, die wohl auch Münchner Kinder nach ihrer Verhandlung verspüren mussten. Der TV-Kommentator Marcel Reif stöhnte: „Wissen Sie was, ich habe gar keine Lust, das hier zu analysieren." So wortkarg hat man ihn selten erlebt. In 102 Sekunden entglitt dem FC Bayern die Trophäe, „die Mutter aller Niederlagen" haben daher nicht nur die Münchner dieses Finale getauft. Wenn heutzutage ein Schiedsrichter in einem engen Spiel drei Minuten Nachspielzeit gibt, weist der Kommentator noch gerne darauf hin: „Denken Sie an Barcelona 1999. Es ist noch nichts entschieden."

„Kurz darauf blinkt es an der Anzeigetafel: 1:2!"

Von all dem Trubel im Camp Nou nichts mitbekommen haben drei VIPs: Beckenbauer, Becker und Johansson. Sie waren zurück im Stadion, als Manchesters Spieler jubelten. „Ich dachte: Mist, doch der Ausgleich", sagte Becker. „Kurz darauf blinkt es an der Anzeigetafel: 1:2! Wir haben uns angeguckt und konnten es nicht glauben." United war Champions-League-Sieger. Und die Münchner? Tanzten in der Nacht trotzdem auf den Tischen ihres Hotels. Nach dem Frusttrinken ging das wieder. Als sich der erste Schock gelegt hatte, rief der Kapitän Stefan Effenberg die Spieler zusammen und schwor sie darauf ein, noch einmal ein Champions-League-Finale zu erreichen. 2001 heilte eine Nacht in Mailand die Wunden von Barcelona.

Das Sextuple

Das große Pokalsammeln mit Hansi Flick

100

„Wir hatten ein Gefühl der Unschlagbarkeit." Es ist ein Satz, der als Bestätigung herhalten darf für ein Fußballjahr, das zuvor noch nie da war beim FC Bayern München. Joshua Kimmich sagte die Worte, nachdem er sich mit dem FCB gerade den Champions-League-Pokal gesichert hatte: am 23. August 2020 im Estádio da Luz in Lissabon durch ein 1:0 gegen Paris St. Germain. Es war die Zwischenstation zum historischen Sextuple-Gewinn, sechs Pokale also, unter dem Trainer Hansi Flick. Davor sicherten sich die Münchner die Meisterschaft und den DFB-Pokal – und danach noch den UEFA Super Cup gegen den FC Sevilla, den deutschen Supercup gegen Borussia Dortmund sowie die Klub-WM in Doha/Katar. Wenn damals also Konfetti durchs Stadion geschossen wurde, dann waren mit ziemlicher Sicherheit die Münchner dabei.

„Hansi kann andere zum Leuchten bringen"

Entscheidenden Anteil daran hatte natürlich der Trainer. Hans-Dieter Flick, in den 1980er Jahren bereits Spieler beim FCB, kam im Sommer 2019 als Co-Trainer nach München. Nach einem nicht zufriedenstellenden Saisonbeginn folgte er als Chefcoach seinem vormaligen Vorgesetzten Niko Kovac, von dem sich der Klub im November 2019 trennte. Flick vermittelte seinem Team sehr schnell eine unbändige Geschlossenheit, woraus sich das von Kimmich angesprochene Gefühl der Unschlagbarkeit speiste. „Hansi kann andere zum Leuchten bringen", sagte der DFB-Psychologe Hans-Dieter Hermann einmal der „Süddeutschen Zeitung".

Kimmich beschrieb das Team einmal so: „Das ist wie mit Brüdern, mehr geht nicht. Selbst wenn man einen Fehler macht, bügelt das ein anderer aus." Womit er auch schon ein wenig Flicks Spielart ansprach. Der Trainer setzte auf konsequentes und intensives Pressing und Gegenpressing mit weit aufgerückten Verteidigern. War der Ball weg, wurde er sofort wieder zurückerobert. Beim Champions-League-Finalturnier in Lissabon gelang dies in Reinform: Völlig überfordert war da etwa der FC Barcelona, das Viertelfinale endete 8:2 für die Münchner. Als erste Mannschaft überhaupt hat der FC Bayern alle Spiele einer Königsklassen-Saison gewinnen können. Das 1:0 gegen Paris – erzielt übrigens vom früheren PSG-Spieler

Kingsley Coman – war die Krönung. „Die fußballerische Perfektion ist in einem unerwarteten sommerlichen Finale der Champions League fleischgeworden", schrieb die spanische Zeitung „El Mundo".

Flicks Bilanz als Chef: 20 Monate, sieben Titel

Das kam ja noch hinzu. Flicks Titelgewinne fanden alle in Zeiten der Corona-Pandemie statt, daher trug die UEFA das Champions-League-Endspiel auch erst im August aus. Der Coach manövrierte sein Team auf beeindruckende Art und Weise durch die ungewohnte Situation der Vereinzelung, die Fußballer blieben aus Vorsicht vor einer Ansteckung mit dem Virus weitgehend in ihrer eigenen Blase. Meist spielten sie auch vor leeren Rängen und ohne Fans im Stadion. Dafür schauten das Finale in Lissabon dann knapp 14 Millionen Menschen vor dem Fernseher. Und neben den Mannschaftstiteln stand zum Schluss auch noch ein übergroßer, individueller Triumph: Der Angreifer Robert Lewandowski wurde zum Weltfußballer 2020 gewählt – als erster Bundesliga-Spieler.

Letztlich fand die mit Titeln garnierte Ära Flick trotzdem ein jähes Ende. Bereits in seiner ersten Saison kam es zu Meinungsverschiedenheiten mit dem Sportvorstand Hasan Salihamidžić – und das änderte sich später nicht. So bat Flick den FCB im April 2021 um eine Vertragsauflösung für den Sommer darauf. Die Münchner holten Julian Nagelsmann von Verfolger RB Leipzig und entsprachen Flicks Wunsch, der zum Abschied noch die Meisterschaft errang. Er prägte eine furiose Episode der Pokalgewinne: In nur 20 Monaten Cheftrainer-Zeit holte Flick sieben Titel.

Der Jubel der Champions-League-Sieger: Trainer Hansi Flick und sein Team 2020 in Lissabon.

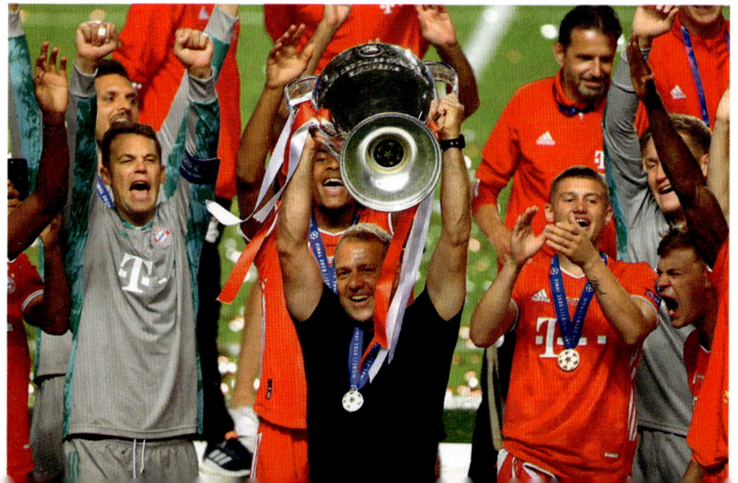

Tore für die Ewigkeit

Die unglaubliche Saison 1971/72

101

„Ei, ei, ei, ei! FC Bayern München! Wir singen und tanzen auf jedem Fußballplatz, ein Schuss, ein Tor, die Bayern. Die Bayern!" Ja, das singen sie tatsächlich auf jedem Fußballplatz: So geht einer der bekanntesten Gesänge der Fans des FC Bayern. In keine Bundesliga-Saison passt dieses Lied jedoch so gut wie in die Saison 1971/72, als tatsächlich jeder Ball im Tornetz gelandet sein muss. Es war die Spielzeit, in der der FC Bayern 101 Bundesliga-Tore schoss, eine nie mehr erreichte Marke. Im Schnitt erzielte das Team also knapp drei Tore pro Spiel. 2019/2020 schafften die Münchner noch einmal 100 Tore. Eröffnet hat die Torjäger-Saison 1971 einer, den heutzutage wohl nur noch die wenigsten Bayern-Fans kennen: Franz Krauthausen. Der damals 25-jährige Angreifer kam vor Saisonbeginn von Rot-Weiß Oberhausen und erzielte am 1. Spieltag nach einer halben Stunde das 1:1 gegen Fortuna Düsseldorf im Grünwalder Stadion – Hans Schulz hatte die Fortuna in Führung gebracht. Am Ende gewann der FCB trotzdem 3:1. Das Spiel sollte sinnbildlich für viele in der Saison stehen: Die Münchner kassierten zwar manch Gegentor, gewannen aber letztlich doch. Sie hatten nämlich einen Top-Torjäger in ihren Reihen: Gerd Müller. Der gebürtige Nördlinger stellte mit 40 Bundesliga-Treffern eine Rekordmarke auf, die erst Robert Lewandowski im Mai 2021 knackte - mit 41 Saisontoren.

Erste Saison nach dem Bundesliga-Skandal

Doch nicht nur aufgrund der Rekorde ist diese Saison eine prägende in der Bundesliga-Geschichte. Sie ist auch die erste nach dem Bundesliga-Skandal, der 1971 bekannt wurde: Weil sie Spiele manipulierten, hielten Oberhausen und Arminia Bielefeld in der Spielzeit 1970/71 die Klasse. Der Präsident der Kickers Offenbach, Horst-Gregorio Canellas, hatte dies kurz nach Saisonende mithilfe von Tonband-Mitschnitten, die er bei der Feier zu seinem 50. Geburtstag abspielte, aufgedeckt. Der Fußball litt darunter, im Schnitt kamen 1971/72 nur noch 18.700 Zuschauer in die Stadien der höchsten deutschen Liga. Die Bayern blieben unbeeindruckt davon: Bis zum 15. Spieltag konnte sie niemand schlagen. Trotzdem war es ein enges Rennen um den Meistertitel. Nach dem 33. Spieltag waren die Münchner gerade einmal einen Punkt besser als der FC Schalke 04.

Endspiel im Münchner Olympiastadion

Und der sollte in der abschließenden 34. Runde nach München kommen. Es stieg ein echtes Endspiel um die Meisterschale – und das auch noch vor 79.000 Zuschauern im Olympiastadion von 1972, in dem der FCB erstmals spielte. Recht viel schönere Anlässe für den ersten Auftritt im neuen Heim gibt es nicht. Davon regelrecht beschwingt gewann der FCB 5:1. Der Däne Johnny Hansen brachte die Bayern nach einer halben Stunde in Führung, Paul Breitner erhöhte vor der Pause. Doch das bedeutete nicht, dass die Spannung beim Entscheidungsspiel wich. Schalkes Klaus Fischer schaffte den Anschlusstreffer kurz nach der Halbzeit, ehe die Münchner sich am Einzugstag in der neuen Heimstätte doch an der Ehre gepackt sahen. Willi Hoffmann stellte den Zwei-Tore-Abstand wieder her. Das 4:1 durch Uli Hoeneß sollte schließlich der 100. Saisontreffer sein. Eine Minute vor dem Schlusspfiff legte sich dann der „Kaiser" Franz Beckenbauer den Ball zurecht für einen Freistoß kurz hinter der Sechzehnmeterlinie. Der Kapitän traf ins rechte Eck. Tor Nummer 101 – ein Rekord für die Ewigkeit.

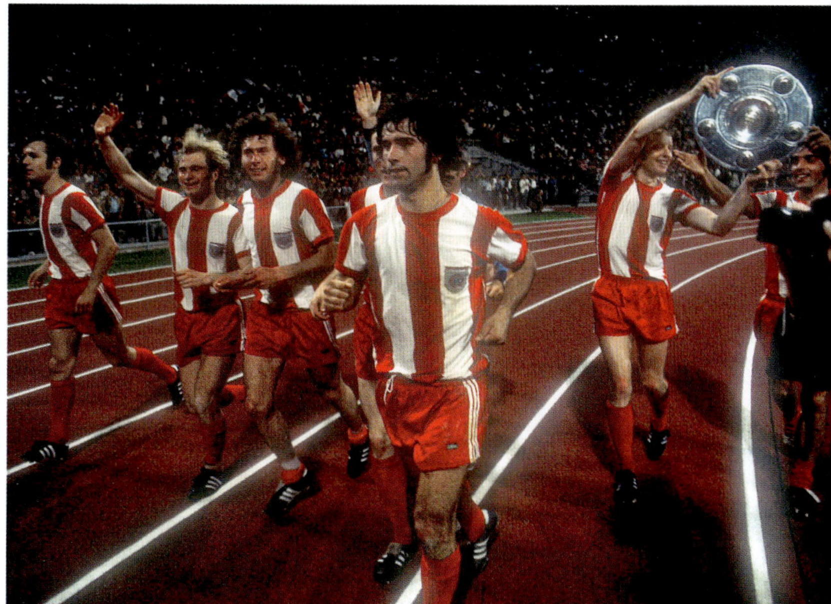

Meister in der neuen Heimat: die Bayern im Olympiastadion 1972.

Bildnachweis

9: imago/Schwörer Pressefoto; 11: imago/Sven Simon; 12 oben: imago/MIS, unten: picture alliance/dpa/Federico Gambarini; 15: imago/Sven Simon.; 17: imago/Philippe Ruiz; 19: imago/Sven Simon; 20: Johannes Kirchmeier; 21: imago images/Overstreet; 23: imago/Horstmüller; 25: imago/Ulmer; 27: imago/ Sven Simon; 29: imago/Camera4; 31: imago/Werner Otto; 33: imago/ Frinke; 34: imago images/Sven Simon; 36: imago/Fred Joch; 37: imago/ Ulmer/Cremer; 39: imago/Fred Joch; 41: imago/Bernd Müller; 43: imago/ Sammy Minkoff; 45: imago/Bernd Müller; 47: imago/Team 2; 49: imago/ Jan Huebner; 51: imago/MIS; 52: imago/Camera4; 53: imago/WEREK; 55: imago/HJS; 57: imago/Fred Joch; 59, 61: imago/WEREK; 63: imago/ Ulmer; 65: imago/Sammy Minkoff; 67: imago/Sven Simon; 69: imago/ Ulmer; 70: imago/ActionPictures; 71: imago/Ulmer; 75: imago/Horstmüller; 77 oben: imago/Alternate; 77 unten: imago/Fred Joch; 79: imago/Laci Perenyi; 81: imago/foto2press; 83; imago/Aleksandar Djorovic; 84: imago/ WEREK; 87: imago images/Oryk HAIST; 89: imago/Sauer; 90: imago/ ActionPictures; 92: imago/Kolvenbach; 93: imago/Team 2; 94: imago/Frinke; 97: imago/Sven Simon; 99: imago/MIS; 101: imago/Sven Simon; 103: imago/CTK Photo; 105: imago/Ulmer; 107: imago/MIS; 109: imago/ ULMER; 110: imago/Team 2; 111: imago/Sven Simon; 113: imago/Team 2; 115: imago/Pressefoto Baumann; 116, 117: imago/Ulmer; 118: imago/MIS; 119, 120: imago/HJS; 121 oben: imago/Eibner Europa; 121 unten: imago/ Uwe Kraft; 123: imago/WEREK; 125: imago/Sven Simon; 127: imago/Norbert Schmidt; 129: imago/Sven Simon; 133: imago/ Hoch Zwei; 136/137: imago/Peter Widmann; 139: imago/MIS; 140: imago/ Lackovic; 141: imago/ HochZwei/Kolb; 143: imago/Lackovic; 145: imago/Ulmer; 147: imago/Kicker/Liedel; 148: imago/Ferdi Hartung; 150: imago/WEREK; 151: shutterstock/Anne Czichos; 152: imago/Bernd Müller; 155: imago/ Kicker/Eissner; 157: imago/Pressefoto Baumann; 159: imago/teutopress; 160: imago/Claus Bergmann; 161: imago/WEREK; 163: imago/Sven Simon; 165: imago/ MIS; 167: imago/photoarena/Eisenhuth; 168: imago/Eibner; 169: imago/ WEREK; 171: imago images/Colorsport; 173: imago/Otto Krschak; 175: imago/WEREK; 177: imago/MIS; 179: imago/Horstmüller; 181: imago/ Alfred Harder; 183: imago/Fred Joch; 185: imago images/Colorsport; 187: Picture Alliance/Sven Simon/Frank Hoermann/Pool; 189: imago/WEREK

Impressum

Verantwortlich: Jerome P. Schäfer
Produktmanagement: Birgit Günther
Layout: Silke Schüler
Satz: Detlev Janssen
Repro: Cromika/LUDWIG:media
Korrektorat: Ralf J. Klumb | The Wordworms
Einbandgestaltung: Ralph Hellberg
Herstellung: Vanessa Brunner
Printed in Türkiye by Elma Basim

Unser komplettes Programm finden Sie unter

Sind Sie mit diesem Titel zufrieden? Dann würden wir uns über Ihre Weiterempfehlung freuen. Erzählen Sie es im Freundeskreis, berichten Sie Ihrem Buchhändler, oder bewerten Sie bei Ihrem nächsten Onlinekauf. Und wenn Sie Kritik, Korrekturen oder Aktualisierungen haben, freuen wir uns über Ihre Nachricht an GeraMond Media GmbH, Postfach 40 02 09, D-80702 München oder per E-Mail an lektorat@verlagshaus.de.

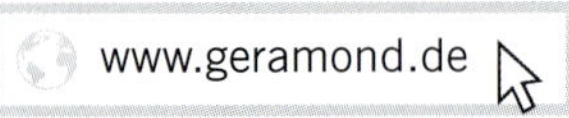

Bildnachweis Umschlag:
Umschlagvorderseite: Mitch Gunn/Shutterstock.com
Umschlagrückseite: imago/Annegret Hilse
Umschlagklappen: IMAGO/Poolfoto UCL; taranchic/Shutterstock.com

Die Deutsche Nationalbibliothek verzeichnet diese Publikation in der Deutschen Nationalbibliografie; detaillierte bibliografische Daten sind im Internet über http://dnb.d-nb.de abrufbar.

ISBN 978-3-95613-082-3